GASTON BACHELARD

空間詩學

LA POÉTIQUE DE L'ESPACE

加斯東・巴舍拉 著
——
龔卓軍、王靜慧 譯

目次 contents

導讀
重讀《空間詩學》

黃冠閔（中央研究院中國文哲研究所研究員兼所長）

出版於一九五七年的《空間詩學》（*La poétique de l'espace*）或許是巴修拉（Gaston Bachelard）著作中最廣為人知的作品。而龔卓軍、王靜慧的中譯本（作者名譯為「巴舍拉」）於二〇〇三年出版，乃是華語世界首譯，之後二〇一三年有張逸婧譯的簡體字版《空間的詩學》（依照大陸慣例，作者名為「巴什拉」），如今，龔卓軍、王靜慧的譯本重新出版，從這點便可見到華語世界對此著作重視及流傳的程度。

最早的巴修拉著作漢語翻譯是杜小真、顧嘉琛翻譯的《火的精神分析》（一九九二）、劉自強譯《夢想的詩學》（一九九六），揭開引介巴修拉哲學的序幕，及至近幾年來北京商務印書館累積過去的翻譯成果，編成《巴什拉文集》，洋洋可觀，成一時之勝。

龔卓軍、王靜慧的中譯本重新出版，保留舊時的翻譯，重新讓此書流通，也為正體字閱讀的世界有認識巴修拉的機會。不同的譯本帶有譯者的理解與文字風格，甚至有不同的聲音、節奏韻律，傳達了獨特的訊息。翻譯使得以法文寫作的原作者得以進入漢語世界，翻譯者的介入勾勒了作者在其未知世界的另一種形貌。漢語讀者可以藉由《空間詩學》的閱讀，延續了哲學家的想像及自由註解，甚至延伸發現被哲學家引用的詩作或詩意象，激發一些跨越不同語系的文學、藝術、哲學對話。經過翻譯的作品本身就樹立起另一個語言的圖像，甚至可以說虛構出另一個作者的生命，使得說法語的作者取得在漢語世界的另一個身分，大概也是 Gaston Bachelard 從未設想過的另一個專名，以巴舍拉、巴什拉、巴修拉被呼喚的虛擬身分。

翻譯的語言不是透明的，詩的翻譯、乃至哲學的翻譯都不是透明的。翻譯所扮演的中介角色無法被忽視，然而，與其說翻譯制定了規格，提供了一種法的頒定，不如說帶入一種呼喚。翻譯者的語言是一種呼格的語言，既像是代替作者呼喚著讀者前來聆聽，卻也像是代替讀者請求作者降臨。翻譯者就像是詩人一樣，詩的降臨常被當作是詩靈的現身，呼喚著繆思女神的恩庇，就像是進入扶鸞、降鸞的儀式中，但不同的是，符文咒語本身就是目的，靈感的乍現只為了擔保符文咒語被唸出。就在這樣的聆聽與呼喚之間，一種獨特的世界被打開了，也可以說，被虛構出來；而那是有節奏的，在語音嘎然靜止處有著綿延的振盪。

以詩學面貌出現，並非哲學家巴修拉的完整面貌，事實上早在研究詩學之前，他是以研究科學哲學著稱的。最早的著作是《論近似知識》（*Essai sur la connaissance approchée*, 1928），成名作是《新科學精神》（*Le nouvel esprit scientifique*,1934）、《科學精神的形成》（*La formation de l'esprit scientifique*, 1938），在這些著作中他著重於科學中的理性精神，並以「知識論障礙」（l'obstacle épistémologique）來說明科學知識並非直線發展，往往受到既定的科學觀念、刻板認識、文化惰性等「障礙」所拖累。同時，他注意到科學活動中儀器、技術的關鍵處，認為科學知識中的理論並不會與實驗分裂，兩者並不對立，而是在藉著實驗設計導入科學知識的創新。然而，即使如此，他也承認科學理論的模型是一種思想的突破，產生對既定知識體系的否定。任何新的科學知識也都帶有一種否定作用、一種「非」，對反於舊的知識體系，其效果類似如孔恩（Thomas Kuhn）所說的「典範」（paradigm），新的科學知識在不同的科學史階段都勇於否定其前一權威定見，因此在化學、幾何學、邏輯學都有「非」的特徵，這是他在《非的哲學》（*La philosophie du non*, 1940）中特別點出的。

由於「非」的否定性，使得巴修拉富於解構精神，他又是研究科學知識的變革與創新，並沒有哲學史的包袱，而是用於運用哲學概念，理解新時代科學知識的具體演進。在他的哲學研究中，思想的自由度被極度拉張；然而，科學知識受到一些思想的慣性所拖累，如同「知識論障礙」所剖析的那樣。但巴修拉更發現，即使化學週期表出現，告訴人們，物質世界是由有酸鹼性質、有原子價等等，可是所謂「物質」卻根深柢固地被原始的實體化的土地、水、火、風（大氣、氣風）所纏繞。因此，他轉而進入人類心智的深處，試圖掌握這些古老物質實體得到什麼樣的心靈支撐，他找到不同於理解能力的另一種心靈能力：想像力。

於是，他逐步開啟對於物質意象及想像力的研究，其成果結集為元素詩學的一系列作品：《火的精神分析》（*La psychanalyse du feu*, 1938）、《水與夢》（*L'eau et les rêves*, 1942）、《氣風與遐想》（*L'air et les songes*, 1943）、《土地與意志的夢想》（*La terre et les rêveries de la volonté*, 1948）、《土地與休憩的夢想》（*La terre et les rêveries du repos*, 1948），在他去世前還計劃重寫《火的詩學》，在他過世後由獨生女蘇珊・巴修拉（Suzanne Bachelard）編輯為《火的詩學斷簡》（*Fragments d'une poétique du feu*, 1988）。《空間詩學》（一九五七）應該可視為和《夢想的詩學》（*La poétique de la rêverie*, 1960）同一組，也都明顯標示了巴修拉詩學方法的轉變，他明確地提出現象學作為晚年撰寫這兩本書的方法視角。

即使巴修拉有這一個明顯的方法意識轉變，但他的思想理路並沒有巨大斷裂，也沒有突然的轉向。相反地，不論是早年取用「精神分析」的路徑，或是晚年標舉「現象學」，其實他始終是以想像形上學作為整體詩學研究的主軸。在精神分析方面，他不是採用正統的佛洛依德（Sigmund Freud）學派，而是更多地受到榮格（Carl Gustav Jung）派分析心理學的影響，而榮格之名直到《夢想詩學》談論雌雄同體的陽魂（animus）及陰魂（anima）〔也分別音譯為阿尼姆斯、阿尼瑪〕仍舊顯眼。從《土地與休憩的夢想》到《空間詩學》的主題呼應，也可以看到巴修拉思想的內在連續性。

《土地與休憩的夢想》提到物質的親密性、在親密性中的緊張拉扯，也提到出生的故居及夢想中的房宅，這些主題持續在《空間詩學》中發展，以房宅與宇宙、親密的浩瀚為章節標題，而且內與外、微型小宇宙的主題也始終貫串兩部著作。這種連續性不單單印證了巴修拉不懈地挖掘詩意象深度及其擴散效果，也在物質想像和空間想像的彼此連結上添增了多樣性的變化。雖然，我們可以藉著元素詩學將世界中或自然中的一切事物放在地水火風的分類框架上，進而將納入空間範疇，當作這種分類框架的延伸；但重點不在於分類思維中的歸屬，相反地，必須注意到種種的意象連結，以意象引導所觸發的想像渲染。是想像力加重了各種物質的、空間的、乃至時間的意象產生色調、音色、性質變化，總之，想像力遭遇到物質、空間物之時，如同魔術棒幻化了語詞的活力。這些活力表現過於多元，幾乎無法用分類範疇的框架套住，相反地，不論是水或土地的元素想像是不斷逃逸渙散，如枝蔓般繁衍。如果說，分類框架是一種簡化式、收縮式思維，那麼，想像作用是繁複化、增多的、流竄式的思維。

這一種特徵乃是讀者在接觸巴修拉著作時，可能產生的閱讀困難：究竟要如何歸納巴修拉所說的詩學原則？他有沒有「一套」方法可以被掌握？

與其說答案是否定的，不如說必須重新設定問題，必須將閱讀困難當作是改變閱讀及思維習慣的挑戰，亦即，接受「想像」的挑戰。

《空間詩學》將此種思維方式的改變，放回到由想像產生的意象上。巴修拉特別強調「單一意象」或「獨特意象」，他重視的不是自由聯想法則下的任意性，而是單一意象所激發的效果。這種意象的效果具有兩方面的意義：一是由詩意象所勾勒出的言說世界，詩的言說自成一個世界，以至於詩意象本身具有獨立的存有論意義，不依賴於說話者或詩所指涉的事物；二則是意象引動了接觸到意象的想像者，以詩意象為中介，建立起這些想像者之間的連結，但是，這種中介不是阻斷，而是揭露了諸多想像者共同沉浸的詩言說世界。這種效果便是巴修拉在〈導論〉中引用閔可夫斯基（Eugène Minkowski）的「迴盪」（retentissement）。迴盪像是由漣漪所激起的波動，帶入一個共通的經驗場域之中。這種迴盪不是「回音」，沒有聲音反射的一對一對應效果，而是聲波的散射瀰漫。以迴盪來界定詩意象的效果，恰好表現出巴修拉的反再現立場。詩的世界不是對世界的再現，也不是詩人心理歷史的投射，相反地，詩受到想像的牽引而自成一個世界，這是一個任由一切想像通往的共通世界。

詩意象具有先行的效果，如同是一種氛圍，迴盪則是沉浸在這種氛圍之中。不過，詩意象不受限在詩這一個文類上，而是包括整個文學領域，甚至還可以帶入藝術的領域。詩學，因此不能被看作是對特定文學作品的註解，它提供一種特殊的思維方式。

巴修拉的這種理解置換了胡塞爾現象學中的先驗主體性，也置換了精神分析的「昇華」概念。巴修拉特別點出，在其現象學思考下，詩意象是「純粹昇華的一個領域」，所謂「純粹昇華」或「絕對昇華」指的是，擺脫欲望、激情的解釋框架，一種「無所昇華的昇華」（une sublimation qui ne sublime rien）。這種純粹昇華喪失了心理學的、精神分析的意義，使得詩就像是純粹的戲論。但卻是這種從想像出發的荒誕戲論才賦予完全的自由。能說的自由，不只是政治的、心理的，更是存有論的，揭示了人在世界中的各種經驗的自由。這卻不僅僅是心靈自由，而是帶有創造力量的自由。我們也因此可理解，為何巴修拉努力挑出有創新性的、新穎的意象，有時只是作品中的隻字片語、詩句中的一兩行、小說中的一小段落，因為那是帶有新穎性標記的箭頭。重視脈絡的批評家會認為他任意割裂，斷章取義。然而，巴修拉執行的現象學還原隱藏了種種步驟，他直接地導向純粹昇華，直接躍入另一個世界，直接開啟意義的向度。

《空間詩學》在主題上帶我們重新注意空間。二十世紀哲學的「時間轉向」重視時間性、歷史性，巴修拉早年《瞬間的直觀》（*L'intuition de l'instant*, 1932）、《綿延的辯證》（*La dialectique de la durée*, 1936）也有其思想介入，他批評補充柏格森（Henri Bergson），強調瞬間性促動了時間動態的張力，帶入宇宙性的解讀，點出不同於存有論解讀的特徵。這種宇宙性對比於社會性，時間性的理解不是放在個人心理、人際互動、政治、社會脈絡中，也就遠離了以人類活動為主的、甚至神人同形論（啟示）的歷史性。時間的思考凝聚在巴修拉借用巴西哲學家皮耶盧·竇·桑托斯（Lucio Alberto Pinheiro dos Santos）的「韻律分析」（rythmanalyse）上。

同樣地，《空間詩學》也帶動了「空間轉向」，特別的是，「空間」不再被當作經驗直觀的形式、世界事件的框架，而是有內在的異質性。對應地，空間經驗必須採取「場所分析」（topo-analyse），這一詞也是借用自精神分析學家彭達力（Jean-Bertrand Pontalis）的用語。巴修拉自己界定「場所分析」為「對我們親密生活的位址的體系性心理研究」，伴隨著親密性而出現的是孤獨、沉默，此種情境中的生活未必有別人，但一定有某個場所，一定在某一特定空間中。在此解讀下，空間不是容器，不是標示位置的框框，空間是生命體驗的凝聚。巴修拉雖然強調宇宙性，往往希望脫離社會脈絡，但並不抹煞記憶，而記憶的定位點是各種空間，這些不同的空間更合適地稱為「場所」。如果從西方哲學史的脈絡看，「空間」概念的發現是現代的產物，古希臘亞里斯多德（Aristote）所採取的「場所」（topos）概念一直延續到笛卡爾的時代，才開始出現「空間」（space），如牛頓的「絕對空間」，而萊布尼茲也還有「位址分析」（l'analyse des sites）的方法；康德為牛頓物理學奠定形上學基礎，正是著眼於以空間作為人類經驗的共同框架。從這一哲學概念史的角度看，巴修拉在《空間詩學》的場所分析中，則是執行了從「空間」往「場所」的回返。藉著「場所」的概念，我們應當注意到，空間不是單位測量的對象，不是一坪多少錢的經濟對象，不是「生命空間」的政治、軍事對象，空間是我們的周遭世界、我們的氛圍、我們的記憶纏祟、希望的烏托邦、分散逃逸的異托邦。在巴修拉羅列的樣本中，櫥櫃、鳥巢、貝殼是種種物件，也是種種生物的居住條件；透過多樣的、異質的場所，如何寄寓於天地間的安居可能性被探測、展示。

以上簡略地列舉了巴修拉的思想特徵、《空間詩學》的方法意識、主題重要性，但希望讀者也能自行發現閱讀的樂趣。《空間詩學》可以被讀成一本目錄書，裡面有各種空間意象的蒐羅，當然其中都受限於廣義西方脈絡的內容，可是以一個哲學家閱讀的範圍來說，實在令人難望其項背。《空間詩學》也可以被讀成一本靈魂的拷問書，每一段落都像是直接地跟讀者的靈魂對話；巴修拉穿透到意象中的隨興演示，有時跳躍地難以追循，但這些跳躍的瞬間卻又像是打開了世界的開口。《空間詩學》更可以被讀成一本無邊漫遊的旅行書，每一段話語有著催眠效果，滑入想像空間中往更遙遠的地方，漫步行去。除此之外，當然也會有更多有創意的使用指引，服從於閱讀的親密性，等待讀者親自發明。

導讀

空間原型的閱讀現象學

龔卓軍（臺南藝術大學藝術創作理論研究所教授）

其實不只是巴舍拉難懂。曾經讀到某些小說的某些段落，明明描寫著具體的空間，卻令人產生一種無以名之的迷惑激動感。

譬如，村上春樹的〈下午最後一片草坪〉。

主人翁是個大學生，夏天幫某家公司割草打工。小說的後半段，他在最後一個工作天，下午兩點三十五分，業者指定的最後一片草坪上細心地割完草後，草坪的女主人邀他進屋內喝點冷飲。

女主人頭也不回，引他進入室內，「從夏天午後陽光的洪水裡突然進入室內，眼瞼深處扎扎地痛，屋子裡像用水溶化過似的飄浮著淡淡的陰影，好像從幾十年前就開始在這裡住定了似的陰影，並不怎麼特別暗，只是淡淡的暗。」從陽光下進入家室內，好像進入了時間的長廊。「走廊裝有幾扇窗，但光線卻被鄰家的石牆和長得過高的櫸樹枝葉遮住了。走廊有各種氣味，每一種氣味都似曾相識，這是時間生出來的氣味。……舊衣服、舊家具、舊書、舊生活的氣味。」

上樓梯時，舊地板發出咯吱咯吱的聲音。在二樓重見的光線中，女主人拿鑰匙打開了綠漆已漸褪色的門把鎖。

「房間是典型十幾歲 Teenager 少女的房間，臨窗放著書桌，相反的一邊是一張木製小床，床上鋪著沒一點縐紋的珊瑚藍床單，放著同色的枕頭，腳下疊著一條毛毯。床旁邊是衣櫥和化妝台，化妝台上排著幾種化妝品，梳子、小剪刀、口紅和粉盒之類的東西。看起來並不像特別熱中化妝的那一型。

書桌上有筆記和字典，法語字典和英語字典，好像用得很勤的樣子，而且不是胡亂翻，而是細心翻。筆盤上該有的筆類都一應俱全地齊頭排著。橡皮擦只有一邊是磨圓的。其他就是鬧鐘、檯燈和玻璃紙鎮，樣樣都是樸素的東西。……訂做的書架上擺著各種書。有文學全集、有詩集、有電影雜誌、有畫展的說明書。英文平裝書也排了好幾本。」

接下來，這位死了丈夫、未說明女兒下落的女主人一邊喝著玻璃杯裡的伏特加加冰塊，一邊要求大學生打開衣櫥。「衣櫥裡滿滿地掛著衣服，一半是洋裝，另一半是裙、襯衫、外套之類，全部都是夏天的東西。也有舊的，也有幾乎沒穿過的。裙子大部分是迷你裙。趣味和質地都不錯，雖然不是特別吸引人，不過感覺非常好。有了這麼多衣服，整個夏天約會都足夠換穿了。」

最後，她要求他再把抽屜拉開看看。「我有點迷惑不解，不過還是乾脆把衣櫥上的抽屜一個一個拉開來看。在一個女孩子不在的房間裡，這樣翻箱倒櫃地亂翻——就算得到她母親的許可——總覺得不是一件正當的行為。不過拂逆她也嫌麻煩，這種從早上十一點就開始喝酒的人，到底在想什麼，我也搞不清楚。最上面的大抽屜裡放著牛仔褲，運動衫和T恤。洗過，折得整整齊齊，沒有一點綴紋。第二格放皮包、皮帶、手帕、手鐲，還有幾頂布帽子。第三格放有內衣和襪子，一切都那麼清潔而整齊。我忽然沒來由地悲傷起來，覺得心頭沉甸甸的。然後我把抽屜關上。」

為什麼會有這股沒來由的悲傷呢？整齊的抽屜、夏季的衣櫥、案頭的法語字典、女孩不在的房間、綠漆泛白的門鎖、木板吱呀的樓梯、充滿舊時光氣味的走廊、陰暗的家屋，以及早上十一點就開始喝酒的女主人。小說家透過這些家屋意象的描寫，將讀者的想像引導向何方呢？答案似乎並不明顯。做為讀者的我們只是感受到了一種氛圍，這種氛圍讓讀者暫時忘了閱讀，讓讀者內在暗湧，陷入切身的想像中，這種氛圍甚至讓讀者不禁放下手中的小說，恍惚之間，神思已走向一個親人的房間，一位已不在場的親人。

閱讀中的迴盪現象

當我們在閱讀中遭遇到一個清新的意象，受其感染，禁不住興發起白日想像，依恃它另眼看待現實生活，這種沒來由的激動與另一類眼光的萌生，這種不能以因果關係解釋的閱讀心理現象，便是《空間詩學》的閱讀現象學起點，巴舍拉稱之為「迴盪」（法文本，頁六）。

一般來說，我們比較常經驗到的閱讀現象是共鳴而不是迴盪。從巴舍拉的觀點來看，對於某個意象所產生的共鳴，比較接近精神上的奔放狀態，比較接近知性上的聯想，而不是存在上的整體震撼。當我們經過某種意象的衝擊，而興發出一種存在上的改變，「就好像詩人的存在就是我們的存在」（法文本，頁六），這時候，詩歌和意象就徹底佔領了我們，深深打動了我們的靈魂，讓我們受到感動，於是，我們處在迴盪的震撼之中，依據自己的存在處境而訴說詩意。我們會以為自己體驗過這種詩意，甚至以為自己創造過這種詩意。有了這種深切的感動之後，所謂的共鳴才會接著出現，在發生共鳴和情感的反響之中，我們的過去被喚醒，我們把自己過去的相關經驗與小說和詩歌意象所呈現的情境相對照，於是我們在精神上掌握到了某種意象的典型特質，在知性上發現到這些特質其實潛存在我們過去的許多生活經驗脈絡中。

就此而言，我們可以很清楚地看到，巴舍拉從現象學觀點反對一般的文學心理學和精神分析文學理論的批評方法，從他的現象學心理學來看，他最關心的是讀者的心理學，其次是作者的心理學。他的現象學心理學的文學觀點可以說奠基於下面這一段話：「如果我們要確切點出意象的現象學究竟所指為何，如果我們要確切說明發生在思維之前的意象，那麼我們要說，詩意不僅是精神（或心智）的現象學，更是靈魂的現象學。」（法文本，頁四）對巴舍拉來說每一個心靈都同時由精神和靈魂所組成，而精神（或心智）與意象的現象學毫無關聯，因為心智是屬於心靈的客觀層面，而意象則是屬於主體層面。意象的發生場域是在靈魂的活動中，它先於思維而出現。思維和理性在人的精神層面運作，其作用是將現實加以客觀化，這種客觀化運用的是概念和隱喻，而不是意象。

對於詩歌來說，隱喻沒有現象學研究的價值，它們只是理智化了的意象：「隱喻是一種偽意象，沒有深切、實在與現實的根源，隱喻是個轉瞬即逝的表達方式。它是……用過一次後就死去的東西。」（法文本，頁七九、八〇）由於隱喻限於其理智化、過度現實、強調因果關聯，因而讓隱喻所使用的字詞變得過於靜態。如果我們拿隱喻來做為我們瞭解現實的參考點，那麼隱喻就會限制我們所要瞭解的事物，讓它變成一個思考上固定而靜態的概念。而靈魂強調的卻不是客觀性，而是主體性，靈魂是屬於想像的機能，它運用的是意象的力量，這些意象的力量要發生作用，當然並不是從我們日常的意識生活當中產生，而是來自在思想發生之前的意象想像活動。

在我們日常意識生活當中作用的主要是精神和理智，此等理性的運作，促成了主客二元的區分，並且帶來時間性、歷史性等等的感受。但靈魂的作用就不一樣了，當它與意象共同活動的時候，它並不是要把意象當作某種現象的原因或是結果，對巴舍拉來說，因果解釋是實證心理學和精神分析之能事。在因果解釋的另一面：「一個想像力的哲學家，應該追隨詩人，跟著他的意象，走到極端狀態，而不作任何簡化這種極端主義的動作，因為這種極端狀態，正是詩意衝動的特有現象。」（法文本，頁一九八）保持在意象體驗的當下直接呈現中，而不進入會區分出觀察者和被觀察者的理性沉思中，於是成為巴舍拉關於意象的現象學心理學重要主張。

所謂的迴盪，無非就是把文學意象當作意象本身來體驗，投身到意象所屬的個別想像世界中，而不是在意象和意象之間運用理智作比較，如果我們閱讀詩歌採取的是這種理智比較的態度，就會摧毀詩歌的存有。同樣的，如果我們以客觀的方式來研究想像力，也將會徒勞無功，因為我們對於意象的迴盪必定要來自對意象的讚嘆。（法文本，頁五八）

讓我們從一個例子來看吧。

作家凌拂在她的《食野之苹：台灣野菜圖譜》一書中，提到了一種植物叫做細葉碎米薺。雖然她早已認識了這種植物，在花蓮的黃昏市場她還是問：「這叫什麼？怎麼吃呢？」

「蕃仔香菜。」山地阿嬤這麼說。

「很好吃喔。不要炒，洗洗乾淨，就這樣蘸醬油，我最喜歡吃這個，我們山地人都這樣吃，就是不知道你們習慣不習慣。」

我說和我照張相吧。山地阿嬤非常嬌俏，兩指夾根煙，紅唇像火焰，做了一個勝利的姿態，在我身後叫了一聲「吔」。

作家在花蓮的黃昏市場、大片的積雨雲籠罩在半空中的傍晚，感受到生命重回到最原初的獵場。作家還說，在諸多別稱裡，犖菜、小葉碎米菜，她最喜歡山地阿嬤的稱法：蕃仔香菜。山地阿嬤案上的野菜引發了作家的想像。

最後，作家描述了一個令人讚嘆的意象，這個意象是關於這種菜的種子成熟時所產生的原始爆發力量：「書上說，細葉碎米薺的種子成熟後會自動爆開，長角果用力一扭，將種子彈開。彈到花蓮去吧！花蓮黃昏市場裡的細葉碎米薺，每一把皆有二、三十公分長，春天萌芽從容的長，野菜、野味適合在曠原野地群集。這島上山凹樅青的平野上，各種莢果互相碰響和炸開，我但願撞到的是原始部族插在頭上的羽飾和手裡的弓。」如果我們對作家想像的野菜莢果之抽長與彈開給予嘲諷，而非讚嘆，這種閱讀上的延伸想像與迴盪便不可能發生；進一步說，如果作家對這種野菜在黃昏市場的出現予以嘲諷，而非讚嘆，創作時的想像亦無緣出現。

空間原型的日夢想像

在這裡，巴舍拉的閱讀現象學產生了一個比較嚴重的問題，那就是批評意識的危機。他與另外兩位現象學文學理論家羅曼・英加頓（Roman Ingarden）、烏夫岡・伊色（Wolfgang Iser）在理論上的差異也顯現於此。如果對文學作品的閱讀，必須以對文學意象的讚嘆為起點（法文本，頁一〇），那麼我們還有可能對文學作品本身提出任何批評性的閱讀嗎？從巴舍拉對於靈魂、迴盪和意象的強調，對於理智、概念和隱喻的貶抑，我們不難想見，如果文學評論不可能不使用語言，在巴舍拉的二元區分中，對於主觀興發式閱讀的抬高和對於客觀結構式批判閱讀的不信任，將造成閱讀時批評意識的危機：文學作品將失去整體結構的客觀意義脈絡，而成了浪漫化、理想化、崇高化、主觀想像興發的斷簡殘篇。

巴舍拉如何面對這個危機，將是本文介紹《空間詩學》時所要討論的第二個重點。這個重點就是：巴舍拉的意圖本來就不是要討論個別的文學作品，也無意從事個別文學作品的批評工作，他關心的重點毋寧是空間原型的物質想像。

原來，巴舍拉除了認為，詩意想像是發生在靈魂的領域之外，他又將想像分成兩個範疇：形式的想像和物質的想像。形式的想像形成的是各種意想不到的新形象（image），這些新形象的趣味在於其圖式化、有各種變樣，可以發生在各種意想不到的情境當中，哲學家所處理的就是這類形象。而巴舍拉認為自己要處理的是物質的想像，在物質的意象當中，意象深深的浸潤到存有的深度中，同時在當中尋找原始和永恆的向度。在這裡，「物質」是一個關鍵字，這些物質意象都具有物質的特性，能夠帶來物質本身所提供的感受。換句話說，如果我們處理的是意象的概念層面，那麼我們處理的主題就是形式的想像；如果我們處理的是意象的物質感受層面，不論是視覺聽覺觸覺或嗅覺上的感受，我們處理的主題就是物質的想像。

從現象學的觀點來看，巴舍拉面對物質想像所做的現象學考察——想要在個別的閱讀意識活動中捕捉意象、想要在意象萌發的剎那間掌握它、想要將意象還原到想像主體與意象共同形構的原初活動中，這些作法，在在都與英加頓或伊色對於文學藝術作品本身的強調有所不同，巴舍拉強調的毋寧是讀者對於藝術作品的原初感知狀態。這種對於「意象的發軔狀態」加以強調的現象學衝動，頗有傳統現象學之風，而他對「跨主體性」（法文本，頁三）的概念想法，也和胡塞爾的超越主體性頗有相通之處，但是，巴舍拉對於榮格心理學中的原型概念的挪用，在現象學中卻極為少見。至少，巴舍拉直接在現象學心理學的層面上討論了土、水、火、氣四種物質原型，這在現象學哲學傳統中是絕無僅有的。

對於物質原型意象的強調，也使得巴舍拉的現象學心理學或者他所謂的「想像力現象學」不至於變成一種主觀觀念論，好像只是在討論一種主觀的心理情緒狀態。為什麼我們不能說，巴舍拉的空間詩學只是在呈現某類讀者的主觀空間品味呢？

關鍵在於其原型意象分析。原型本身即為原初意象、物質意象，也是共通於所有人類之間的意象。本書中所討論的原型意象，屬於一系列空間方面的原型意象：家屋、閣樓、地窖、抽屜、匣盒、櫥櫃、介殼、窩巢、角落、微型、私密感、浩瀚感、巨大感、內外感、圓整感。所有人類對於這些空間意象都有類似模式，但個別面貌殊異的心靈反應。這種心靈反應總結在「住居空間作用之實感」中，而實體的房舍、傢俱與空間使用的需求，反而要在這些心靈反應的脈絡下，經過巴氏所謂的「場所分析」，才會顯現其現實意義的來源。譬如，當我們在閱讀中體驗到家屋的正面意象時，我們大多會將想像聯結到童年誕生的家屋，以及在其中的幸福感、安全感、寧靜感、圓整感。猶如詩人帕斯（Paz）提到，在他知道有世界大戰存在以前的童年時光，整個世界和宇宙對他而言就是一個完整的家。這種體驗，就像在一個圓實的原初窩巢裡，體驗到對世界的原初信賴感，這種信賴感，讓蒙昧無知的小孩也有對於整個宇宙完全信賴的衝動。（法文本，頁一〇二—一〇三）

當然，對於家屋或窩巢，我們不是沒有主觀的個別經驗或感受，也不是沒有負面、暴力、恐怖與不信任的感受，但家屋意象之為家屋意象、窩巢意象之為窩巢意象，其原初感受不可能不建立在一種「受庇護」或「渴望在其中受庇護」的私密心理反應上，雖然現實情狀可能並不盡如人意，但這種心理反應是跨主體的。說得更辯證些：我們在家屋的地窖、陰暗角落中所經常感受到的恐怖感，早期對家屋公共廁所在陰雨、夜晚時分的畏懼，這種對於黑暗、密謀、暴力威脅的不信任感，其實也同時存在於家屋意象的地窖和陰暗角落中。從小孩對於這些空間的強烈畏懼，可以看出這種恐怖空間體驗不一定與個人過去的經驗或記憶有關，就此而言，讀者或許稍可瞭解，巴舍拉為何要反對實證心理學將一切心理反應歸因於過去經驗，以及反對精神分析童年經驗式的歸因解釋。

這些正反、陰陽面的空間心理向度都屬於原型意象體驗的一部分，如果詩人向我們呈現一個家屋的意象，它所引發的迴盪就成了一個深沉遙遠的聲音：「這個聲音在我內心深處，是那麼的遙遠，而當我們走向記憶的深處、記憶的極限，甚至超越了記憶，走進了無可記憶的世界裡，我們都會聽到這遠遠傳來的聲音。我們彼此所交流的，只是一個充滿祕密的方向（orientation），而我們無法客觀地說明這個祕密。凡是祕密的東西，不會完全是客觀的。」（法文本，頁三一）因此詩人給我們的是一個方向，引導我們感應到某些特質——如幸福感、安全感、寧靜感、陰暗恐怖感、暴力威脅感等等，它們是詩意象所欲呈現的意境，而不是現實中某個家屋的的圖象，這些意境指出了家屋意象的原型特質。

如何達到對於這些原型意境的主體感通呢？巴舍拉認為，依據現象學的精神來看，我們應當走入日夢的想像中，走入醒覺卻脫離當下現實的日夢想像，投身到這些原始意境中，而不是透過對別人的故事的分析來認識自己。「談到我童年的家屋，我只需要把我自己放到一個夢的狀態裡去，把我自己放到一個日夢的門檻上，把自己棲身在過去的時光裡。那麼，我所有該說的就已經足夠。」（法文本，頁三一）我們在此日夢想像中聽到一個方向傳來遙遠的聲音，「在這個聲音之中，我們朝向（oriente）夢境，而非完成夢境。」（法文本，頁三一）如果我們在日夢想像中，譬如在閱讀村上春樹時，掌握到這些原型意象的發韌狀態，使得我們產生樣式共通、但變貌各異的原型心理反應，而不是產生某種概念思考的話，那麼，我們就不能說巴舍拉的閱讀意識現象學只是主觀的夢囈，而沒有主體之間共通性的追求。

如果要舉例，而且要舉反面陰鬱的例子的話，不僅是小說家村上春樹在〈下午的最後一片草坪〉

呈現了一個失落了幸福時光的陰鬱蒙塵家屋，詩人唐捐在〈有人被家門吐出〉這樣的文章中，更揭露了不少充滿陰暗恐怖感、暴力威脅感、欲望陷溺感的家屋意象和宇宙意象。這種家屋的陰影暗部，也存在於吾人靈魂之家屋原型意象的「地窖暗角」中。

唐捐文中的敘述者在黑暗閣樓中發現了已死父親的祕密，他說：「……閣樓上有個房間，四壁無窗，中間鋪著三張榻榻米，此外便是一座高大老舊的櫥櫃。我在那裡出生，度過遙遠而茫昧的嬰幼期，不知道當時父親是否劇咳多痰，卻清楚記得他總睡在我的左邊。後來我們在樓下加蓋房間，悶熱的閣樓也就廢置不用了。在寂寞的童稚歲月，那裡成了我發動想像的祕密基地。每當家人外出工作，我便悄悄進入裡面。……我摸黑觸探，在床底樑上牆腳壁縫搜索著。紙牌，過期的獎券，廢棄的舊幣，骰子，然後是一張相片。點燃頹萎的燭，就近一照，一男一女兩具泛黃的裸體從晦暗的背景中浮露出來，女子確定陌生，那掛著淫晦笑容的男子，仔細端詳，不正是年輕的尚未蓄起絡腮鬍的父親。」此為閣樓式的恐怖（法文本，頁三五—三六）。

天地宇宙間的微米、宏大與浩瀚感

然而，我們必須要提醒一點：本書的主題並不限於閱讀意識的現象學，即使是討論閱讀意識，本書也不僅限於家屋空間的現象學描述，巴舍拉其實花費了許多篇幅在鋪陳家屋外的自然、天地與宇宙意象，並對它們進行「場所分析」。

就這種現代人較欠缺的宇宙意識而言，若我們不忘回到東方的美學、存有學傳統來與巴舍拉的理論對話，從文學閱讀的角度來說，筆者建議讀者不妨參考劉若愚、葉維廉和王建元三位先生在《現象學與文學批評》一書中的論述，另外王建元先生的《現象詮釋學與中西雄渾觀》理路更屬細緻。中國山水詩的雄渾、空靈意境在幾位理論家的筆下，呼應了現象學美學所強調的作品形構要素，胡塞爾、海德格、梅洛龐蒂、英加頓、伊色、安海姆的現象學理論都被拿來與道家存有學和中國詩學相比較，但卻獨獨無人呼應巴舍拉《空間詩學》中對宏大、雄偉、浩瀚感的現象學論述。譯者相信，王建元先生對於「雄渾」範疇的中西美學比較，有了巴舍拉此書的脈絡，或許可以就相應範疇進行進一步確切的比較。

從心理學的角度來說，筆者建議讀者參考余德慧教授的《詮釋現象心理學》、《生死學十四講》、《生命史學》。不過，如果回到譯者私密的「初始」經驗——譯者對巴舍拉的親身認識，其實是從余老師在《張老師月刊》上一篇篇的「刊頭文章」開始的，不！這些文章甚至不曾提過巴舍拉的名字。手邊最久遠的《張老師月刊》刊頭文章，要從一九九一年三月的〈喻象的魔力〉開始，余老師以「易傅生」為筆名，討論到「喻象是我們營造內心情趣的基石，它有兩方面的作用：一方面它讓我們把自己的世界說得更貼切，一方面又把心思擴大。」強調了語言文字造心境、用心境調整去迴盪詩意象的「生命藝術」。一九九五年一月的刊頭文章〈會做夢的記憶：時間的方言〉一開始就說道：「貝殼、門鎖、五斗櫃與閣樓、雁塔與農舍，枯藤、青石板都在我們的記憶裡閃爍著。它們是記憶的幽道，在我們的深邃之處。」透過明顯的物質想像，文中描述了作者童年生活家屋周遭的「親密感」，此私密之童年家屋感與母親的身影和呼喚無法分離。當年六月的〈親密相知天地寬〉討論了自然與家屋、以及在其間的人與人之間的親密「知識」，這當然是現象學心理學意義下的「知識」，一種巴舍拉式的親密感之知。十一月的刊頭文章〈宇宙天心〉更直述《空間詩學》所一再論及的「宇宙感」：「宇宙並不是從虛空裡出現的，而是在某些情境裡就會升起，尤其夜裡坐在山上的心情恐怕最接近宇宙，因為與現實有了脫離的機會，而以另一種心情接受某種更原始的境遇——一種人在精神『根源處』的生活。」余老師提到了人在森林深處的廣闊幽深意識，猶如他早期文章中喜歡提到王貞治自傳中引用的有關大海「深度」的話：「海中潮起潮落，魚兒隨波自在地游舞；然而，誰又瞭解在百噚之下，水的心——深度裡的水是什麼樣的心？」

如果說一九九六年六月的〈暗夜微光〉、九月的〈微米經驗〉仍是在我們自身的文化心理脈絡中呼應巴舍拉的「微型意識」、隱士茅屋的「微光意識」，那麼，一九九七年九月的〈直落溪水：亡朝的詩意空間〉便是挪用巴舍拉之詩學，直探「政治破局」中的華人文化心理意象之作了。至此，譯者可說，余德慧教授早在過去十年以私密的體會「意譯」並「迴盪」擴展了本書的意義脈絡，經由他的文字長期薰陶的讀者，應不致對本書感到生疏。這是本書中譯的史前史、原初狀態。

巴舍拉在第六章文末曾有此一妙問：如果字詞是一戶戶的家屋，每戶都有自己的地窖與閣樓，那麼，哲學家難道是被判定非得住在地面樓，用普通話對外交際嗎？當建築師、空間規劃師、文化心理學家和詩人早已竄進語詞家屋的各個角落，哲學家的確該脫離地面樓，往閣樓、地窖的角落裡探索，蜷縮在「文字家屋」中讓夢思萌芽。

導論

I

一位哲學家，過去已將全幅思考貫注於科學哲學的基礎論題上，並且亦步亦趨，緊緊跟隨當代科學日益興盛的理性主義主流，如今卻想研究詩意想像（imagination poétique）的相關問題，他勢必得忘卻所學，與他所有的哲學研究習慣一刀兩斷。因為過去的文化素養，在此不值一提；他經年累月、鍥而不捨所比對建構出來的想法，亦全然無用。他必須處於當下，回到意象（image）出現瞬間的當下：如果有所謂詩意哲學（philosophie de la poésie），這門哲學的誕生與再生，必然得透過一寓意勝出的詩句，並緊緊依附著一個戛然獨造的意象，說得更確切些，即心醉神馳（extase）於此意象的清新感（nouveauté）之中。詩的意象，即心理上驀然浮現的立體感（relief），這種立體感在其所從屬的心理學因果關係解釋下，被研究得很糟糕。更別提有任何通則或配套原理，足以充任詩意哲學的基礎。這兒談到的原理，所謂的「基礎」（base）這個理念，只會壞事。它阻斷了詩在心理上最重要的現實、最根本的清新感。依據長久以來應用在科學思維上的哲學反思，任何新觀念，都必須統整在一組通過檢測的觀念整體中，即使這一套觀念整體被此一新觀念深深改寫，如同所有當代科學革命的狀況一樣，就此而言，詩意哲學就必須承認，詩意之作用（acte poétique）沒有過去，至少，沒有最近的過去，讓詩意之作用的準備和降臨有跡可循。

稍後，當我們有機會說明，一個清新的詩意象與沉睡在潛意識深淵中的某個原型（archétype）究竟有何關係時，我們當盡力釐清，這種關係絕不是因果關係（causal）。詩意象既非驅力推動所致，亦非一段往事的回聲。其實正好相反：藉由某個詩意象的乍現，遙遠的過往才轟鳴回響起來，我們很難知道，這些回聲會折射出什麼樣的深度，又將消逝於何方。依其清新感與活動力來看，詩意象具有其自身的存有、自身的動力。它標舉出一門直接的存有學（ontologie directe），這門存有學，正是我們的研究目標。

因此，如同閔可夫斯基（Minkowski）精妙的研究所示，迴盪（retentissement）經常處於因果論域的反面，我們小要從中尋找詩意象的真正存在尺度。當此迴盪之中，詩意象會成為存有的聲響（sonorité d'être）。詩人透過存有的入口。所以，為了釐清意象的存有，我們勢必要採取閔可夫斯基的現象學作法，去體驗意象的迴盪。[1]

詩意象獨立於因果律之外，這個主張無疑相當嚴重。但是，心理學者和精神分析師所提出的種種原因，無一能夠真正解釋清新意象那全然不可預期的特質，他們也無法解釋，為什麼這個意象會如此吸引外於其創作過程的心靈。詩人並未將其意象的過去強加給我，然而，其意象卻轉瞬間在我內心生根發芽。一個非凡意象的感染傳達力，即是一項具有重大存有學意義的事實。經由一些短促、孤立與積極的作用，我們重新回到這個共通共感的狀態中。意象造成激動，但這是後果，意象本身

1．參見尤金·閔可夫斯基（Eugène Minkowski），《邁向宇宙論》（*Vers une cosmologie*）第九章。（英譯本編按：閔可夫斯基是一位卓越的現象學家，其研究領域廣及心理學和哲學領域，他採用柏格森的「生命衝力」（elan vital）理念，視之為人類生命的動力根源。誠如柏格森所見，若沒有生命衝力，人類生命就變成死寂，如行屍走肉。依據安娜·泰瑞莎·台緬妮卡（Anna Teresa Tymieniecka）《現象學與科學》（*Phenomenology and Science*）一書所載，我們可以說，對閔可夫斯基來說，生命的本質不是「一種存有、存在的感受」，而是一種參與一道長流而前進的感受，這種感受必然要通過時間來表現，其次才通過空間來表現。

有鑑於此，閔可夫斯基非常貼切地選擇了他稱之為聽覺的隱喻——迴盪（retentir），因為，聲音之中同時濃縮了時間與空間。要理解巴舍拉的指涉，或許下面由閔可夫斯基《邁向宇宙論》書中抽取出來的段落會有幫助：

「一旦抓準了我們心靈之眼的原初型態，如果我們自問這種型態如何甦活起來，進而充滿了生命，我們便會發現一種嶄新的動態、生機範疇、宇宙的一種新性質：迴盪。就好像一道泉源存在於一個封口的瓶子裡，它的聲波卻持續在這個瓶子的瓶身上造成回響，讓瓶裡充滿了它們的聲響。或者更進一步說，就好像打獵的號角聲，以其回音在四處迴盪，讓最小、最纖細的葉子和苔蘚都會在日常的動作中發抖，進而改變了整個森林，使森林鼓脹至極限，成為一個共振、響亮的世界……這些意象當中較為次要的是，或者說，讓這些意象只成為我們的意象的是：響亮的泉源、打獵的號角、封口的瓶子、回聲、聲波撞擊瓶身形成的回音，簡單的說，這些都屬於物質、可觸及的世界。

假如這些要素不見了，就沒有什麼剩下來的東西可以取代了嗎？就我的部分而言，我認為這正是我們應該看見世界甦活起來的地方，毋需任何器具、任何物理條件，這世界將滿溢到處穿透的深沉聲波，它們雖然沒有響亮的字面上那種感官意義，卻也因為如此，這些聲波的和諧度、共鳴度和旋律性都不低，足以敲定生命的整個基調。而藉由接觸到這些聲波，這些同時響亮和沉默的聲波，這個生命本身也會轟動，直透其存在最刻骨銘心的深處……在此，『滿溢』和『充實』的意義完全不同。並不是某個物質的東西貫注在另一種東西裡面，好像完全擁抱另一種東西強加給它的形狀。不！而是響亮生命本身的動力，透過它的運動，它襲捲、吸納了自己在路上所發現的一切，貫注給空間的切片，或更恰當地說是貫注給它自己認定的世界的切片，並使之轟動，向此世界散發出它自己的生命。『切片』這個詞，不可以用幾何學的意味來理解。它既不是要真的把世界切割成響亮的圓球，也不是要找出由一響亮聲源發出的聲波所形成的球體邊界。其實，我們的例子，封口瓶、森林，由它們都滿溢著聲響這個事實來看，它們已形成了一個自我完足的整體，一個小宇宙……」

不等於衝動現象。當然，在心理學的研究中，我們可以注意精神分析法，用以釐定詩人的人格，我們可以發現測量詩人在生活過程中忍受壓力——特別是壓抑——的尺度，但在想像活動中的詩意作用本身、突然迸現的意象、存有的火花，卻是上述研究的盲點。為了要在哲學上澄清詩意象的問題，我們勢必要求助於一門想像現象學（une phénoménologie de l'imagination）。就此而言，我們的研究，不外針對詩意象的現象：詩意象在人的現實當中，做為人的心靈、靈魂與存有的直接產物，而浮現於意識中的當下現象。

II

或許我們會受到質問，為何我們如今要修正先前的觀點，要尋求現象學的方式來釐定意象。在我們先前對想像的探討中，我們其實已盡可能客觀的把自己置身於四大物質元素、置身於直觀的宇宙進化四大原理的種種意象之前。為了忠於我們科學哲學家的習慣，我們在思考意象問題時，已盡量避免個人詮釋的企圖。這個方法固然保有科學的審慎（prudence），但我卻漸漸感到這個方法不夠充分，不足以據之建立一門想像形上學。這種「審慎」的態度本身，不正是拒絕去服從意象的當下動力嗎？更何況，我們已估量過，要達成這種「審慎」，會是多麼的困難。要讓人放棄某些知識習慣，說起來容易，但如何完成它？對理性主義者來說，這兒出現了一個不起眼的日常劇碼，他的思維當中會出現一種分裂，儘管他的思維對象只屬於局部——不過是個意象罷了，卻仍舊會造成巨大的心理迴盪。然而，這種不起眼的文化劇碼，這種純粹發生在新意象層面的劇碼，卻包含了想像現象學的整個弔詭之處：一個非常獨特的意象，如何往往能在整個心理上專心致志的時候浮現？在毫無準備的情況下，這個獨特而轉瞬即逝的事件，又如何而能藉由一個獨特的詩意象的現身而成形，超越種種常識造成的包袱、超越所有慎思熟慮而自滿於一成不變的思想，進而作用於其他的心靈，進入他人的心坎裡？

因此，對我們來說，意象這種橫跨主體的特性（trans-subjectivité），就其本質而言，不能單單憑著客觀證明的習慣來理解。換言之，只有現象學對個體意識中意象的興發狀態加以深思熟慮，才能幫助我們保存意象的主體特性，測度其橫跨主體之能耐的豐厚、力道和意義。所有這些主體和橫跨主體的特性，不可能一次就全部得到釐清。詩意象本質上即是**多樣變異的**（variationelle），它不像概念，**由組合而構成**（constitutive）。若要把詩意想像的突變作用從種種意象的變樣細節中抽取出來，這種工作無疑非常吃力，而且單調乏味。對詩的讀者來說，訴諸現象學這樣一個背負眾多誤解的學說之名所帶有的風險，就是會讓人難以瞭解。然而，若撇開學說不談，這種訴求卻非常明白：在此，詩的讀者被要求不要以對象的方式看待意象，更不應視之為對象的替代品，而應掌握它特定的真實。在此真實中，創造意識的活動必須系統的聯結到此一意識中最電光火石的瞬間產物——詩的意象。在詩意象的層次裡，主客二元之間乍現虹橋，暈光閃爍之餘，主客於是易位不止。在詩人創造的詩意象園地裡，容我們冒昧的說，此間的現象學乃是顯微式的現象學。就此而言，這種現象學可能反而會是最基礎的工作。藉由詩意象之助，一種純粹而轉瞬即逝的主體性與一種直到形構完成前並不

4

必然會形成的真實合而為一，而現象學者在此合而為一的狀態中，發現了一個蘊藏著無數體驗的場域；在此，現象學者因可以精確觀察而受益良多，因為這些體驗很單純，又「沒什麼結果」，就和科學思維的狀況一樣，種種的想法總是環環相扣。意象在單純簡樸的狀態下，不需要一套學問。意象是純樸意識的資產。在它表現的當下，猶如初生的語言。而運用清新意象的詩人，永遠是語言的源頭活水。如果我們要確切點出意象的現象學究竟所指為何，如果我們要確切說明發生在思維之前的意象，那麼我們要說，詩意不僅是精神的現象學（phénoménologie de l'esprit），更是靈魂的現象學（phénoménologie de l'âme），因此，我們必須蒐集夢想意識（conscience rêveuse）的相關文獻。

當代法語哲學不太理睬「精神」與「靈魂」這兩個詞彙的二元意涵，更不必說心理學了。結果，不管是哲學還是心理學，對某些在德國哲學中耳熟能詳的論題，對德國哲學在「精神」（der Geist）與「靈魂」（die Seele）間做的精細區分，顯得盲目無知。但是，既然詩的哲學必須接納語彙上的完整力度，它就不應該簡化、僵化任何東西。對於這樣一門哲學來說，「精神」和「靈魂」絕不是同義詞。用同義詞來看待它們，人們褫奪了自己對某些無價文本的翻譯，也扭曲了意象考古學所交付的文獻。「靈魂」是個不朽的語詞。在某些詩歌當中，它是不可磨滅的。它是個氣息語（un mot du souffle）。[2]單單是一個語詞聲響上的重要性，就能夠抓住詩意現象學者的注意。事實上，我們可以信心十足，帶著詩意說出「靈魂」這個語詞，說它在為整首詩擔保。因此，與靈魂相感應的詩歌表達，必須持續向我們的現象學研究敞開。

5 就繪畫的領域來說，其落實的工夫似乎包含來自精神方面的決斷，並接合上知覺世界的恩賜，這中間的靈魂現象學，可以顯示畫家對某件作品的初始投入狀態（engage-ment）。何內．于義（René Huyghe）在為喬治．胡歐（Georges Rouault）的阿爾比（Albi）[3]展覽所作的動人序言中寫道：「如果我們想瞭解胡歐在哪個方面打破了成規……我們或許必須使用一個幾乎已廢而不用的字眼，這個字眼就是，靈魂。」接下來，他又告訴我們，如果要理解、感受和喜愛胡歐的作品，「必須從中心、從內心、從圓心出發，亦即從所有事物接獲意義和源頭的地方：在此，我們重新迎回已被遺忘、排斥的字眼，靈魂。」如同胡歐的繪畫向我們顯示的，靈魂具有內在的光亮，我們的「內在靈視」（vision intréieure）認得這道光，並將之轉譯為七彩繽紛的世界，轉譯為陽光普照的世界。因此，對於那些想要理解、同時喜愛胡歐畫作的人來說，需要有這樣一種心理觀點的真實翻轉，他們必須體會內在的光亮，這道光，不是外在世界光線的反射。當然，所謂「內在靈視」、「內在光亮」這樣的說辭，經常太容易就被要求收回。不過，這兒說話的卻是位畫家，一位光的製造者。他知道光來自什麼樣的源頭。他從紅色的激情中體驗過私密的意義。在這樣的繪畫核心處，有一個靈魂正在搏鬥。野獸派（fauvisme）必須來自內在景象。這樣的一幅畫因而是一種靈魂的現象。作品必須要救贖一個充滿激情的靈魂。

2．夏賀勒．諾第葉（Charles Nodier），《法文擬聲演繹辭典》（*Dictionnaire raisonné des onomatopése françaises*），巴黎，一八二八，頁四六。「幾乎包括所有的民族，靈魂的不同名號都由氣音變化所生，是呼吸的擬聲表現。」

3．譯註：法國南部地名。

何內．于義的文章，讓我們更加確信，所謂靈魂現象學的說法並不為過。許多周邊的狀況讓我們必須承認，詩歌乃是靈魂的投身（engagement）。與精神現象聯結的意識相形之下，與靈魂有所聯結的意識，會比較放鬆，不會那麼意向化（intentionnalisée）。詩歌中展現的力量，不會通過知識的迴路。如果我們好好考慮「精神」與「靈魂」這兩端，天才與靈感間的辯證便自然得到闡明。就我們看來，若要研究詩意象現象的各種細微差異，特別是要尋繹詩意象由初始的夢想狀態到完成狀態的過程時，靈魂和精神缺一不可。其實，我們計劃在未來的一部作品中，以靈魂現象學的方式來專心面對詩意夢想。就夢想（rêverie）本身而言，它的心理條件，太常與做夢（rêve）的狀態搞混了。但是一旦問題擺在詩意夢想，擺在不僅僅是由夢想本身獲得樂趣，同時也準備讓其他靈魂同享詩意之樂（jouissances poétiques）時，我們很清楚，我們不會再陷入半睡半醒的寤寐狀態中。精神也有放鬆的能耐，但在詩意夢想中，老靈魂毫不緊張，不僅放鬆且保持活絡。若要構作一首完整而結構良好的詩歌，精神就必須有所籌謀，預想清楚。但是，對一個單純的詩意象來說，根本是無所籌謀的，只消靈魂顫動一下，即見分曉。靈魂透過詩的意象，說出自己的在場。

這也正是為何一位詩人能將現象學的靈魂課題說得非常清楚。皮耶—尚．尤夫（Pierre-Jean Jouve）寫道：「詩就是一個靈魂為一種形式（forme）舉行的落成禮。」靈魂舉行落成禮，在此，它是初始的力量。它是人性的崇高處。即使這個「形式」之前已在種種「老生常談」中廣為人認識、感知、琢磨過，它在詩意的內在之光照亮下，成了精神心智的素樸對象。可是，靈魂會為這個形式舉行落成典禮，生活在其中，並樂此不疲。因此皮耶—尚．尤夫的說法，可以當作靈魂現象學的明確準則。

III

既然由於方法學上的必要，使得現象學的詩歌研究，渴望走得如此之深、如此之遠，它就必須要超越我們感受一件藝術品時的情緒共鳴，儘管這些感受多少有其豐富意涵——不論是我們內在還是詩歌內在的豐富。此處，正是共鳴（résonances）和迴盪（retentissement）必須被敏銳感受其現象學上的同源異形之處。共鳴散佈在吾人世間生活的各個不同層面，迴盪則召喚我們給自己的存在以更大的深度。在共鳴之中，我們聽見了詩，但處於迴盪之中，我們卻訴說著詩，詩化入我們自身。迴盪帶來存在的轉變，就好像詩人的存在就是我們的存在。因此，共鳴的多元散佈源自於迴盪的存在整體感。或者說得更簡單一點，所有充滿熱情的詩歌愛好者都會有這種熟悉的感受：詩歌徹頭徹尾佔據了我們。透過詩歌對於存有者產生的強烈震撼，正是如假包換的現象學標記。詩歌的奔放（exubérance）和深切（profondeur），永遠是共鳴／迴盪的同源異形現象。就好像詩歌要透過其奔放來重新煥發我們內在的深切感。如果要釐定詩歌的心理活動，我們就必須遵循兩個軸線的現象學分析，一是精神的沛然奔放，一是靈魂的深切。

不用說，迴盪這個名字雖然是衍生而來，但它在我們想要研究的詩意想像領域，卻具有不可分割的現象學特性。因為，它涉及藉由單一詩意象的迴盪，觸發詩意創造的真實覺醒，直達讀者的靈魂。透過詩意象的清新感，搖撼著整體語言的活力。詩意象將我們安置在說話存有者的源頭上。

在此一迴盪的過程中，藉著一舉超越所有心理學和精神分析，我們感受到一股詩意的力量自我們本身素直昇起。在迴盪之後，我們才能夠體驗到共鳴、情感的反響（répercussion），喚醒了我們的過去。意象在激起表面的多方共鳴前，先有深切的感動。對於讀者的純粹經驗而言，此言亦真。我們透過讀詩所得到的意象，現在真的化入我們自身，在我們內部生根發芽。我們由別人那兒接收到它，可是現在，我們開始產生一種印象，我們可能創造過它，我們應該創造過它。它成為我們語言當中的新存在，讓我們成為它所表達的意涵，以此來表現我們，換句話說，它在變現成表達方式的同時，也變現為我們的存在。在此，表達創造了存在。

　　最後這一點評論，界定了我們所致力的存有學層級。就一般的命題來說，我們認為，人類最特別的人性，乃是**道說**（logos）。在先於語言的界域之內，我們無法進行沉思。但是，即使這個命題看起來在拒絕存有學的深度，它也應該受到肯定，至少，它可以成為適於詩意想像研究的工作假設。

　　至此，做為道說之事件的詩意象，就成為造成我們自身改變的革新者。我們不再視意象為「對象」，反而感覺到「客觀的」評論態度窒息了「迴盪」，並根本將原初詩意現象所開啟的深切感拒於千里之外。至於心理學家，他被眾多的共鳴沖昏了頭，不斷想描述他的感受。而精神分析師呢，害於其方法，他無可避免地將意象理智化，而在他努力釐清其詮釋的千頭萬緒時，失去了迴盪。他對意象的理解較心理學家來得深入，但問題正好出在這裡，他對意象用的是「理解」。對精神分析師而言，詩意象永遠有一個脈絡。然而當他對它加以詮釋，他便將之轉譯為一套與詩意道說（logos poétique）大不相同的語言。事實上，沒有什麼比「翻譯者，背義者也。」（traduttore, traditore.）[4]這句話更適用於此的了。

當我們感受到一個清新的詩意象時，體驗到它的互為主體性（intersubjectivité），我們知道自己即將重述它，以便與我的熱情溝通。若我們深思由一個靈魂傳導到另一個靈魂的問題時，顯而易見，詩意象已非因果律所能掌握。不論是膽怯如心理學那樣的因果學說，或強勢如精神分析那般的因果學說，都無法釐清詩意何在這樣的存有學課題：就文學的模式而言，詩意象並沒有任何文化上的準備條件，而就心理學的模式來說，詩意象也沒有任何知覺方面的準備條件。

這時候，我總是得到相同的結論：詩意象的徹底清新，提出了一個論題——會說話的存有者的創造性。透過這種創造性，我們便可以很簡單而純粹地證實，進行著想像的意識（conscience imaginante）乃是根源。在研究想像活動時，詩意想像的現象學必須集中全力，從雜然紛呈的詩意象中贖回這種根源的特質。

IV

藉由這種方式，以純粹的想像為起點，我們的詩意象研究限於它的根源，我們把詩的組構（composition）問題擺在一邊，這種問題把詩的組構視為眾多意象的集合。在詩的組構當中，包含了

4．譯註：此處似為一義大利諺語，承蒙區立遠先生幫忙翻查相關資料，及討論適切譯法，特此申謝。

眾多心理情結的要素，這些要素將多少已屬久遠的文化與某一時期的文學理想聯結起來，當然，這些成分是一門完整的現象學必須要審慎考量的。然而這麼樣千頭萬緒的規模，恐怕反而對顯然屬於基礎部分的現象學觀察的純粹性有害，這種現象學觀察的純粹性是我接下來想要說明的。真正的現象學者，必須在體系上簡約節制。事情是這樣的，對我來說，似乎只要運用一下現象學的閱讀威力，這種威力會讓讀者隨著他所讀到的意象境界變成詩人，這中間已帶有驕傲的跡象。事實上，如果我個人假定自己擁有某種閱讀威力，能夠滴水不漏地符應與復活一首詩裡面的整體創意與組構才能，那麼，我們便有失節制。我們更不可能像某些精神分析師自以為他們做得到，想達成一門綜合式的現象學，以支配整體作品。所以，只有在個別分離的意象層次上，我才能成功地進行現象學式的「轟動迴盪」（retentir）。

正是這樣的少許自豪（pointe d'orgueil），這一份不張揚的驕傲，這一份純屬閱讀、純屬讀者在獨自耽讀時才活躍的傲氣，如果能夠維持它的單純本色，才恰恰彰顯了現象學的本來面目。就此而言，現象學者與某些我們所熟知的文學評論者並無任何共通之處，如果我們要相信某些一揮而就的判決的話，這些評論者所判斷的作品，不僅是他們無法創造的，也是他們根本不願意創造的。一位文學評論者，必定是一位嚴苛的讀者。經過了像手套外翻這樣過度複雜的操作，作品反而被降格，成為政治家的部分措辭，我們可以這樣說，無所不知、無所不判的文學評論家和修辭學教授，早已準備好要選擇一種高高在上造成的單純。至於我們，由於我們耽溺於讓我感到幸福的閱讀方式裡，我們只閱讀和重讀我們所喜愛的東西，而且在滿溢的熱忱當中，還摻雜了一點點讀者的驕傲。可是，真正的傲慢通常會發展成籠罩在整個心靈上的厚重心情，因而，由於忠於意象之巧妙而形成的少許自豪，將依舊私密而謙遜自持。它就在我們裡面，只在像我們這樣的讀者裡面，對我們而存在，也只對我們存在。這是一種關起門、在房裡的驕傲。沒有人知道，我們在閱讀當中，正重新體驗我們想成為詩人的誘惑。對閱讀具有某種激情的讀者，在閱讀過程中，既養成了想成為作者的欲望，又壓抑著想成為作者的欲望。如果我們剛剛讀過的那一頁已接近完美，我們的謙遜就會壓抑這種欲望。然而，這欲望會再度出現。無論如何，每一個重讀自己喜愛的著作的讀者都知道，這本書的心愛章節會讓他掛念不已（concernent）。尚—皮耶．呂夏爾（Jean-Pierre Richard）的優秀評論集《詩情與深度》（*Poésie et profondeur*），在另兩篇評論之間寫作，一篇是討論波特萊爾（Baudelaire）的評論，另一篇則是討論魏爾倫（Verlaine）的評論文章。然而，重心其實是落在波特萊爾，誠如作者已表明，他的作品「讓我們掛念不已」。兩篇評論之間，在語調上有重大的差距，與波特萊爾不同的是，魏爾倫無法吸引完整的現象學關懷。這是實情。在某些類型的閱讀裡面，對於那樣的章句表達，我們感到深有同感、「深深被吸引」。在《泰坦神》（*Titan*）一書中，尚—保羅．李希特（Jean-Paul Richter）這樣描述主角：「他以極大的愉悅，讀著對於偉大人物的讚頌之詞，彷彿他過去也曾經是這些頌辭的歌頌對象。」[5]無論如何，在閱讀中要獲得同情共感，讚嘆絕不可少。讚嘆可多可少，但是如果我們想從某個詩意象

5．尚—保羅．李希特（Jean-Paul Richter），《泰坦神》（*Titan*），法文譯本由斐拉黑特—夏斯勒（Philarète-Chasles）翻譯，一八七八，第一卷，頁二二三。

汲取出現象學教益的話，一種真誠的衝動、一份想要發出讚嘆的小小衝動卻絕不可少。即使只是稍微動了批評的念頭，就會讓精神退至第二位，進而遏阻了這份衝動，摧毀了想像力的原始狀態。在這份讚嘆之情裡，超越了冥想態度的被動，閱讀之樂成為書寫之樂的倒影，讀者好似成了作者的鬼魂。至少，讀者參與了創作的喜悅，對柏格森（Bergson）而言，創作的喜悅正是創作的徵兆。[6]在此，創作發生在字句的微細思緒之間，發生在某個辭句轉瞬即逝的生命之間。但是，這個詩意的辭句，儘管不是絕對必然，卻具有提振我們生命強度的功效。說話得當，本是活得快意的要件。詩意象從語言裡觸發（émergence）而出，總有一小部分意在言外。我們藉著活出所讀的詩句，進而擁有助益甚大的觸發體驗。當然，這還只是小範圍的觸發。但是，這些觸發的活動會不斷重新發生，詩歌會讓語言保持在觸發狀態。生命便會在生氣蓬勃中獲得彰顯。這些語言上的衝動，從實用語言的日常層級脫逸而出，只不過是生之衝動（élan vital）的縮影。如果有微柏格森主義（microbergsonisme），放棄了語言做為工具的想法，而支持語言即真實的想法的話，他們會在詩歌裡發現無數的材料，足以證明語言的當下生命。

因此，沿著語言生命的思路一路走來，由於其生命顯現於千百年的語言演化過程中，用數學家的口氣來說，詩意象為我們呈現了這種演化的某種微分。一首偉大的詩，可能會對一種語言的靈魂產生巨大的影響。它喚醒了一度被忘卻的意象。與此同時，它也證實了言說本身的無法預測。如果我們讓言說變得無法預料，不正好讓說話變成了自由的學徒了嗎？詩意想像會從與種種批評檢查所玩的把戲裡得到多麼大的魅力呀！過去，詩藝行規會把各種破格之作編纂成法典。不過，當代的詩歌已經把自由引入了語言的體現之中。其結果便是，詩歌成了一種自由的現象。

V

即使是一個孤立的詩意象，若是經過持續的表現鍛造而成為詩句，就可能發生現象學式的迴盪，就其極致樸直的表現而言，它會讓我們精通我們的語言。在此，我們感受到靈光乍現的極微現象。詩意象是最不可捉摸的心靈事件。透過可感知的實在來證實它，並釐清它在詩句組構中的位置與角色，這兩件任務在我們要考慮的事情中只具有次要的地位。在詩意想像的初步現象學研究中，孤立的詩意象、發展它的詩句，和偶有詩意象在其中光芒四射的詩節，共同形構了語言空間（espaces de langage），我們應該運用場所分析（topoanalyse）來加以研究。譬如，彭達力（J. B. Pontalis）將米歇·雷希（Michel Leiris）說成是一位「文字長廊中的孤獨探勘者」[7]，對於這種由我們體驗過的純文字衝動所來回交織成的空間，彭達力提供了絕妙的描述。概念語言的原子論，要求固著下來的理由，也要求中央集權的暴力。但是，詩句卻一直保持著運動，意象流入到詩句行間，它鍛鍊著想像力，好讓想

11

6．柏格森（Henri Bergson），《精神能量》（*L'Energie Spirituelle*），頁一三。

7．彭達力（J. B. Pontalis），"Michel Leiris ou la psychanalyse interminable"，收錄於《現代》（*Les Temps Modernes*），一九五五年十二月，頁九三一。

像力創造一連串強健敏銳的纖維。彭達力接下來所說的（頁九三二），值得一門表達現象學牢牢記住，當作一條確切的索引：「言說主體（sujet parlant）即是整個主體。」這樣，若言說主體以整體的方式存在於詩意象當中，就不再顯得那麼弔詭，因為，除非他讓自己沉溺其中，毫無保留，否則他就根本沒有進入那個意象的詩意空間（espace poétique）。顯然詩意象提供了人類經歷中最單純的語言經驗。而如同我們所想的，如果我們認為詩意象正是意識的根源，它就指向一門現象學的建立。

同樣的，如果我們必須為這門現象學「學派」命名，它無疑會與詩意現象發生關聯，我們在這個現象中，發現最清晰而真正根本的教訓。范丹伯（J.H. Van den Berg）[8]最近在一本書裡寫道：「詩人和畫家乃是天生的現象學家。」他們注意到事物會對我們「說話」，這個事實的結果便是，如果我們讓事物的這種語言得到全然的尊重，我們就會與事物有所接觸，范丹伯還說：「我們持續在活出種種問題的解決方案，運用反思，這些問題毫無解決的希望。」如果有哪一位哲學家的研究重點是言說的存有，他會在這位博學精審的荷蘭現象學家的這些字裡行間得到莫大的鼓舞。

VI

如果我們能夠藉由詩意象的關聯，將一個純粹昇華（sublimation pure）的領域離析出來，或許與精神分析研究相關的現象學處境，就能更明確地被陳述出來。這種昇華並沒有昇華任何東西，而是讓激情的重擔得到釋放，並解放欲望的驅力。如此賦與詩意象的巔峰以昇華的絕對性，無異把高度的風險置於一個微細的差別之上。然而對我們來說，此一絕對純粹的昇華，詩歌似乎飽含豐饒的證明。而這本著作的內容會有俯拾皆是的例子。當我們提出這些證明之後，心理學者和精神分析師將不再只是從詩意象裡看到一場遊戲，一場轉瞬即逝、全屬徒勞的遊戲。尤其是對他們來說，意象毫無意義，不僅從激情的立足點來看無什意義，從心理學或精神分析的觀點來看，亦無任何意涵。他們沒有想到，這些意象都飽含有詩意意涵（signification poétique）。但是，詩歌其實從來就在那兒，帶著它無以數計、澎湃洶湧的意象，透過意象，創造的想像力才開始活躍在自己的天地裡。

對現象學家來說，當我們已浸潤於意象的存在之中時，想要為一個意象找到前提條件，乃是**心理主義**（psychologisme）積習已深的徵兆。相反的，不妨讓我們接受詩意象的存在本身。由於詩意識是如此全然地浸潤在意象裡，這意象在語言中顯露，超越了日常習慣的語言；詩意識所動用說話的詩意象語言是如此清新，使得我們無法有效觀察出過去與當下之間有什麼交互關係。我們接下來要提出的例子，會顯示在意義、感覺和情緒上的驟變，會讓讀者不得不同意我：詩意象乃是處於一清新存在狀態的徵兆。

此一清新存在狀態（être nouveau），即幸福的人。

8．范丹伯（J. H. Van den Berg），《心理學中的現象學進路》（*The Phenomenological Approach in Psychology*），介紹了近年的現象學心理病理學。（Charles C. Thomas, Publisher. Springfield, Illinois, 1955, P61.）譯者補註：范丹伯的著作目前在台灣有一本翻譯，《病床邊的溫柔》（*Psychology of the Sickbed*），石世明譯，台北：心靈工坊，二〇〇一。

精神分析師會直接反駁道：在言說中幸福，因而在現實中不幸。他的昇華，只是往垂直面上做補償，向上飛升，這跟從側邊的事物求取補償是一樣的道理。然後，精神分析師會馬上放棄這個意象的存有學研究，動手挖掘人的過去。他看見並指出詩人的祕密苦衷。他用肥料來解釋花朵。

現象學家不會如此捨近求遠。對他而言，意象就在眼前，話語會說話，詩人的話語會跟他說話。不需要先親身經歷過詩人的痛苦，才能掌握詩人話語間的幸福——那支配著整齣戲劇的話語間的幸福。詩歌裡的昇華，突顯了世俗不幸靈魂的心理。但不論詩歌被用以展示再怎麼偉大的劇碼，詩歌擁有它自身的幸福，乃是一不爭的事實。

依我們看來，純粹的昇華突顯了一個嚴肅的方法問題，現象學家自然不能無視於昇華過程所涉及的深層心理事實，精神分析對此已做過長久的研究工作。重要的是，以現象學的方式進入尚未被體驗過、生活尚未為之起草，但詩人已創造出來的意象。它牽涉到向語言的開口處敞開心扉，去體驗那未曾被體驗者。有少數的詩可以發現這類的體驗，例如皮耶－尚．尤夫的某些詩作。其實就我所知，沒有任何作品會比尤夫的詩作從精神分析的沉思中獲得更多的養分。然而，尤夫的詩歌在瞬間就掌握到了火苗，使我們不再需要經歷它的原初爐灶。他自己曾說：「詩歌不斷超越它的源頭，而由於它在心醉神馳或悲傷狀態中受苦更深，它才能保留住更大的自由。」[9]在頁一一二他又說：「我在時間中越往前進，這種潛行就越遠離那些偶然因素，越能在控制中奔向語言的純粹形式。」我無法肯定尤夫是否會同意，認定精神分析所揭露的「原因」屬於「偶然」？但是，在「語言的純粹形式」的界域之中，精神分析師所列出的原因，不允許我們預言詩意象的清新展現。它們充其量只是解放的「因緣」。在我們所生活的詩的年代，詩歌正是在這個方面特別「令人驚訝」，因此，詩歌的意象無可預測。大多數的文學評論者並未充分覺察到這種不可預測的特質，而這種特質恰好讓一般心理學習以為常的解釋方案行不通。但是，詩人對此卻說得很明白：「詩歌，特別是它當前令人驚訝的姿態，只能與衷心戀慕無可名狀之物的想法相感應、只能與基本上向生成變化敞開的想法相感應。」稍後，在頁一七〇的地方：「結果，我們看到了詩人的一種新定義，那就是：那個懂得的人，換句話說，那個超然且為他懂得之事命名的人。」最後（頁一〇）：「如果沒有絕對的創新，就沒有詩歌。」

這樣的詩歌難得一見。[10]有一大堆詩歌夾雜了許多心理學化的激情。然而，上述的罕見和例外不僅沒有證實這類規則，反而與之相矛盾，而形成了一個新體例。沒有絕對昇華的界域，詩歌本身的確切兩極化張力便無法顯現。而不管此絕對昇華多麼有限或多麼崇高，即使它可能置身於心理學家或精神分析師無法觸及之處，我們也要說，說穿了，心理學家和精神分析師毫無理由盤查純粹的詩歌。

9．皮耶—尚．尤夫（Pierre-Jean Jouve），《鏡面》（*En Miroir*），Mercure de France，頁一〇九。安德烈．謝第（Andére Chédid）也曾寫道：「詩仍然是自由的。我們永遠無法用我們自己的命運圈限住詩的命運。」《土地與詩》（*Terre et poésie*），G.L.M. 14, 25.

10．同上揭書，頁九。「這種詩歌難得一見。」

我們很可能會猶豫不前，無法決定這種兩極分裂究竟發生在哪個層面，我們也可能躊躇良久，在詩情被混亂激情干擾的天地裡不知所以。更何況，我們在什麼樣的高度會遭遇到純粹的昇華，當然不可能對每個靈魂都一樣。但是至少在方法上有個必要，我們必然要分開由精神分析師所檢視的昇華，與由詩歌現象學家所檢視的昇華。精神分析師當然可以研究詩人的人格特質，但是由於他自己逗留在激情的領域裡，使他無力研究處於巔峰狀態的詩意象。其實，榮格（C. G. Jung）已說得非常清楚：執著於精神分析中一貫的判斷習慣，「對藝術作品本身的興趣就會被轉移，落入心理學上推論條件的網羅中，無所遁逃，詩人變成了『臨床案例』，變成了性慾精神病學（psychopathia sexualis）上的一個例子，被貼上某個號碼。如此一來，藝術作品的精神分析就遠離了它的對象，把討論帶往一般人類興趣的界域裡，藝術家對這個領域當然一點都不陌生，但是，對他的藝術而言，這類討論卻也特別無關緊要。」[11]

在此我想提出一個爭議性的評論，純粹是為了給以上的討論一個總結的觀點，當然，耽溺在論爭中並非我的習性。

一個羅馬人告訴一個把眼光抬得太高的鞋匠：

鞋匠不要評斷鞋子以上的地方！

（Ne sutor ultra crepidam.）

每當純粹昇華一有問題，每當詩歌的存在本身必須加以釐清時，難道現象學家不應該跟精神分析師說：

精神分析師不要評斷子宮以外的地方！

（Ne psuchor ultra uterum.）[12]

11．榮格（C. G. Jung），〈論分析心理學與詩歌藝術的關係〉，收於《分析心理學論稿》（*Essai de psychologie analytique*），勒．雷（Yves Le Lay）譯，Stock 出版，頁一二〇。英文本見《分析心理學文集》（*Contributions to Analytical Psychology*），貝恩斯夫婦（H. G. & Cary F. Baynes）譯，紐約：Harcourt, Brace 出版，一九二八。

12．譯註：這兩段拉丁文承蒙區立遠先生幫忙譯出，並翻查原典。依據區立遠的考證，「文獻的出處是羅馬自然史作者老普林尼（Plinius, Gaius Plinius Secundus, 23-79 A.D.）的《自然史》（*Naturalis historia*），第三十五卷八十五節。此處提到的，是關於亞歷山大大帝（356-323 B.C.）的畫家阿佩勒斯（Apelles）的故事。阿佩勒斯是當時最好的畫家，他的作品無一流傳後世，但在古代作品中時有描述讚嘆。亞歷山大大帝除了他不願意讓別的畫家替他畫像。八十五節說到阿佩勒斯每日一定要畫畫，而且喜歡把完成的作品放在畫室裡讓經過的人看，自己則躲在一塊板子後面，對於被人指出的缺陷則十分珍惜，因為他認為大眾是比他自己更仔細認真的評判者。據說有一次他被一位鞋匠指責，說他畫的鞋子上鞋洞太少；次日這位驕傲的鞋匠又來，居然開始嘲笑他畫的腿部。阿佩勒斯於是憤怒地瞪著他大聲說，ne supra crepidam sutor iudicaret！（不要—超過—鞋子—鞋匠—判斷！）這句話於是成為諺語。」

VII

總而言之，一旦藝術已具有自主性，它就會創造出令人耳目一新的新局，而審慎地考慮此一新局，就是現象學的關懷。基本上，現象學就是從事清算過去、面對新生狀態的工作。即使像繪畫這樣的藝術，證明了某種技巧功力，其重大的成就卻非關技巧。尚．萊斯居爾（Jean Lescure）研究夏爾．拉畢格（Charles Lapicque）的繪畫時，寫得很公允：「雖然他的作品處處可見對各種空間動態表現法的廣泛文化知識，這些表現方式卻未被製造、應用成固定的處方。……所以，累積知識必須伴隨有相等的忘懷所知的工夫。非知（non-savoir）並非無知，而是對知識進行相當不易的超越工夫。一件作品要能長期處於純粹清新的發生狀態，使得它的創造成為自由的實踐，這正是必須要付出的代價。」[13]這些話對我們非常重要，因為它們可以立即轉換為一門詩意的現象學。以詩歌來說，非知乃是一項基本條件，如果寫詩有什麼技巧存在的話，乃是用於聯結意象這項次要任務。但是意象的整個生命，在於它乍現的靈光之中，在於這樣的事實：意象即是對所有的感性提供素材的超越。

於是，事情變得很明顯，作品從生活中脫穎而出，到了生活無法解釋它的程度。萊斯居爾談到這位畫家（同上揭書頁一三二）：「拉畢格對創作行為的要求是，它應該提供他與生命本身一樣多的驚訝。」因而，藝術是對生命的加乘，是在驚訝中的爭逐，這些驚訝會刺激我們的意識，免得它變得昏昏欲睡。拉畢格寫道（萊斯居爾引用於頁一三二）：「譬如，如果我想畫馬匹在奧德伊（Auteuil）賽馬場跳越籬溝，我會希望我的畫給我多一點始料未及的東西，然而，與我實際在看賽馬所目睹的狀況比起來，這種驚訝屬於不同的種類。問題根本不在於精確複製一幅已在過去出現的景象。而在於我必須完全讓它以耳目一新的方式再生，而且這一次，要以繪畫的樣態讓它重生。這樣做的時候，給了我清新衝擊的可能條件。」然後，萊斯居爾總結道：「藝術家並不是依他的生活方式來創造，而是活出他的創造之道。」

就此而言，當代的畫家不再將意象視為可感知現實的純粹代替品。普魯斯特（Proust）說到艾爾斯帝（Elstir）畫的玫瑰時，就已經指出，它們是「這位畫家培養出來的新品種，像某些聰穎過人的園藝家一般，他為玫瑰家族增添了新秀。」[14]

16

VIII

古典心理學很少處理詩意象這個主題，而詩意象經常被誤以為只是隱喻。其實，一般而言，在心理學家的著作裡，心象（image）[15]這個字被一團迷霧所圍繞：我們看見心象、我們複製心象，我們在記憶中延續心象，除了不是想像力的直接產物外，心象無所不在。在柏格森的《物質與記憶》

13．尚．萊斯居爾（Jean Lescure），《拉畢格》（*Lapicque*），巴黎：Galanis 出版，頁七八。

14．普魯斯特（Marcel Proust），《追憶似水年華》（*A la recherche du temps perdu*）第五卷，《索多姆和戈摩爾》，頁二一〇。

15．譯註：即意象、形象或心象，但此處為區分一般心理學的特定用法，故以心象譯之。

（*Matiére et mémoire*）一書中，心象這個概念涵蓋的意思很廣，卻只有一處（頁一九八）涉及創造的想像力。因而，這種創造只是一種較低度的自由行動，與柏格森哲學所強調的偉大自由活動毫無關聯。在這一小小段落中，哲學家論及「幻想的遊戲」及由之而生的各種心象，乃是「心智自然而生的多樣自由」。但是，這些複數的自由，卻無法投入吾人的存在，它們並未給語言增添新意，也未去除語言的實效角色。這些自由真的是「遊戲」。想像力很少為我們的回憶增添色彩，就此一詩化回憶的領域而言，柏格森選擇與普魯斯特站在同一邊。心智視為理所當然的自由，並未真的點明心智的本性。

相反的，我準備考慮提出想像力做為人性的主要能力，確切地說，點明想像力就是生產形象的機能，並沒有什麼特別的用處，但是這句同語反覆至少能做到，不再把意象同化為回憶。

由於想像力的活動如此迅速，它使我們與過去分離，也與現實分離，它朝向未來。依傳統心理學家的界定，**現實作用**善於從過去經驗學習，但在此之外，應該還有一種**非現實作用**，同樣具有正面積極意義，這也是我在某些早期著作中試圖證明的東西。一旦非現實功能產生了弱點，也會妨礙到創造的心靈。若沒有了想像，何從預備？

但是，若更直指詩意想像的問題核心，除非人類心靈的現實和非現實兩種作用能夠結合一起、共同運作，否則我們的心靈不可能從詩歌獲得什麼好處。透過詩，讓現實與非現實相互交纏，並透過意義和詩藝的雙重活動使語言充滿動力，我們得到了韻律分析的真實療癒。在詩歌之中允許想像的存在參與，是因為此一存在不再只是「適應」這個動詞的主格，現實條件也不再那麼確切不移了。在詩歌裡，想像力在一邊伺機而動，只等非現實作用開始迷惑、激擾，終至喚醒原本迷失在自動沉睡機制中的存在。這類自動機制當中，最狡猾者，莫過於語言的自動機制，只有我們進入純粹昇華的界域中，自動語言機制才會停止運作。從這個純粹昇華的巔峰來看，再生的想像力已不再那麼重要。尚─保羅．李希特不是說了：「再生想像力乃是創造想像力的散文。」[16]

IX

我在這篇顯然太過冗長的哲學式導論中，簡述了我想要在本書接下來的篇章加以檢驗的一般主題，另有一些是我希望在別的書裡再寫的主題。就眼前這本書來說，我所檢查的範圍，已經得到了很好的界定。事實上，我想檢查的意象很單純：幸福空間（espace heureux）意象。就這種取向來看，這些研究可稱得上是空間癖（topophilia）。它們想要釐清各種空間的人文價值，佔有的空間、抵抗敵對力量的庇護空間、鍾愛的空間。由於種種的理由，由於詩意明暗間所蘊涵的種種差異，此乃被歌頌的空間（espace louangés）。這種空間稱得上具有正面的庇護價值，除此之外，還有很多附加的想像價值，而這些想像價值很快就成了主要的價值。被想像力所擄獲的空間，不再可能與測度評量、幾

16．尚─保羅．李希特（Jean-Paul Richter），《詩學暨美學導論》（*Poétique ou Introduction à l'esthétique*），法譯本，一八六二年，頁一四五。

何學反思下的無謂空間混為一談。它有生活經歷，它的經歷不是實證方面的，而是帶著想像力的偏見的，特別是這種空間幾乎都散發著一股吸引力。它蘊集了它所庇護範圍的內在的存有。在意象的支配下，外在活動空間與私活動空間並不是相互均衡的活動空間。另一方面，這些研究中將很少提及有敵意的空間、仇恨與鬥狠的空間，它們只能放在以激烈的題材和世界末日的意象下研究。單就現在來說，我們要考慮的是產生吸引力的意象，然而談到意象，很快就顯而易見，吸引和拒斥並不會造成對立的經驗。對立的是這兩個詞彙。我們在研究電磁現象時，我們可以很對等地談論吸引和拒斥，只需改一下代數符號便可。但是，意象本身無法很好地適應平靜的觀念，尤其是無法適應定義明確的觀念。想像力馬不停蹄地想像，並以新意象來豐富自身。而我所想探究的重點，正是這個想像之物的寶藏。

接下來，要對構成本書的各個章節做一個快速的報告。

為了好好研究私密感（intimité）的意象，首先，我們會把論題重心放在家屋的詩學上。這中間有很多問題：那些私密房間如今雖已消失，卻為何會縈繞不去，成為難忘的過去？歇腳處如何又從何找到特別容許它存在的地點？有時候，為什麼一處臨時避風港或暫時收容處，會出現在我們私密的白日夢中，卻毫無客觀根據呢？透過家屋的意象，我們開始擁有真正心理整合的原理。透過家屋，描述心理學、深度心理學、精神分析學和現象學都能夠開始形構我前面以場所分析為名所指出的學問主軸。不論我們依據什麼理論視野來檢視家屋意象，家屋似乎都已變成了我們私密存在的基本地勢。為了要說明研究人類靈魂深度的心理學家有多麼複雜的任務，榮格要求他的讀者，好好考慮一下下面的比較：「我們必須發現一幢建築，並對它加以解釋：它的上面樓層建造於十九世紀，地面樓層則可以溯及十六世紀，如果再小心檢查其石工技法，我們會發現，其實它是從第二世紀一幢塔樓改建而成的。走到地窖，我們發現羅馬時期的地基牆，在地窖下面，還有一層填土的洞穴，在這一層，我們發現了石工工具，接下來是更下層裡面的冰河期動物遺跡。幾乎就像是我們心靈的結構。」[17]當然，榮格很清楚這種類比的限制（頁八七）。但是，這個事實本身很容易就可以再加以延展，使我們有理由以家屋為分析人類靈魂的工具。藉由此「工具」之助，當我們窩在小小的家屋裡做夢的時候，我們難道不會在自己身上發現洞穴所給的安慰嗎？我們靈魂的塔樓永遠傾頹了嗎？用傑哈．德．涅瓦爾（Gerard de Nerval）那膾炙人口的話來說，我們注定要成為「塔樓已被剷平」的一群嗎？不只是我們記得的，包括我們已經遺忘的事物，都已「安頓」（logés）。我們的潛意識亦有所「安頓」。我們的靈魂居有定所。藉著回憶起「家屋」和「房間」，我們學習「安居」（demeurer）在我們自己裡面。現在，事情已經很明朗，家屋意象朝兩個方向運動：它們在我們裡面，以及我們在它裡面。這種作用如此變化多端，所以需要加長的兩章，來刻劃出家屋意象的內蘊。

19

經過這兩章討論人類的家屋後，我又研究了一系列意象，可以視之為事物的家屋：抽屜

17．榮格，《分析心理學論稿》，法譯本頁八六，英譯本頁一一八—一一九（Bollingen Series, Vol.XV）。這段話取自〈靈魂在世間的調節〉（Le conditionnement terrestre de l'âme）這篇文章。

（tiroirs）、箱匣（coffres）、衣櫥（armoires）。它們的鎖頭背後，藏著一門什麼樣的心理學啊！它們本身內蘊著一種收藏事物的美學。現在，要為受藏者（caché）的現象學鋪路，只需要一個初步的評論就夠了：一個空抽屜是無可想像的，它只能被思考。對我們來說，我們必須在我們知道之前，描述出我們在想像什麼，必須在我們核實之前，描述出我們夢想著什麼，因此，所有的衣櫥都充盈飽滿。

有時候，當我們以為我們在研究某種東西，其實卻只是開始做某種白日夢。接下來兩章，我把重點放在「窩巢」（Nids）和「介殼」（Coquilles）——脊椎動物和無脊椎動物的庇護所，以證明一種很難被對象現實所控制的想像力活動。在我對四大元素的想像進行冗長的冥想時，我重新經歷到了無數在虛空、在水中的白日夢，端看我尾隨的詩人是鑽進樹端的窩巢裡，還是跑到甲殼所形構的動物洞穴中。有時候，甚至在我觸摸到事物的時候，我仍舊夢想著元素（élément）。

在跟著做這些棲息於不可棲居之處的白日夢以後，我回報的意象是，為了讓我們可以經歷這些地方，我們必須變得很小，就像在窩巢和甲殼裡一般。的確，在我們的家屋裡，會有一些角落和僻靜處，讓我們喜歡舒舒服服地蜷在那兒。蜷起來（blottir），屬於居住現象學的動詞。只有已經學會蜷起來的人，才可能有深刻的棲居。在這個方面，我們自己內心有各色各樣配套的意象，和一些我們有點難以啟齒的回憶。我確信，一位有心想把這些蜷起來韜養避靜的意象加以系統化的精神分析師，可以找到一大堆文獻。而我所處理的意象文獻，則限於文學方面。就這樣，我寫了較短的一章，論「角落」（coins），讓我自己很驚訝地瞭解到，偉大的作家給予這些心理文獻多麼高的文學尊嚴。

在所有這些用心於探索私密感空間（espaces de l'intimité）的章節之後，我想要瞭解對空間詩學而言，

20

如何呈現出大與小的辯證。在外在空間中，想像力如何自然而然，毋需透過觀念之助，從大小尺寸的相對性上受益。我把大小辯證放在微型（Miniature）和浩瀚感（Immensité）這兩組符號下，但這兩章並不是大家所以為的正反題對立。兩種狀況下，大與小都不是透過其客觀性來理解，因為在這本著作中，我只把它們當作意象投射的兩個軸端來處理。在我的其他著作裡，特別是與浩瀚相關的著作裡，我已試圖為面對壯麗自然景象的詩人，指出其冥想的特質。[18]在此，重點在於更私密地參與意象的運動。譬如，透過某些詩句之助，我將必須證明浩瀚的印象就在我們內心，並不一定要關聯到某個對象。

我的書在這一點上，針對我先前用自創方法蒐集的大量意象，藉由賦與它們存有學上的價值，我提出了內與外的辯證，轉而導出開與關的辯證。

緊跟著內外辯證這一章的是〈圓的現象學〉。書寫這一章的時候，必須克服的困難是避開所有幾何學上的證明，換言之，我必須以一種圓的私密感做為開端。我從思想家和詩人那兒發掘出這一直接的圓意象，這些意象不只是隱喻，對我而言，它們更為根本。這樣一來，我才能得到進一步的機會，去揭露隱喻的理智主義，進而再度證明純粹想像力的特有活動。

按照我的想法，充滿了形上學意涵的最後這兩章，最好編進我另外想寫的一本書裡。這本書會

18・參閱《土地與對意志的夢想》（*La terre et les rêveries de la volonté*），巴黎：Corti 出版，頁三七八及接下來的頁數。

是我過去三年教學生涯中，在索邦大學多場公開演講的濃縮版。不過，我還會有力氣寫這本書嗎？因為在我們無拘無束地跟一位友善的聽眾說話與寫一本書所要求的紀律之間，存在非常大的距離。教學演說時，在教學的喜悅鼓舞之下，有時候是話語在思考。可是要寫一本書，卻需要相當嚴肅的反思。

CHAPTER

one

第一章

家屋・從地窖到閣樓・茅屋的意義

誰會來敲家屋門？
門扉開，吾人進
門扉掩，巢穴藏
世界脈動我門外。

——皮耶・阿爾貝—畢侯（Pierre Albert-Birot），
《自然記趣》（*Les amusements naturels*），頁 217。

I

23

如果要對內在空間的私密特質做現象學研究，顯然家屋是一個再適合不過的存在了，當然，這要假設我們會同時注意到家屋的整體性、複雜度，並努力將其諸種特定價值整合於一種根本價值中。家屋不僅散發給我們種種意象，也提供了這些意象大體的脈絡。而我要證明的是，在兩種情況下，想像力都提高了現實界的價值。意象具有某種吸引力，讓家屋相關的種種意象得以匯聚起來。在所有讓我們找到遮風避雨的家屋記憶之外，在所有我們曾經夢見起居於其間的家屋之外，我們能否離析出某種私密、具體的本質，以證成所有這些避風港裡的私密感（intimité），究竟有什麼樣非比尋常的價值？這成了主要的課題。

為了解答這個課題，只把家屋看成一個我們可以加以判斷、可以成為日夢（rêveries）的「對象」還不夠。對現象學者、精神分析師或心理學者來說（以效力遞減的序列來列舉這三種觀點），重點不是在描述種種家屋、舉出其圖象特徵、分析它們令人感到舒適的理由。與此相反，不論這些描述是主觀或是客觀、是印象還是事實，我們必須超越描述的課題，以便為隱藏在棲居活動基本作用中的依附（adhésion），找出其根本特性。地理學者或民族誌學者可以為我們描述各種不同的住處類型。但在每一不同類型中，現象學者會盡一切努力抓住其核心、安全、當下的幸福端苗。現象學者的首要任務就是，在所有的住處，即使是城堡當中，找出此一原初的殼。

24

但是，如果我們想釐清我們之所以依戀一特定地點的種種幽微暗影（nuances），及其種種深層緣由，勢必牽涉廣泛。對現象學者來說，這些幽微暗影必須被視為某種心理現象的初步湧現。此幽微暗影，並非外加的、表面的色彩使然。因此我們在說明我們如何住出自己的生活空間時，必須考慮到所有生活上的辯證，考慮到我們如何日復一日，落腳於「人世一隅」（coin du monde）。

我們的家屋就是我們的人世一隅。許多人都說過，家屋就是我們的第一個宇宙（Cosmos），而且完全符合宇宙這個詞的各種意義。假如我們用貼身親近之眼來看，最寒傖的陋舍不也有一份美？許多討論「寒傖陋舍」的作家，都會提到詩意空間的這種特色。不過，這種提法太過簡潔。對於蓬壁家屋，他們找不到什麼好描述的，就不太在這方面花心思。所以他們沒有實際體驗這種家屋的原始感，就率爾描述其外表，然而如果他們願意做夢的話，這種原始感其實不論貧富，屬於所有的家屋。

但是，我們成人在生活中已經失去了這項基本的優勢，對天人之際的聯繫變得遲鈍不堪，因而未能感受到對家屋宇宙的最早依戀。於是才會有種種抽象之談，「世界意識」的哲學家所發現的宇宙，是透過我（moi）與非我（non-moi）的辯證遊戲來發現宇宙。事實上，他們在認識家屋之前，先認識了宇宙，在認識落腳處之前，已認識了遙遠的地平線；然而，如果我們以現象學的方式來研究意象的真實開端，我們會具體找到棲居之所的種種價值，這種非我的空間保護著我。

其實我們在此碰到了一組邏輯上的反題，其相關意象是我們必須進一步探索的：所有真實棲居的空間，都含有家這個理念的本質。我們將在此部著作的過程中明白，每當人類發現即使是最微不足道的庇護所時，會在這方面產生什麼樣的想像作用：我們會明白，想像力用無形的陰影築起了「高牆」，讓自己置身於受庇護的幻象中，或者反過來說，想像力在厚牆背後發抖，無法信任這一道道堅實的壁壘。簡單的說，在無止境的辯證過程中，受庇護的存有終會感受到其庇護的有限。經由思考與夢境，他體驗到家屋的現實與虛幻。

於是，所有的庇護所、收容處、房間自此都有了聽起來像是釋夢學的價值。重點不再是從實證的面向來看家屋，說它被真實的「活用過」，也不只是在當下承認家屋的好處。真正的安逸舒適，必有其過往，透過夢想，整個往日時光都進駐到新家屋裡來了。古老的諺語：「我們隨身帶著家的守護神」，有許多不同的說法。日夢會引領我們深入到古老得不復記憶的領域，對於夢想著人類最早記憶以外的家（foyer），對於這類做夢者，這個領域敞開大門。稍後在這部著作裡，家屋將如同火與水，浸潤縈繞著我們，喚醒日夢的火花，點亮了不復記憶與回憶間的綜合。在這個遙遠的境地，記憶與想像仍深切聯結，並各自發揮其相互深化的作用。就價值層面來看，它們共同形成了意象與記憶的共同體。因此家屋不再只是日復一日地被經驗，它也在敘說的線索中、在我們說自己的故事時被經驗到。透過夢，我們生活中的各種棲息地，共同瀰漫並保存了舊時光的寶藏。我們進入新家屋之後，當我們住過的其他地方的記憶復現，我們便能悠遊於平靜的孩提之境，它如同所有不復記憶的事物那般，靜止不動。我們活在固著（fixations）裡，固著於幸福。[1]我們藉由重新活在受庇護的記憶中，讓自己感到舒服。某些已完結的事情，必須保持在我們的記憶中，透過意象，將它們的原初價值保留下來。外在世界的記憶，與家屋的記憶基調絕對不同。藉由喚回這些家屋的記憶，我們為我們的夢增加了庫藏；我們從來不是真正的史家，卻一向離詩人不遠，我們的情緒或許只是一種迷失了的詩藝。

因此，藉著留心不要中斷記憶與想像的相互聯繫，而步步趨近家屋意象，我們可以冀望讓他人感受到一個意象可能有的心理彈性，它可能在什麼樣意想不到的境地裡觸發我們。或許，與透過回憶比起來，透過詩歌還更能讓我們碰觸到家屋空間的詩意深度。

在此狀況之下，如果我被要求明說家屋的主要好處，我會說：家屋庇護著日夢，家屋保護著做夢者，家屋允許我們安詳入夢。人類的價值，不僅僅只有思維和經驗，日夢的價值，標誌了人性深層的價值。日夢甚至擁有自我調整價值的殊榮，它從自身的存在獲得樂趣。因此我們在新的日夢中，重新構成那些我們體驗日夢的處所。而由於我們對從前棲居之處的回憶，在日夢中重新活現起來，因而這些過往的棲居之處，也就永遠留存在我們心中。

至此，我們的目標已昭然若揭：我必須證明家屋是人類思維、記憶與夢想的最偉大整合力量之一。這種整合中的根本原理，就是日夢。過去、現在和未來為家屋帶來不同的動力，有時它們會相互干擾，甚至相互對立、相互激盪。在人類的生命中，家屋盡力把偶然事故推到一旁，無時無刻不在維護延續性。如果沒有家屋，人就如同失根浮萍。家屋為人抵禦天上的風暴和人生的風暴。它既是身體，又是靈魂。是人類存在的最初世界。誠如某些躁進的形上學宣稱的，人在被「拋入世間」

26

1．我們是否應該在精神分析的文獻之外，另外給予「固著」的定性？因為精神分析文獻對「固著」的定性，有其治療上的功能，為了記錄脫離固著的過程。

之前，乃是躺在家屋的搖籃裡。而在我們的日夢中，家屋永遠是個大搖籃。一門具體的形上學，絕對不會輕忽這個事實，這個簡單明瞭的事實，因為這個事實有其價值，我們將其偉大價值歸於我們的日夢。存有即是一種價值。生命在美好中展開，它一開始就在家屋的溫暖胸懷裡被懷抱著、保護著。

從我的觀點、從現象學者看待根源的觀點來看，意識形上學開始的端點，是從存有者被「拋入世間」的剎那才開始，這使它成為第二等的形上學。它跳過了開端，跳過了存有者的幸福狀態，跳過了人類被置放於幸福、置放於存有者與生俱來的幸福狀態。若要闡明意識形上學，我們應該要等到存有者有了被拋出的體驗之後，換個角度，用我們研究的意象風格來說：就是被攆走、被拋到家屋之外，拋擲到人和宇宙積聚著敵意的環境中之後。但是，一門完整的形上學，在意識與潛意識雙方面的結合之下，會將它價值的殊榮留給內在世界。在存有者的內在，在內在世界的存有中，有一股無所不在的溫暖歡迎著、圍繞著存有者。在世俗物質樂園的國度裡，融化在一片滿足需要的物質安慰中。就好像在此物質樂園中，存有者沐浴在營養裡頭，好像他已被各種根本的恩惠所餵飽養足。

當我們夢見我們所降生的家屋時，在夢想的最深沉之處，我們沉浸在這股原初的溫暖裡，沉浸在物質樂園這股溫柔的物質世界裡。這就是受保護的存有者所生活的環境。稍後，我們會回到家屋的這種母性特質。現在，我想要指出家屋存有者的原初滿足。我們的日夢將我們牽引回這股滿足。而詩人非常明白家屋將平靜的孩提時代「擁在懷裡」：

27

家屋，在向晚的光芒中，草地一角
突然，你幾乎取得了一張人臉
你如此接近我們，擁抱著，被擁抱著。[2]

II

當然，有了家屋，我們許許多多的回憶才有了住處，而如果家屋足夠精巧，如果它有地窖，有閣樓，有僻靜角落，也有迴廊，我們的回憶就有更清楚的藏身之所。我們終其一生都會在白日夢裡回到這些角落，因此精神分析師應該調整他的注意力，轉向我們回憶中這個十分明顯的場所化作用上。我們在〈導論〉中曾說過，我想把這個精神分析的增援動作稱之為場所分析。於是，場所分析便成了吾人私密生活地點的系統心理研究。在由回憶所構築的過往劇院中，舞台佈景強調了主要角色們的性格。有時候，我們以為我們瞭解自己，而我們所知道的，不過是一連串生活在安適空間裡的固著經驗而已，這個人不想消失，而且即使是沉浸於過去，當這個人著手尋找過往的時光時，他

2．萊納．瑪莉亞．里爾克（Rainer Maria Rilke）著，克羅德．維傑（Claude Vigée）法譯，收於《書信集》（*Les Lettres*），第四年，十四—十五—十六號，頁一一。這本書裡，所有里爾克的參考著作都以引發巴舍拉評論的法譯本為主。

也希望時光能夠「暫時停止」飛逝。空間把壓縮的時間寄存於無以數計的小窩裡。這正是空間存在的理由。

如果我們希望自外於歷史，或甚至是留在歷史裡，但與我們個人過於偶然的歷史際遇相分離時，我們知道，我們生命的曆書只能由其意象來建立。為了要分析我們的存在在存有學裡的位階，為了要對我們潛意識在原初居所裡所挖出的溝塹進行精神分析，我們必須走在正統精神分析的邊緣上，將我們重要回憶的社會成分剔除（désocialiser），到達日夢的境界，這種境界是我們身在自己孤寂獨處之空間時經常達到的境界。對於這類研究來說，日夢會比夢來得有用，而且這類研究也證明，日夢可能與夢大異其趣。[3]

因此，面對這些孤寂的時節，場所分析師便開始提問：這個房間寬敞嗎？那個閣樓是否雜亂？這個角落暖不暖和？光線從哪裡來？在這些零零落落的空間中，存有者又如何得到寧靜？在孤寂地做日夢的時候，他如何品味各種僻靜角落的特有寧靜？

在此，空間就是一切，因為，時間已經不再催趕回憶了。回憶——多麼奇妙的東西，以柏格森的意義來說，回憶其實並不記錄具體的時間綿延。我們無力重新活化已消逝的時間綿延，我們只能沿著抽象的時間序列思考它，而這種抽象的時間已無任何厚度可言。即使是最精妙的時間綿延化石樣本，具體展現長時間的逆旅居所，唯有透過空間，唯有在空間中才得以發現。潛意識深居其中。回憶無所遷動，它們空間化得越好，就越穩固。把時間中的一份回憶加以場所定位（localiser），只是對傳記作者有意義，也只是在呼應外在的歷史，將之向外用於與他人溝通。但是，較傳記來得深刻的詮釋學，就必須剔除掉與歷史相連、但並未對我們的命運起作用的時間順序，以決定命運的重心。對於私密感的知識來說，吾人私密空間的場所定位，要比日期的釐定來得要緊多了。

精神分析太慣於把激情放在「在這個世紀裡」看待。然而，其實激情在孤寂中一次次接近要發作出來：激情的存有者在他的孤寂中準備爆發和冒險。

而我們過去渡過孤寂時刻的所有地方，這些我們遭受孤寂之苦、孤寂之樂、孤寂之欲求、危害孤寂的地方，留在我們心中，難以磨滅。顯然是因為存有者不想要磨滅掉它們。他以本能知道這些孤寂的空間具有形構力。而即使此一空間已永遠從當下消逝，因而今後不見容於未來的允諾，即使我們已不再擁有閣樓，閣樓上的小房間也一去不回，我們曾經有過對閣樓的愛、曾經在閣樓小房間上住過的事實，卻依然長存。晚上，我們在夢中重回舊地，這些僻靜的角落具有護殼的價值。而當我們到達睡眠迷宮的終點，我們走入了深度睡眠的地帶時，我們體驗到的或許是一種前人類的休眠（repos anté-humains），這兒說的前人類狀態，使我們接近了回憶所不及處。但是就日夢而言，對於狹小、單純、緊縮的孤寂空間的片刻回憶，我們經驗到的卻是一個窩心的空間、不想要往外擴延的空間，而想要一直這樣保持下去。在過去，我們可能覺得，閣樓的小房間似乎太過狹小，也可能覺得它夏熱冬冷。然而，現在，透過日夢在回憶中的重新捕捉，我們很難說明白，究竟經過了什麼樣融合，

3．我計劃在一部未來的著作裡研究這中間的差異。

讓這個閣樓的小房間既寬大又窄小，既溫暖又涼爽，總是令人感到安慰。

III

由於狀況如此，使我們必須在場所分析的基礎上，引入些許不同的東西。我在早些時候已經指出，潛意識有其住處，應該還要加上一點，潛意識有其感到幸福快樂的住處，住在它幸福的空間裡。正常的潛意識，知道如何在任何地方都像在家裡般自在，而精神分析要幫助的不外是無家可歸的潛意識，要幫助曾經被粗暴或陰險地驅逐出家門的潛意識。可是，精神分析令人產生動盪，而非讓人安心休息，它讓人活在他潛意識居所的外面，進入生命的冒險狀態，它召喚人走出自己。當然它的努力有益人類健康，因為我們也必須給予內在的存有以外在的命運。為了配合精神分析這項有益健康的努力，我們就應該致力場所分析，分析所有邀請我們走出我們自身的空間。儘管我們把研究重心放在休憩的日夢（rêveries du repos）上，我們不應忘記有一種人類行進當中的日夢，小路（chemin）的日夢。

小路，帶我走吧！

馬塞琳・狄波德—瓦爾摩（Marceline Desbordes-Valmore）如此寫道，喚回她的法蘭德斯母土（史卡伯的一條小河）。

而一條小徑是多麼充滿動力、大有可觀的東西呀！一條熟悉的山徑，會讓我們充滿活力的意識感到多麼鮮明！一位詩人只用了一行詩就表達了此中的所有動感：

噢！我的小路和它們的韻律

——尚．辜貝爾（Jean Caubère），《荒漠》（*Déserts*，Debresse 出版，頁三八）

當我生動地回想「爬上」小山的路時，我非常確定，這條路本身很帶勁兒，或毋寧說是抗力。對我來說，在我巴黎的房間裡以此方式想像這條路，可說是很好的運動。我在寫下這些文字時，我覺得不必一定要出門散步了：我確定我已經走出了我的屋子。

事實上，如果我們讓事物進行它們讓人聯想到的所有動作，我們應該會在現實與象徵之間發現無數的中介。喬治．桑（George Sand）夢到她站在一條黃沙小徑邊，看見生命隨風飄遊而過。她寫道：「有什麼比一條路還美的東西？它是生命變動不居、活躍有力的象徵與意象。」（《康蘇艾洛》（*Consuelo*），頁一一六）

那麼，我們每個人都應該談一談他的小路、他的岔路、他的路邊長椅；我們每一個人都應該做一張地籍圖，把他失去的鄉野標示出來。梭羅（Henry David Thoreau）說過，他把他的田野地圖刻在他的靈魂裡。有一次尚．瓦爾（Jean Wahl）寫道：

如浪起伏的樹籬
長在我心深處
——《詩歌》（*Poémes*，頁四六）

這樣，我們便把我們曾經生活過的宇宙用圖畫走過了一遍。這些圖不必很精確，只需要抓準我們內在空間的基調即可。但是，要釐清這些所有的相關問題，需要寫一本什麼樣的書啊！空間召喚著行動，而在行動之前，是想像力在作用。它在深耕、刈草。我們應該要談一談所有這些想像活動的功效。精神分析對投射行為已做了很多觀察，對外向人格將其私密印象的外化作用也做了很多觀察。若從事外在方面的場所分析，界定我們對客體的日夢，或許有助於讓這類投射行為更加清晰。然而在這本書裡，我將無法處理本來應該處理的問題：內向／外向的想像幾何學與想像物理學的雙重化（double）問題。更何況，我不相信這兩門物理學的分枝具有相同的心靈份量。我的研究致力的是私密領域，致力的是心靈份量主要展現的領域。

因此，我將把我的重點寄託在所有私密領域的吸引力上。真實的私密，不可能讓人感到反感，所有的私密空間都可以由其吸引力來指認。它們的存在不外就是幸福。在這種情況下，場所分析便帶有場所之愛（topophylia）的印記，而我們對庇護地和房間場所的研究，會在這一項評價判準下進行。

IV

這些庇護地的特性，如此簡單而深刻地根植在我們的潛意識裡，只要稍微提及、稍加描述，它們就可以重新憶起。在此，微小的差異便會顯出色彩。因為觸發了真實，一個詩人的字眼便能撼動我們存在的最深處。

家屋若過度美侖美奐，可能會破壞了它的私密感。生活也是如此。日夢裡更是如此。因為回憶中的真實家屋，我們午夜夢迴的家屋，在不變的夢境中富足的家屋，從未準備好讓自身被描述。描述它們，就好比向旅客展示它們。我們可以盡情談論現場當下的所有一切，卻無法談到過去！首先，夢中不變的家屋必須保留其半昏暗狀（pénombre）。因為它屬於那種深切感的文學（littérature en profondeur），換句話說，它屬於詩，而不屬於那種一看就懂的文學，這一類的文學為了要分析私密感，而需要別人的故事來說明。談到我童年的家屋，我只需要把我自己放到一個夢的狀態裡去，把我自己放在一個日夢的門檻上，要我讓自己棲身在過去的時光裡。那麼，我所有該說的就已經足夠。因此我可以想望我所寫的文章，能夠擁有真實而響亮的鈴聲，這個聲音在我內心深處，是那麼的遙遠，而當我們走向記憶的深處、記憶的極限，甚至超越了記憶，走進了無可記憶的世界裡，我們都會聽到這遠遠傳來的聲音。我們彼此所交流的，只是一個充滿祕密的方向（orientation），而我們無法客觀地說明這個祕密。凡是祕密的東西，不會完全是客觀的。在這個聲音之中，我們朝向（oriente）夢境，而非完成夢境。[4]

例如，對於我真正的房間來說，我們描述這個小房間在閣樓盡頭，我們說從窗戶望出去，越過屋頂的刻紋，我們可以望見山丘，甚至我們畫出一張這個房間的平面圖，又有什麼用呢。在我對另外一個世紀的記憶中，我可以獨自打開深深的櫥櫃，櫥櫃裡還保有著只對我而存在的獨特香味，那是葡萄乾在柳條編製的托盤裡風乾的味道。葡萄乾的香味！這種香味是筆墨難以描述的，這種香味為感覺帶來了大量的想像。而我已經說得太多。如果我再多說一點，讀者回到他自己房間的時候，就不會打開他那獨一無二的衣櫃，也不會注意到這衣櫃裡，獨一無二的味道，而這味道正是私密感的標誌。弔詭的是，為了要提示私密感的價值，我們必須勾引出讀者內心那種中止閱讀的狀態。因為如果他的眼睛不從這本書移開的話，關於我房間的一些回憶，就不能變成他自己夢境的一個門檻。而當詩人講話的時候，讀者的靈魂產生震動迴響（retentit），誠如閔可夫斯基所證明的，讀者靈魂所經驗到的那種迴盪，帶來了存有的活水源頭。

所以，從我們對文學與詩歌的哲學觀點來看，我們可以說，我們正在「書寫一個房間」、「閱讀一個房間」或「閱讀一間家屋」。就此而言，正在閱讀房間的讀者，在他讀到第一個字眼，在他讀到第一段詩的序曲時，他很快就會離開閱讀狀態，而開始思考他自己過去所待過的某個地方。你會很想去說一些你房間的種種事物。你會很想讓讀者對你自己感到興趣，藉此打開一道做日夢的門。私密感的價值是如此的引人入勝，使得讀者必須不停止去閱讀你的房間，他開始再度能看到他自己的房間了。他已經悄然遠離，聆聽著關於父親、關於祖母、關於母親或關於那位「又老又忠實的僕人」的種種回憶，說得簡單一點，他聽見了他最珍貴的回憶中的那個角落裡，那個主角的聲音。

因而，記憶的家屋（maison du souvenir）在此變得有些心理上的複雜度。與獨處的幽靜角落連結在一起的，就是臥室和起居室，它們支配了主要的存有者。我們誕生的家屋（maison natale），則是生長棲息的家屋，裡面散佈著私密感的特質，但這些特質卻很難被固定下來，它們隸屬於辯證法。如果，兒時的童話故事真誠無偽的話，在多少我們小時候應該聽到的故事中，其實少了一個房間，在這個房間裡，我們可以走進去，縮在角落裡鬧情緒。

但是在我們的記憶之外，我們誕生的家屋，銘刻進了我們身體，成為一組有機的習慣。即使過了二十年，雖然我們踏過無數不知名的階梯，我們仍然會重新想起「第一道階梯」所帶來的身體反射動作，我們不會被比較高的那個踏階絆倒。家屋的整個存有，會忠實地向我們自己的存有開放。我們會推開門，用同樣的身體姿勢慢慢前進，我們能夠在黑暗中，走向遙遠的閣樓。即使是一道最

4．聖伯夫（Saint-Beuve）在描述完迦納（Canaen）的莊園之後〔《快感》（*Volupté*），頁三〇〕，他補充道：「我的朋友，你沒有來過這個地方，它對你來說，大概不算什麼，而即使你來過這個地方，你也沒有辦法感覺我現在所感覺到的種種視覺印象和色彩，我已經就這些細節，一一地加以描述了，對於此，我必須為自己辯護，你也不必試著用我所說出的結果來再現它，就讓整個意象在你內心漂浮吧，就讓它轉瞬即逝吧，即使對它只有稍縱即逝的念頭，對你來講，已經足夠。」

微不足道的門栓的觸感，其實都還保留在我們的手掌上。

無可置疑，我們後來所住的一間間家屋，讓我們的身體姿勢變得平凡無奇。但令我們非常驚訝的是，在多年的流浪之後，當我們回到了那間老房子，我們會發現那些最微妙的姿勢，老早以前的姿勢，突然又活過來了，且依然毫無瑕疵。說得簡單一點，我們誕生的家屋，已經在我們身上銘刻了各種居住的作用和層次，我們就是那間特定的房子，我們就是居住作用的圖解，而所有其他的家屋，只不過是一個根本主題的變奏罷了。要表達我們的身體與一間永難忘懷的家屋之間的激情私密關係，「習慣」這個字可以說是太老套了。

然而，透過我們在這一棟最早的家屋裡認識的種種事物和人物的名字，這片細緻回憶的領域很輕易地保留下來，而我們可以透過一般的心理學方法，來研究這個領域。然而，夢的記憶卻比較混亂而難以被清晰地刻劃出來，唯有透過詩意的沉思，才能幫助我們重新捕捉關於夢的記憶。詩歌的偉大功能，就是幫助我們回到我們的夢境。我們誕生的家屋，並不只是讓一個居所有了身體，它也是讓種種的夢有了身體。它的每一個角落，都是做日夢的棲息之處。而通常這樣的棲息之處，會給日夢帶來特定的色彩。我們做某種特定日夢的習慣，就是在那兒建立起來的。我們曾經獨自流連其中的家屋、臥室、閣樓，為一個永無止境的日夢，提供了框架，這個日夢唯有透過詩意作品的創造、透過詩歌，才可能完完整整的具體成形。如果我們將所有這些僻靜之處的功能設定為夢的庇護之所，那麼就如同我在一本更早的作品裡面所提出來的[5]，我們可以說，對於我們每個人來說，都存在著一間夢屋（maison onirique）、一間屬於夢的記憶的家屋，它失落在遙遠、真實過去的陰影當中。

我把這個夢的家屋稱為我們誕生的家屋的地窖（cave），在這個地窖裡，我們發現我們自己處於一個樞紐的位置，它的周圍充滿了種種思想對種種夢境的詮釋，以及種種夢境對種種思想的詮釋，不斷相互流轉。但是詮釋（interpretation）這個字眼，卻讓這種流變顯得沉重。事實上，重點其實是我們已經進入了意象與記憶的統一狀態，進入了想像力和記憶在作用上的整合狀態。實證的心理歷史和實證的心理地誌，無法做為決定我們童年時期「真實存有」（être vrai）的試金石。童年當然要比現實來得龐大。為了要能夠跨越年紀的鴻溝，感受到我們對我們誕生於其中的家屋有多依戀，夢想要比思想來得更有力量。能夠讓我們最遙遠記憶產生結晶的，其實是我們潛意識的力量。如果在這棟最早的家屋裡，不曾存在過恬靜日夢的小巧中心，那麼，我們的記憶就會被周遭現實生活種種差異甚大的環境所籠罩。除了少數印有我們祖先肖像的大獎章之外，我們的童年回憶，只有一些磨舊了的錢幣。童年會繼續存活在日夢的世界裡，而不是在事實的世界裡，同時，也是在白日夢的世界裡，童年還繼續在我們的內心產生詩意作用。透過這種永恆的童年，我們維持住往日時光的詩歌。以夢幻的方式居住在我們誕生的家屋裡，並不僅僅只是在記憶中居住在那棟家屋裡，它更意味著，我們用過去在這屋裡做夢的方式活在這棟已經消失不見的家屋裡。

在小孩的白日夢裡，存在著多麼特別的深度（profondeur）啊！而真正沉浸在自己孤寂時刻的小

34

5．《土地與休憩的夢想》（*La terre et les rêveries du repos*），巴黎：柯爾第出版，頁九八。

孩，又是多麼的幸福啊！一個小孩能夠擁有無聊的時光，讓他有機會能學著瞭解誇大的遊戲和毫無由來純粹無聊之間的辯證，其實是一件好事，甚至是有益健康的。亞歷山大・杜馬（Alexander Dumas）在他的《回憶錄》（*Mémoires*）裡說道，他小的時候，極其無聊，無聊到要掉眼淚。他媽媽發現他怪怪的，正在因為太無聊而啜泣著，媽媽就說：

「杜馬究竟在哭個什麼勁兒呢？」

「杜馬在哭，因為杜馬有了眼淚。」這個六歲的小孩回答道。這雖然是人們在他的《回憶錄》中所提到的生活軼事，但是這段軼事把絕對的無聊例示得多生動呀！這種無聊絕對不等於沒有玩伴，有些小孩他們寧願玩到一半就離開，躲到閣樓的角落裡，閒著無聊。當生活的種種複雜情境，讓我失去了所有自由的根苗時，我是多麼想望我那無聊時光的閣樓啊！

因此，在所有擔當保護作用的正向價值之外，我們誕生的家屋，變得充滿了夢的價值，而即使在這棟家屋消失之後，這些價值仍然留存下來。無聊的集中地、孤寂的集中地、日夢的集中地，在此匯流為一，形構出夢的家屋。這夢的家屋，比我們對誕生地的破碎回憶，更能持續長存。要決定所有這些夢想的價值，要測量這片我們所有記憶根植的夢幻基地的深度，其實需要很長久的現象學研究。

而我們不應忘記，這些夢想的價值，在靈魂與靈魂之間，透過詩彼此交流。基本上，閱讀詩，就等於是在做白日夢。

V

家屋形構出種種意象的身軀，這種種意象為人類提出穩定感的證據或幻象。我們不斷在重新想像家屋的真相，因此，去區分所有的這些意象，就等於是要去描述家屋的靈魂，它意謂著要發展一套真正的家屋心理學。

為了要幫這些意象找出個理路來，我認為我們必須考慮兩個主要的相關議題：

第一，家屋被想像為一種垂直的存有（être vertical）。它向上升起。它透過它的垂直縱深來精細區分自己，它求助於我們的縱向意識；

第二，家屋被想像為是一種集中的存有（être concentré），它訴求的是我們中心軸的意識。[6]

這樣子陳述這些議題，無疑十分抽象。但我們只要一舉出例子來說明，便不難瞭解，這些主題在心理學上的具體特性。

35

地窖和閣樓這兩個端點確立了垂直縱深，這兩個端點的烙印是如此深刻，就某方面來說，它們為一門想像力現象學打開了兩種非常不同的觀點。事實上，在不多加評論的狀況下，我們有可能把

6．關於第二點，可以參看本書法文版，頁四四。

屋頂的理性和地窖的非理性加以對立起來。屋頂坦白而率直的述說著他的存在理由，他提供人類庇護，擋住了人類所害怕的日曬雨淋。地理學家經常提醒我們，我們可以從每一個國家的屋頂斜度，做為其氣候的一種確切指標。我們都「理解」屋頂的傾斜。即使是做夢者也有可能以理性的方式來做夢，對他而言，一個尖銳而有指向的屋頂能夠避開雲雨。在往上靠近屋頂的時候，我們的所有思考，都是清晰明白的。在閣樓上的時候，能夠看見堅強支架的裸露屋椽，是一種愉悅，這個時候，我們分享了木匠堅實的幾何學。

至於地窖，我們無疑也會發現它的用處。地窖也會被理性化，而一一計算出它的便利之處，但是，他其實最主要還是家屋的**暗部**（être obscure），在家屋裡，它分擔了隱藏在地下的力量。當我們在地窖裡做夢時，我們與深淵裡的非理性相互呼應協調。

如果我們能充分覺察到居住的運作方式，進而瞭解居住的運作方式其實是對於建構的運作方式的一種想像回應，那麼我們就能漸漸覺察到家屋這種在垂直縱軸方面的兩極化。做夢者不斷在建構和再建構較上層的樓層和閣樓，直到它們建構完成為止。就如我過去曾經說過的，當我們夢到與高度有關的事情時，我們是處於知性投射的理性領域裡。但是對於地窖來說，充滿熱情的居住者挖掘再挖掘，使得地窖的深度不斷有所進展。光看事實是不夠的，發生作用的是夢。當他最後鑿通了地基，夢便再也無所侷限。稍後我將提供一些有關超級地窖（ultre-cave）的夢想，但是，讓我們暫時先停留在地窖和閣樓所兩極化出來的空間裡，看看這種分極化以後的空間，如何能夠適當呈現心理的微差。

這就是為什麼心理分析家榮格會運用地窖和閣樓這雙重意象，來分析居住在家屋裡的恐懼。在榮格的《尋求靈魂的人》（*L'homme à la découverte de son âme*，法譯本，頁二〇三）一書裡，我們發現一個對比，這種對比被用來幫助我們理解有意識的存有者的一種希望，他希望「透過更改心理情結的自主性，來消滅心理情結的自主性。」這個意象如下所述：「在此，有意識的行為，就像一個人，他聽到了地窖傳來的可疑嘈雜聲，卻匆匆忙忙跑到閣樓，然後因為在閣樓沒有發現盜賊，最後便確定這些嘈雜的聲音是純粹的想像，其實這個謹慎小心的人，根本不敢跑到地窖裡去看。」

就榮格所運用來解釋的這個意象，深深讓我們相信的程度而言，我們讀者在現象中，重新體驗到了兩種恐懼：在閣樓中的恐懼，和在地窖中的恐懼。為了不要面對地窖（潛意識），榮格筆下那個「謹慎小心的人」，以他在閣樓上的勇氣做為一種託辭。在閣樓上橫行的鼠輩，可能會造成許多嘈雜的聲音。但只要家屋的主人，出其不意的出現在閣樓上，牠們就會回到牠們的洞裡，安安靜靜待著。在地窖裡面的動物，移行的就比較慢些，比較神祕些，步子也比較不那麼細碎。在閣樓上，恐懼很容易被「理性化」，然而在地窖裡，即使一個比榮格所提到的那個人還要勇敢的人，也沒辦法這麼快、這麼清楚地加以「理性化」，在地窖裡的恐懼不再是那麼「明晰可辨的」。在閣樓上，白天的經驗，總是可以把夜晚的恐懼趕走。但在地窖裡，不論白天、夜晚，四周都是黑漆漆的，即使我們拿著一根蠟燭下去，我們都可以看到在黑牆上舞動的暗影。

如果我們循著榮格用來解釋的例子所提供的靈感，進一步完整瞭解相關的心理現實，而又如果我們想要俯瞰人的現象，那麼我們就遭逢了一種必須被加以強調的合作關係——精神分析與現象學

36

之間的合作。事實上，這個意象必須用現象學來加以理解，才能給予它精神分析上的有效性。在這種狀況下，現象學家將在顫慄的同情共感中，接受精神分析的意象，他將要還原這些恐懼的原初性和特定性質。在我們的文明裡，每一個地方都已經充滿了同樣的燈光，地窖裡也都裝上了電燈，我們到地窖去的時候，手裡不再拿著蠟燭。但是潛意識卻不可能被文明馴化。當潛意識走到地窖的時候，他還是手捧蠟燭的。精神分析師不能仰賴一些表面的隱喻或是對比，而現象學家必須對每一個意象抽絲剝繭、鍥而不捨。在這兒，現象學家要做的不是簡化，也不是解釋，更不是去比較，而是把他誇大種種事物的這個動作再加以放大。因此在現象學家和精神分析師一起閱讀愛倫坡（Edgar Allan Poe）的《故事集》（*Contes*）時，他們就會瞭解，把誇大再加以放大，究竟有什麼價值。因為這些故事都是兒時恐懼的實現。整個人「沉浸」在閱讀當中的讀者，將會聽到那一隻被詛咒的貓，那一隻象徵未被救贖的罪的貓，在牆壁後面喵喵叫。[7]地窖裡的做夢者知道，地窖的牆壁是用來埋葬的牆壁，這些牆壁裡面有一只單人皮箱，而這些牆壁的後面，全部都是泥土。因此整個狀況變得越來越戲劇化，而恐懼因此也被誇大了。但是，如果有什麼沒有被誇大過的恐懼真的存在的話，它存在於哪裡呢？

抱著那份顫慄的同情共感，現象學家開始豎起耳朵，如同詩人托比・馬賽林（Thoby Marcelin）所說的，專心的聆聽「瀕臨瘋狂的狀態」。地窖成了被活埋的瘋狂、禁閉狀態的戲劇要素。地窖犯罪的故事，在我們的記憶中，留下了無法磨滅的印記，這些印記，我們其實並不想留得這麼深刻，誰會想再去讀一遍愛倫坡的〈雅蒙提拉多的桶〉（la Barrique dd'Amontilado）呢？在這個例子裡，戲劇性的元素太過表面化，但他善加利用了自然的恐懼，而這些自然的恐懼是在人和家屋的自然天性中都有的東西。

雖然我無意於開始細數人類戲劇的主題，但我將研究一些超級地窖，以證明地窖的夢想足以增加真實性。

如果做夢者的家屋是位於城市裡，那麼一個普遍的夢想，就是它能夠君臨於圍繞著它腳下的眾多地窖。他的住所，是一座有著四通八達、連結了地下世界的構工強固的傳奇城堡，在地底下，有神祕的通道，在城牆下面，層層的壁壘和護城河，讓城堡的核心能夠與遠方的森林相通。高聳在山丘頂上的城堡，有一群地窖做為他的根系。在這些厚重的地下塊壘上面，蓋起一棟簡單家屋，擁有的是什麼樣的巨大力量呀！

昂利・博斯科（Henri Bosco）是一位偉大的家屋夢想家，在他的小說裡，我們碰上了這種超級地窖。在《古董商》（*L'antiquaire*）（頁六〇）的家屋下面，有一個「拱頂圓形大廳，裡面有四扇門」。這四扇門導引出四條迴廊，彷彿主宰了地下界域裡面的四個基本方位。通向東邊的大門打開了，「我們往地下前進，深入鄰近家屋的遙遠底層……」在這些段落裡面，明顯留下了迷宮之夢的痕跡。但是，在迴廊迷宮的「凝重」氣氛當中，卻另有一些圓形大廳和小禮拜堂做為祕密的庇護所。因此

7・愛德嘉・愛倫坡（Edgar Allan Poe），《黑貓》（*Le chat noir*）。

《古董商》一書中的地窖，實在具有夢學上的複雜性。讀者必須透過夢來探索它，某些夢牽涉到了在迴廊當中所受到的苦難，另一些夢則涉及地下宮殿所造成的震撼。讀者很可能會變得十分迷惘（就像他也很可能變得目不暇給一樣）。剛開始的時候，他並不能非常清楚的瞭解到這樣一種複雜幾何學文學，究竟有什麼必要性。而恰恰就這一點來說，現象學的分析，很顯然可以證明其效用。但現象學的態度，會提供我們什麼建議呢？現象學的態度要求我們在我們自身當中，創建一種閱讀的驕傲，這種驕傲會給我們一種幻象，讓我們以為我們已經參與到此書創作者的作品當中去了。在第一次閱讀時，我們還處於過於被動的狀態，還很難獲得這樣的態度，因為就此而言，第一次閱讀的時候，讀者仍然有一點孩童的意味，這個小孩還在閱讀的懷抱當中享受。但是，每一本好書在被讀完之後，都應盡快的再被重讀。在第一次閱讀所帶來的梗概輪廓之後，接下來才是閱讀的工作。那時候，我們必須知道作者所面對的課題是什麼。然後是第二次閱讀，然後是第三次閱讀……它們一點一滴帶給我們這個課題的解答。我們在不知不覺當中，為我們自己提供了一個幻象，讓我們以為，不論是這個課題，還是它的解答，我們都胸有成竹。心理上的微妙差異在此出現了，「要我來寫，我也會寫成這樣。」這讓我們變成了閱讀的現象學家。但是如果我們一直沒有認識到這種心理方面的微妙差異，我們就仍然只是心理學家或精神分析師。

那麼，昂利．博斯科在描述這種超級地窖的時候，他的文學課題又是什麼呢？他在這本小說裡，粗具規模地呈現了一個具體的軸心意象（image centrale），這是一本「地下謀略行動」的小說。在小說中，這個老掉牙的隱喻，是用無數的地窖、密密麻麻的通道網絡、一堆大門經常深鎖的個別密室來呈現的。在裡面，有許多祕密正在策畫，有許多計謀正在準備，有許多行動正在地底下進行。我們真的置身於地下謀略行動者的私密空間之中。

也就是在這樣的地下室裡面，那位導引著小說線索往前發展的古董商，自稱在聯繫著人們的命運。昂利・博斯科分成四個部分的地窖，其實正是一架命運在其中交織的織布機，把自己的種種冒險關聯在一起的小說主角，他自己擁有一個命運的鈴鐺，這個鈴鐺上面鐫刻著種種的記號，這些記號來自遙遠的過去。到最後，《古董商》裡那些純粹屬於地下的殘忍活動，終告失敗。因為，就在兩個偉大的愛情的命運要結合的當下，其中一隻最讓人愛憐不已的蜂鳥，死在那一棟被詛咒的家屋拱頂之下。蜂鳥是屬於花園和塔樓的動物，牠原本被認為應該是要享受幸福的。在博斯科的小說裡，心理故事底層所活躍的宇宙詩歌，產生了讓人隨之起舞的伴奏，跟著這種伴奏而起舞的讀者，會在這本書的很多章節裡，發現天空與土地之間戲劇性張力的證據。但如果要讓這種戲劇活過來，我們就必須重讀這本書，我們就必須能夠代換這種興趣，把我們的閱讀同時實現在對人的興趣和對事的興趣之上，與此同時，我們卻不能忽略掉人類生活中，人文宇宙織構當中的任何事物。

當這位小說家把我們帶往另一個棲身之所的時候，這個超級地窖不再帶有一個殘忍的人進行著凶險陰謀的記號了，它變得完全自然而融入到地下世界的自然之中。藉由追隨著昂利・博斯科的腳步，我們將會體驗到一種擁有宇宙地下根系的家屋。

這種擁有無邊地下根系的家屋，會對我們呈現為一株石頭植物，這株石頭植物由岩石縫中長出來，直伸向塔樓之上的藍天。

《古董商》的小說主角，在一次行蹤洩漏的旅行中被抓到，而被強迫帶往一間房屋的地窖，然而在此，現實故事發展的趣味，被轉換到宇宙的實況報導中。在這裡，種種的實況是為了顯示夢境。剛開始我們深處在岩石中鑿刻出來的迴廊迷宮裡。然後，我們突然碰上了一灘黝黑的水，就在這一點上，小說裡對事件的描述，暫時被擱置了下來。而如果我們不透過我們自己晚上做的夢來參與，我們會不明白這段文字的價值。事實上，這是一大段具有根本真誠感受的夢境，插進了故事裡面。接下來，就是這一段宇宙地窖（cave cosmique）的詩歌：

「就在我腳邊，從黑暗當中冒出了大片的水。」

「水！……一片廣大無邊的水！……什麼樣的水啊！……黝黑、停滯、完全平滑，平滑到沒有一絲漣漪，沒有一個泡沫在它的表面出現。沒有湧泉，沒有源頭。它已經在那兒有千百年，而且，因為無意中被石頭上了身，就一直停留在那兒，它就攤在那兒，像一張平靜、單一的薄紙。在它的石頭母體當中，它自己變成了一大片黝黑、靜止的石頭，囚禁於一片礦物世界中。它被這一片支離破碎的團塊、巨大隆起的世界、沉重壓迫的世界所臣服。在這一種沉重的壓力之下，當它慢慢從這些緊緊掌握其祕密的石灰板塊的重量當中，滲漏出水流時，它本來的天性，似乎已經被改變了，變成了地下山岳上密度最高的流體元素。它的不透明性和罕見的一致性，[8]讓它自身產生了一種未知的物質成分，這種物質成分具有磷光的效應，這種磷光只會偶然在石頭的表面上閃現。這種磷光火石，正是底層黑暗力量的記號，它們展現了這種靜靜蟄伏著的元素所具有的潛在生命和無可抗拒的力量，它們讓我顫抖。」[9]

但是，我們感受到的這種顫抖，不再屬於人類的恐懼，這是一種對宇宙的恐懼，人類對無邊宇宙的恐懼，它反映了人類回想到自己的原始處境時，在這種想像傳說中所感受到的恐懼。地底岩石中刻鑿出來的洞穴，從地底世界到停滯的水，我們已經從一個建構好的世界，移向一個夢境世界，我們已經離開了小說，走進了詩歌裡。只不過，現實和夢境已經合為一個整體。家屋、地窖、地底深處，透過了其深度而整個結為一個整體。家屋也變成了自然的存有者，其命運與土地上川流的江河、錯落的山脈不可分離。如果這株巨大的石頭植物，在底部沒有地底下的水的話，家屋便沒有辦法得到足夠的滋養。在此，我們的夢境獲得了無窮的比例變化。

博斯科作品中這一段宇宙的日夢，讓讀者得到了一種安詳平靜的感覺，在書中的這個段落裡，博斯科邀請他的讀者走進這份所有深層夢境經驗所衍生出來的大規模靜謐（grand repos）當中。在此，這個故事的時間被懸擱了起來，這種時間上的懸擱（temps suspendu），最有益於更深層的心理治療。

40

8．在我對物質想像的研究，《水與夢想》（L'eau et les rêves）這本書當中，我曾經提到過厚重而一致的水，這種水是偉大的詩人愛倫坡所想像的水，請參閱《水與夢想》第二章。

9．昂利．博斯科（Henri Bosco），《古董商》（*L'antiquaire*），頁一五四。

接下來，真實事件的敘說可以重新展開：它已經在「宇宙感」（cosmicité）和日夢兩個方面，獲得了補給，因此博斯科的地窖在這片地下水之上，重新找到了它的階梯。在這個詩意的停頓之後，小說的敘述可以再度開始，慢慢展開它的進程，「一道非常狹窄而陡峭的階梯，螺旋向上，在石頭當中被鑿刻了出來，我開始向上攀爬。」（頁一五五）透過這道螺旋梯，做夢者終於能夠逃出地底深處，而展開他往高處的探險，事實上，在無數拐彎抹角狹窄通道的盡頭，讀者已上升到了一個塔樓上。這是個理想中的塔樓，經常縈繞在所有夢想著老家屋的人的腦海裡：它是一個非常「完美的圓」，裡面有一方「狹窄的窗戶」，射出一道「簡潔的光」。它還有一個圓拱的頂棚，這乃是私密之夢的重要原理，因為拱頂會固定地把私密感映射在其軸心當中。任何人若是知道這個塔樓的房間，住著一位溫柔的年輕女孩，而她又被一位激烈的女性祖先的回憶所糾纏，相信我們並不會感到驚訝，這個圓形拱頂的房間，孤伶伶的站在高處。不斷以其君臨空間的姿態張望著過去。

這位年輕女孩，有一本彌撒用書，是從她遙遠的女性祖先手中傳下來的，在這本書上，我們可以讀到如下的警句：

> 花朵長存於杏樹仁當中。

由於這句出色的警句，家屋和臥房，都擁有了一股難以忘懷的私密印記。它不正是一個壓縮過的私密意象，其軸心十分清楚，那就是一朵花兒，雖然夢想著未來，卻仍然被緊緊的折疊封閉在它自己的種子裡面？我們應該會不要這種幸福，而寧可追求這種仍然被包圍在圓形腔室裡面的前幸福狀態！

如此，博斯科所描述的家屋，從地面向天空伸展。他擁有塔樓的垂直縱深（verticalité），從最世俗、濕答答的深淵裡向上昇揚，一直到一個相信有天堂存在的靈魂居所。這樣一棟由作家所建構的家屋，展現了人類存有者的垂直縱深，也具有夢境上的完整度。因為這棟家屋，他把家屋之夢的兩個極端加以戲劇化了。它把塔樓變成了一項禮物，送給那些或許連鴿舍都沒有看過的人。塔樓是另一個世紀的創造物。如果沒有一段往事，塔樓根本不算什麼。事實上，一棟嶄新的塔樓，會顯得多麼荒謬可笑！而我們至少還擁有書本，書本讓我們的日夢有了無止無境的棲息之地。在書本的塔樓之中，有誰不曾經歷過浪漫的時刻？這些時刻回來了。日夢需要它們。當我們在面對居住活動的運作觸動的大量文獻時，我們會看到鍵盤上，塔樓的聲音代表的是一個偉大夢想的音符，自從閱讀了《古董商》之後，我有多少時間是活在昂利．博斯科的塔樓當中啊！

41

這個塔樓和它的地下地窖的諸多延伸，從兩個方向同時擴展了我們剛剛研究過的家屋。對我們來說，這棟家屋代表一種對較為穩重端莊的家屋的縱深發展有所強調，而為了要滿足我們的白日夢，一般穩重而端莊的家屋，必須在高度上做更為精細的區分。如果我是一棟夢的家屋的建築師，我就會猶豫著，是要蓋一棟三層的家屋，還是四層的家屋？一棟三層的家屋，是一種最簡單形式的家屋，它包含了各種基本的高度，它有個地窖、有地面樓層，還有一個閣樓。然而一棟四層的家屋，會在地面樓層和閣樓之間再放一個樓層，多了一個樓層，我們的夢境就會變得模糊不清。在這一棟夢的家屋裡，場所分析只知道如何數到三或四。

然後，還有階梯的問題，到三樓的階梯，與到四樓的階梯，完全不同。我們總是會從通向地窖的階梯走下去，而我們記得的正是這個走下去的動作，走下去這件事便形成了通往地窖階梯的夢的特徵。但是，通向臥房的階梯，我們就同時有走上去和走下來的經驗。我們比較經常使用這道階梯，我們跟它比較熟悉。十二歲的小孩，甚至在上樓的時候，會想要**跳階**，一次跳三階、四階，甚至跳五階，最重要的，他們喜歡一大步就跨過四階，而一次就跳過四階，是多麼直接的幸福啊！

最後，我們總是「往上攀爬」到閣樓的階梯，這種階梯比較陡峭，也更原始一些，因為它們的特色，就是上升到一個更安靜、孤寂之處。當我回到閣樓上，夢見往日的時光，我便再也無法走下來。

在精神分析裡，經常碰到關於階梯的夢。但是由於精神分析的確切詮釋，需要一整套無所不包的象徵系統說明，所以精神分析很少注意記憶和日夢交錯時，所形成的複雜性。就此而言，也就是為什麼精神分析在許多方面比較之下，更適於研究夢，而非日夢。日夢的現象學能夠解開想像與記憶之間的複雜糾結。現象學對於象徵符號的精細區分，已變得具有必要的敏感度。而創造著象徵的詩意日夢，讓我們在私密的時刻，還能夠帶有一種產生多重象徵的活動能力。我們的回憶變得越尖銳，夢的家屋在日夢中就變得敏感度更高。雖然只是幾步幾階，卻可能在我們的記憶中，銘刻出一種微妙差異的境界，這種境界存在於我們兒時的家屋中。[10]某個房間不只是一扇門，而是一扇門加上三階。當我們記起老房子在高度上面的細節時，所有上上下下的東西都會再度充滿了動力，再度活過來。用喬耶·布斯奎（Joë Bousquet）的話來說，「如果只有一層樓的話，我們都無法再身為人了。「只住在一層樓的人，他的閣樓變成了他的地窖。」[11]

透過反論的方式，我接下來要評論一些在夢境上不夠完備的住所。

巴黎根本沒有家屋。大城市的居民是活在一層一層疊床架屋的盒子裡。保羅·克勞岱（Paul Claudel）寫道：「一個人在巴黎的房間，裡面有四面牆，它是一種幾何場所，一個傳統的洞穴，我們用繪畫、物件和壁櫥中的大大小小櫥櫃來裝飾它。」[12]街道和樓層的號碼，給定了我們「傳統洞穴」的位址，但在這個位址周遭，我們卻沒有住的空間，在這個位址裡面，我們也住得沒有縱深。「一棟棟的家屋被瀝青拴牢在地面上，以免它們沉陷到泥土當中。」[13]這些房子沒有地下根系，這對家屋的做夢者來說，非常不可思議。摩天大樓根本沒有地窖，從街道到屋頂，一個房間密密麻麻的疊在另一個房間上頭，而破碎的天空線所形成的帷幕，包圍著整個城市。但是，城市建築的高度，

10．《土地與休憩的夢想》，頁一〇五—一〇六。
11．喬耶·布斯奎（Joë Bousquet），《另一個年代的雪》（*La neige d'un autre âge*），頁一〇〇。
12．保羅·克勞岱（Paul Claudel），《黎明中的黑鳥》（*Oiseau noir dans le soleil levant*），頁一四四。
13．馬克斯·皮卡爾（Max Picard），《在上帝面前逃跑》（*La fuite devant Dieu*），頁一二一。

純粹只是一種「外在的」高度。升降電梯廢除了爬樓梯的英雄光環，自此，已不存在任何往上住得接近天空的感覺。「在家」，已經變成一種純粹的水平範圍。不同的房間，組合成不同的生活機能，塞進一個樓層，對於私密價值的區分和分類，完全沒有什麼基本原則可循。

除了欠缺縱深的私密價值之外，大城市裡的房子，也缺乏遼闊的宇宙感（cosmicit）。因為在這裡，房子已經不再是蓋在自然的環境裡，空間與家屋之間的關係，變成一種人工關係。與房子有關的所有事情，都變成機械性的，因而私密的居住生活，從每一個角落逃逸，「街道就像導管，人們統統被吸進裡面去。」[14]

更有甚者，我們的家屋，不再覺察到宇宙的劇碼。偶爾會有強風吹落屋頂上的磚瓦，打死街道上面的路過者，但這種屋頂的罪過，只是針對著天色已暗時的路過者而發生的。儘管閃電有時候可能會讓窗框著火，但無論如何，打雷的時候，家屋不再顫抖，它不再與我們一起顫抖，也不因為我們而顫抖。我們的家屋緊密比鄰而居，我們不再害怕。巴黎的暴風對它的做夢者所造成的個人侵襲感，絕對與隱逸者之家屋裡面的做夢者所感受到的侵襲感，截然不同。其實當我們越來越深入研究，我們會更瞭解到，在本文接下來的段落中，**家屋在世間的處境**（situation de la maison dans le monde），只是具體呈現了我們人類在世間形上具體處境的一個變奏。

正是在這兒，對於大量日夢有益健康的本性深信不疑的哲學家，在這兒面對了一個問題：我們能夠用什麼方式把外在空間的宇宙無垠感，賦予在這個城市空間上？舉例來說，接下來就是對於巴黎的噪音課題，所提出的一種做夢者的解決方案。

當哲學家又犯了失眠的老毛病，因為城市的噪音而越來越難入睡的時候，或者在夜深時，疾駛過莫貝爾廣場（Place Maubert）的汽車、卡車的呼嘯聲，讓我忍不住詛咒我自己這個城市居民的宿命時，我可以透過體悟海洋的種種隱喻，而重新獲得平靜。我們都知道，大城市就是一片擾嚷不休的海洋，無數人都曾經提到過，在巴黎的夜央時分，我們可以聽到洪水和海潮無止無境地在低迴。所以，我從這些陳腐不堪的意象當中，創造出來一個真誠的意象，這個意象既是我自己的寫照，也是我在過去自己創造出來的，這就好比說，我雖然知道自己有輕微的瘋狂，但我也瘋到深信我是我自己思考的主體。如果車水馬龍的聲音變得越來越令人痛苦時，我會盡力從中間去聽出雷鳴的聲音，我會聽出這個打雷聲在跟我說話，並且斥責著我。之後，我會為自己感到遺憾，不幸的哲學家啊，你又在那裡被風暴所纏住了，被生命的風暴緊緊的抓住！我做了一個抽象又具體的白日夢。我的沙發床是一艘迷失在海洋裡的小船，突然呼嘯而過的聲音，不過是陣風吹襲著船帆使然。四面八方都傳來喧擾的高音喇叭聲。我跟我自己說話，為自己打氣：看看，你的小舟還把持得不錯，在你這艘石舟裡面，你是安全的。睡吧！別管外面的風暴。就在風暴當中睡去。在你自己的勇氣當中睡去，快樂地接受自己是一個被大風大浪所襲擊的人吧。

14．馬克斯．皮卡爾，同上揭書，頁一一九。

於是，在巴黎的噪音的哄騙下，我沉沉地睡去。[15]

事實上，所有的事情都在證明我的觀點，在諸多「事情的本性」當中，真的存在城市如海洋之喧囂這樣的意象，而這個意象一點也不假，而且我們把這些噪音加以自然化，的確有助於讓它變得不再那麼讓人厭惡。順帶一提，我也注意到一位當代年輕詩人伊風．卡護其（Yvonne Caroutch）的作品當中，所呈現的意象，這個意象的意義十分微妙，對他來說，傾聽城市的黎明時，城市會有「空洞海貝裡面傳來的喃喃私語」。[16]因為我自己是一個早起的人，這個意象便能幫我慢慢自然的甦醒過來。無論如何，只要我們知道怎麼樣運用意象，其實任何的意象都是好的意象。

關於城市之海（ville-océan）這個主題，我們可以發現許多其他的意象。接下來是一位畫家所提出來的意象。藝術批評史家皮耶．顧爾提翁（Pierre Courthion）說，居士塔夫．庫爾貝（Gustave Courbet）被關到聖．貝拉吉（Sainte Plagie）監獄時，他希望畫一幅巴黎市景，是一幅從監獄的頂樓望出去的市景。庫爾貝在寫給朋友的一封信中說，「用我處理海景的方式來畫：一片無限深沉的天空，中間千變萬化的運動，千千萬萬的圓頂和房屋，就像海洋中擾攘不休的海浪……」[17]

在追求我的方法的同時，我保留了種種意象的接合狀態，而拒絕做徹徹底底的解剖。我不得不稍微提到家屋的「宇宙感」。但我們只能稍後再回來討論這個特性。現在，在檢查過夢的家屋的縱深感之後，如同我們在這一節一開始所提到的順序，我們接下來要研究私密感凝聚的軸心，白日夢就是在這些軸心上匯聚在一起的。

VI

首先，我們必須找出多房間的家屋當中質樸感（simplicité）的軸心。因為就如波特萊爾說過的，在一座宮殿裡面，「沒有任何一個地方是留給私密感的。」

但有時候，質樸感又太具有理性上面的一種洋洋自得，因而無法成為高能量夢學的泉源。因此我們必須要接觸到隱居的一種原始性（primitivité），而透過一些已經被真實經驗過的處境，我們要發現一些曾經在夢裡出現過的處境。透過那些做為實證心理學材料的實證回憶，我們要返歸到原始意象的場域中去，或許這些原始的意象，曾經是我們記憶當中念念不忘的固著軸心。

要闡明想像的原始性，我們或許可以根據最深刻烙印在我們記憶中的存有者：童年的家屋（maison natale）。

45

15．當我在寫這一段時，我正在閱讀巴爾札克的《夫婦生活當中點點滴滴的不幸》（*Petites misères de la conjugale*），Formes et Reflets編，一九五二年，第十二卷，頁一三〇二。「當你的家屋，樑柱震動，大樑也動搖的時候，你會以為你是一個水手，因為有風而被搖撼著。」

16．伊風．卡護其（Yvonne Caroutch），《沉睡的值夜人》（*Veilleurs endormis*），Debresse 出版，頁三〇。

17．皮耶．顧爾提翁（Pierre Courthion），《關於庫爾貝的口述歷史》（*Courbet raconté par lui-même et par ses amis*），Cailler 出版，一九四八年，第一卷，頁二七八。瓦倫丁（Valentine）將軍不允許庫爾貝畫出他的巴黎城市海洋，他的理由是，「他來到監獄裡，並不是為了要找樂子。」

譬如，待在家屋裡面時，待在客廳的時候，一個夢想著有藏身之處的做夢者，會夢到小小的落腳處，小巢、小窩或是小角落，他想要蜷縮在這些地方，就像一隻獸想要躲在牠的洞裡面一樣。在這種狀態下，他所生活的領域，已經在人類的意象之外，如果現象學家可以成功的生活在這類意象的原始狀態裡，或許他就能夠確切掌握到問題的重點，掌握到家屋的詩歌。在昂利・巴舍連（Henri Bachelin）對他爸爸生平的描述片段當中，我們發現了一個對於居住之樂非常細心體會的一個好例子。[18]

昂利・巴舍連的童年老家其實再簡單不過了。他誕生於莫爾望（Morvan）地方的大型農村的農舍裡。他家與當地其他的家屋並沒有什麼不同，然而他家的確非常寬敞，也帶有不少寬大的附屬建築，使得一家人生活在安全和舒適當中。他的父親同時是教堂司事，也是日間的勞動者，到了晚上，在點了燈的房間裡，他的父親讀著聖人的生平，這個場景，就是小男孩對於原始感受的日夢，這種日夢把孤寂感強化到了一個狀態，使得他想像他是住在森林深處的一間茅屋裡面。對於一位正在尋找居住活動的運作根柢的現象學家來講，昂利・巴舍連書中這個段落的呈現，不失為一篇具有高度純潔性的文獻。基本的線索是在下面這些地方（頁九七）：「在這些時刻，我發誓，我非常強烈的感覺到，我們與小鎮、與法國所有的地方、與這整個世界都切斷了關係。雖然我並沒有把我的感覺都說出去，但我的確快樂地沉浸在想像當中，我想像著我們是生活在森林的深處，生活在燒著炭爐，非常溫暖的茅屋裡；我甚至希望能聽到狼群在我們門口厚重的花崗岩石板階上，磨蹭牠們爪子的聲音。但是，對我而言，我們的家屋充當了森林茅屋，他庇護著我免於挨餓受凍；而如果我有所顫抖，那麼，一定是由於幸福安康的緣故。」巴舍連的小說通常是以第二人稱來書寫，在書中，他還跟他爸爸這樣說：「你舒服地坐在我的椅子上的時候，我沐浴在對你的力量的感受中。」

就這樣，這位作者把我們吸引到這棟家屋的軸心（centre），就好像把我們吸引到磁場的軸心，把我們吸進了一個受保護的主要區域一般。他走進了「茅屋之夢」的底層，這個「茅屋之夢」，對於任何珍視原始家屋傳奇意象的人來說，再熟悉不過了。但是在大部分的茅屋之夢裡，我們希望活在別的地方，我們希望遠離過分擁擠的家屋，遠離塵囂。我們遁逃到思想裡去，以便尋找真正的庇護。巴舍連比那些夢想著要逃到遠方的做夢者來得幸福，因為他發現，茅屋之夢的根柢，其實就在同一棟家屋裡。他只消幾筆勾勒出家屋客廳的場景，只須在夜晚的靜謐中聆聽爐火的咆哮，對比著家屋外頭不斷吹襲的冷風，我們就可以知道，在這棟家屋的軸心裡，在燈火所投射出來的光亮之環中，他正活在家屋的環抱之中，他正活在史前時代人類的原始茅屋中。如果我們想要瞭解當中的細節，要瞭解種種棲居場所之間的層級關係，要瞭解所有我們用以活化我們私密感日夢的種種意象，那麼，我們會看到千百種的棲身之所，彼此接壤、相連。而如果我們用完全真誠的態度，活出我們日夢所呈現的意象，會有多少原本支離破碎的價值，能夠藉此加以匯聚、集中（concentrer）。

46

18．昂利．巴舍連，《信徒》（*Le serviteur*），第六版，Mercure de France 出版。荷內．杜梅斯尼（René Dumesnil）為這本書寫了一篇優秀的序言，他把這位為人們所遺忘的作家生平和作品，做了一個連結。

從巴舍連書中抽取出來的這個片段裡，茅屋似乎成為了居住活動運作方式的軸心根柢。這是人文建築之中最簡單的形式，而這種根柢要存在，並不需要太多的枝節分岔，事實上，它是如此的單純，單純到不再屬於我們的記憶，而已經變成了傳奇。因為我們的記憶有時候有太多的想像物，茅屋，其實就是傳奇的軸心。當我們迷失在黑暗中，而看到遠方出現一道微光，誰不會夢想到一間茅草農舍，或者如果更深入到傳奇當中的話，誰不會夢想到那是某個隱士的茅屋呢？

一間隱士的茅屋（hutte de l'ermite），多麼好的版畫題材呀！他確實是雕刻出來的真實意象。因為正是想像力把它們銘刻在我們的記憶當中。它們加深了我們經歷過的事情的回憶，同時它們也取代了這些經歷，而變成想像中的回憶。隱士茅屋這個主題並不需要什麼變奏，因為只需稍稍提及，整個「現象學式的迴盪」就會自動刪除掉所有二流的反響。隱士茅屋是一種雕刻，任何美麗繪畫式的誇張，都會傷害了它。它的真相，必須來自它的本質當中的張力，這種張力也就是「居住」（habiter）這個動詞的本質所在。這棟茅屋，立即變成了孤寂的集中表現，因為在傳奇的國度裡，沒有什麼茅屋是比鄰而居的。雖然地理學家可能在遙遠的國度旅行時，帶回來一些茅舍聚落的相片。然而，我們的傳奇的往日時光，卻超越了人所見過的任何事物，甚至超越了我們個人所經歷過的所有事物。這個意象把我們導引到一種極端的孤寂狀態。在上帝面前，隱士是孤獨的（seule）。因此，隱士的茅屋與修道院恰恰相反。這片軸心化的孤寂當中，投射出來一方冥想與祈禱的宇宙，投射出來在宇宙之外的一個宇宙。這間茅屋，不再接受屬於「這個世間」的財富。它擁有的是極度貧困當中的幸福。它就是貧困中的一件光榮事蹟。就好像清貧與更清貧使我們通向了隱居的絕對狀態。

47

這個匯聚了孤寂的軸心，所產生的平準作用（valorization）是如此強烈、如此原始，又如此無可置疑，因而使得遠方燈火的意象，不再是那麼明白的地方意象的參照點。當梭羅聽到「森林深處傳來的號角響聲」時，這個軸心「意象」就難以被界定，這個聲音的意象迴盪在整個夜間景色中，暗示了他的恬靜和自信。梭羅說：「那號角聲是那麼得友善，就好像隱士茅屋裡遠遠的燭光。」[19]而對我們這些記得這種號角聲的人，在其他的日子裡，這些號角聲會從什麼樣私密的山谷裡，幽幽不絕傳入我們耳中呢？這個被號角所喚醒的聲音世界所帶來的共通友誼，為什麼會被我們直接接受呢？被遙遠的微光所點亮的隱士世界裡面所具有的共通友誼，又為什麼能夠被我們立刻接受呢？一旦像這些意象一樣罕見的意象，擁有了想像的力量時，又會是什麼狀況呢？

偉大的意象，同時擁有其歷史和前歷史。它們一向是記憶與傳奇的混合體，其結果便是，我們從不曾直接體驗過任何意象。其實，每一個偉大的意象，都有一種不可測的夢境深度，而個人的過往會為這個夢境深淵添加特別的色彩。結果總是到生命晚期，我們才會真的夢到一種意象，我們會發現這個意象的根柢深深地超越了歷史，而固著在我們的記憶當中。在絕對想像的界域裡頭，我們即使到了生命晚期都能保持年輕。但是，我們必須拋卻我們在塵世間的樂園，才能真正活在紅塵樂土中，才能將紅塵樂土建立在它們的意象現實基礎上，建立在超越所有激情的絕對昇華作用裡。有

19・亨利—大衛・梭羅（Henry-David Thoreau），《森林裡的哲學家》（*Un philosophe dans les bois*），法譯本，頁五〇。

一位詩人在沉思另一位偉大詩人的生平，維多—埃米爾・米謝雷（Victor-Emile Michelet）在沉思維立葉・德・里拉當（Villiers de l'Isle-Adam）的生平時寫道：「唉！我們必須要變老，以便征服年輕，把年輕從腳鐐、手銬中解放出來，讓它按照它的原始衝動來生活。」

詩歌對於年輕則沒有那麼多的鄉愁，可以說詩歌的鄉愁比較是對於年輕要如何表達的鄉愁，如果單純是對於年輕的鄉愁，詩歌就會顯得粗俗。詩歌提供我們種種意象，以備我們萬一沉浸在年輕的「原始衝動」時，能夠想像到它們。初始的意象，直接的銘刻，茅屋的日夢只是不斷在邀請我們重新啟動想像。它們引領我們回到存有的領域，回到人類存有確定性所匯聚的家屋當中，而我們會有這樣子的印象，藉由活在類似如此的意象當中。活在如同這些意象那麼穩定的意象當中，我們才能夠啟動另一種生活，啟動一種屬於我們自己的生活，啟動一種在我們自己存有的深切感之中，屬於我們的新生活。當我們沉思這一類的意象時，當我們在巴舍連的書裡閱讀這些意象時，我們開始仔細斟酌著原始的感受（primitivit）。而正是因為這份原始的感受，是透過很單純的意象被儲存起來、被欲求著，以及被體驗到，那麼一間間茅屋的圖畫蒐集冊，便形成了想像現象學的簡單練習手冊。

與隱士茅屋裡遙遠的燈火相互輝映的是守夜者的象徵，我們可以從在窗口發光的燈火這樣一個單一的角度，找到非常龐大的相關詩歌文獻檔案在描述家屋。下面這個意象，必須被放在光亮世界想像力活動所有最偉大的定理中的一條：所有閃閃發亮的東西都在看（Tout ce qui brille voit）。阿賀帝・韓波（Arthur Rimbaud）遵守著宇宙的定律，用三音節來表達，「珍珠在看」（Nacre voit）。[20]燈火持續在守夜，因此它是保持警醒的。而燈的光線越狹窄，它的警醒狀態就越有穿透力。

48

窗口的燈火就是家屋的眼睛，而在想像的國度裡，燈火是從來不照亮戶外的。圈圍起來的燈火，只能散射到戶外。一首名為〈圍牆裡〉（Emmuré）的詩，是這樣開頭的：

窗口一盞點亮的燈火，
在夜晚的神祕之心中守夜。

除了上面短短幾句之外，同一位詩人還說：

來自一種被囚禁的凝視，
囚禁於它的四堵石牆之間。[21]

在昂利・博斯科的小說裡面，《風信子》（*Hyacinthe*）和另一個故事《風信子的花園》（*Le jardin d'Hyacinthe*），呈現了一個當代最讓人嘆為觀止的心理小說。一盞燈在窗口等待，而透過這盞燈，這

20・阿賀帝・韓波（Arthur Rimbaud），《全集》（*Oeuvres Complètes*），Le Grand-Chne 出版，Lausanne，頁三二一。
21・克里斯提安・巴呂寇（Christiane Barucoa），《前方》（*Antée*），Cahiers de Rochefort 出版，頁五。

棟家屋，也在等待。這盞燈就是象徵著綿綿無盡的等待。

藉由遙遠家屋當中的燈火，家屋張望著，在夜間不斷守候著，保持警醒，等待著。

當我讓自己往日夢與真實之間的倒轉所形成的迷醉狀態中漂流而去時，它變成了這個意象：那一棟家屋帶著它的燈火，在我的面前變成了一棟透過鑰匙孔、正往外注視的家屋，現在輪到它值更了。沒錯，在那棟保持著警醒的家屋裡，有某一個人，當我在夢遊物外的時候，這個人正在工作，他的存在，是如此的堅毅執著，相形之下，我卻追尋著徒然無用的夢。透過那盞孤獨的燈光，這棟家屋變成了人。他像人一般張望著，他是一隻在夜裡張望的眼。

其實，有無數其他的意象是用來妝點夜間家屋的詩歌。有時候，夜間的家屋就像草地間一隻螢火蟲那樣發出微光，這種生物帶著一種孤寂的光：

> 我會看見你們的家屋在山丘間的谷地裡，
> 像螢火蟲那般。[22]

另外一位詩人把在地球上發光的家屋，稱為「草地上的星星」，而克里斯提安·巴呂寇（Christiane Barucoa）在另外一個地方提起，人類家屋裡面的燈火像：

> 一顆在瞬間冰封之剎那被捕捉、囚禁起來的星星。

在這類的意象裡，我們得到了一種印象，天上的星星跑到地上來居住了。人類的家屋形成了地球上的星座。

當十個村莊都點亮燈火時，克朗西葉（G. E. Clancier）為我們點化了一幅陸地上的大海獸星座圖：

> 一夜，十個村莊，一座山，
> 一頭黝黑鑲著金邊的大海獸（léviathan）。[23]

愛立西．諾伊曼（Erich Neumann）曾經分析過一個病人的夢，他夢見他站在一棟塔樓的頂端，注視著星星時，卻看見星星閃爍著從地底下昇起。星星是從地裡面跑出來的。而在這個執念當中，地球不再是布滿星星的天空意象，它還是生產出整個世界的偉大母親，它生產出夜晚和星星。[24]諾伊曼在分析他病人的夢的時候，揭露了大地之母（terre-mère; Mutter-Erde）的原形威力。詩歌自然而然產生自白日夢，白日夢並沒有夜晚的夢那樣堅持。白日夢只是一種「瞬間冰封、瞬間凝固」（gel d'un instant）的東西。但是，詩意的文獻卻仍然能夠指引我們。原本屬於地上範圍的符號，如今被置放在

22．愛蓮娜．摩杭菊（Hélène Morange），《阿福花和長春花》（*Asphodèles et pervenches*），Séghers 出版，頁二九。
23．克朗西葉（G. E. Clancier），《一種聲音》（*Une Voix*），Gallimard 出版，頁一七二。
24．愛立西．諾伊曼（Erich Neumann），《愛拉諾斯年鑑》（*Eranos-Jahrbuch*），一九五五年，頁四〇—四一。

屬於天際的存有者身上。在此，對於種種意象的考古學，透過詩人敏捷而及時的意象，得到了闡明。

我幾乎是完全沉浸在這種顯然是老生常談的意象裡面，以便證明種種的意象並不能為我們帶來平靜。與催人入睡的幻夢不同的是，詩意的日夢從來不會令人想要入睡。它以最簡單的意象做為起點，而不斷讓我們深處於一波波想像力的光照之中。但是無論孤單的家屋被它像星星的燈火照亮起來後，能夠變得多麼遼闊，它終究還是象徵著孤寂。我想要引用最後一段文本，來強調這種孤寂。

在法文版里爾克（Rainer Maria Rilke）《書信選集》的前言〈私密日記的片段〉（Fragments d'un journal intime）一文中，我們發現下面這個場景：在一個非常黝暗的夜裡，里爾克和兩個朋友看到「一棟遙遠的茅屋，最後的茅屋，被燈火照亮著窗，這棟茅屋在視野當中，非常孤單地挺立著，四周盡是遼闊平野和沼澤地。」[25]透過一盞燈火所象徵的這個孤寂意象，以如此親身目擊的方式，打動了詩人的心，他使得詩人從他的同伴間孤立出來。里爾克談到這個三個朋友的團體時，補充道：「雖然事實上我們彼此走得很近，但我們還是三個各自孤立的個體，第一次明白什麼叫做夜晚。」這一段話實在值得我們沉吟良久，因為在這裡，一個最老生常談的意象，一個詩人當然在過去已看過千百遍的意象，突然被打上了「第一次」這個印記，而這段話還把這個記號傳達給我們再也熟悉不過的夜晚。我們甚至可以說，由一個孤單的熬夜者、固執的守夜者所發射的這道光，已經得到了催眠的力量。我們被孤寂所催眠，我們被孤寂家屋的凝視所催眠。而我們與這棟孤寂家屋的臍帶關係是如此的強烈，使我們的夢裡面，除了一棟夜裡的孤寂家屋之外，別無一物。

50

喔！在沉睡家屋之中的燈光。[26]

經由隱士茅屋的例子以及在遠方視域裡守夜的燈火，我們剛剛已揭露了隱居之私密感的凝聚作用（condensation）的最質樸形態。相反的，在這一章的一開始，我試圖依據家屋的縱深高度來對家屋做細部區分。現在，繼續透過適切文學材料的幫助，我仍在嘗試提出一個更好的說明，說明家屋用什麼樣的保護力量來抵抗困擾它的勢力。因此在檢視了家屋與宇宙之間的動態辯證之後，我們將會研究一系列的詩歌，在這些詩裡面，家屋是一個完整的世界。

25．萊納．瑪莉亞．里爾克，《書信選集》（*Choix de letters*），Stock 出版，一九三四年，頁一五。

26．李察．馮．蕭卡爾（Richard von Schaukal），《德國詩歌選集》（*Anthologie de la poésie allemande*），Stock 出版，第二卷，頁一二五。

CHAPTER

two

第二章 家屋和天地

當我們天空的頂點融合在一起
我的家屋就有了屋頂。

——保羅・艾呂雅（Paul Eluard），
《活著的尊嚴》（*Dignes de vivre*），
巴黎，Julliard 出版，1941 年，頁 115。

我在前面一章已經指出，我們說我們「閱讀一棟家屋」或「閱讀一個房間」，其實是很合理的，因為房間和家屋都是心理狀態的圖解，它指引著作家和詩人進入對私密感的分析，接下來，我們要慢慢閱讀幾位偉大作家筆下的家屋和房間。 51

I

雖然波特萊爾骨子裡是一個都市人，但他卻感覺到一棟家屋在寒冬的圍困之下，其私密感有增無減，在《人造樂園》（*Les paradis artificiels*）一書裡（頁二八〇），波特萊爾談到托瑪斯·德·昆賽（Thomas de Quincey）的幸福，德·昆賽被冬天困在屋裡的時候，藉由鴉片觀念論的幫助，閱讀康德（Kant）。這個場景發生在英國威爾斯的一棟「小農舍」（cottage）[1]裡，「一棟快樂的住所，難道不會讓冬天顯得更有詩意嗎？而冬天難道不會為一棟住所增添更多的詩歌嗎？而且，這棟粉白的農舍，座落在**小山谷的深處**，被**相當高聳的山頭所包圍**，看起來像被灌木叢所**包裹著**。」在這個短短的句子裡，我加重了一些字眼，這些字眼是屬於恬靜生活（repos）的想像。對一位吃鴉片煙，閱讀康德，把夢幻和思考的孤獨結合起來的人來說，這是一幅多麼安詳、安靜的場景啊！我們無疑能夠閱讀波特萊爾的文章，就如同在閱讀一篇非常、非常容易的文章。文學批評家很可能會覺得驚訝，這位偉大的詩人，用了這麼平淡無奇的意象，卻用得那麼自然。但是，如果在我們閱讀這一段太過單純的文章段落時，我們又接受了它所暗示的恬靜的日夢，如果我們在那些重要的字眼前面稍事停留，它就會 52

帶給我們的身體和靈魂一種平靜的感覺。我們感覺到我們置身在山谷家屋的庇護軸心中，山谷、家屋和我們，都被籠罩大地的冬季所環擁包圍（emmailloté）。

我們感到溫暖，因為外面的寒冷。沉浸在冬天的《人造樂園》中，波特萊爾接下來又說，做夢的人，要求一季嚴冬，「他每年都要求天空盡量降下大量的雪、冰雹和霜，只要天空能有多少，就下多少，必須要像加拿大或俄羅斯那樣的冬天，他們自己的巢，反而會因此而更溫暖、更安靜、更可愛……」[2]就像愛倫坡這位偉大的窗簾夢想家，波特萊爾為了保護被冬天圍困的家屋，不被寒冷所侵襲，他又要求「懸垂到地板上的厚重窗簾布。」在黑色的窗簾後面，雪似乎更加地白晰，事實上，當矛盾的事物匯聚起來的時候，萬事萬物都顯得生氣蓬勃。

波特萊爾在這裡為我們提供了一幅有重心的景象，導引我們走向一個夢的核心，以便我們可以自己接手做這個夢，我們當然會在夢裡添加一些個人的色彩，譬如：把波特萊爾提到的托瑪斯・德・昆賽的小農舍裡面，塞滿了我們自己過去所認識的一些存有者，這樣一來，我們就能從追憶中得到好處，而不致過於誇張。我們最私人的回憶能夠在這裡得到安頓。透過我所無法言說的同情共感之流，波特萊爾的描述不再顯得那麼陳腐不堪。而事情總是這樣：被清楚決定的日夢軸心，成了做夢

1・這個看來溫暖的字眼，如果我們用英語來發音，會讓它在法文文本中顯得不協調。

2・昂利・博斯科用下面這個簡短的句子，對這類白日夢讚賞有加：「當庇護之所已經確定，風暴就是一件好事。」

者之間的溝通工具，就像是清楚界定的概念，那樣確切地成了思考者之間的溝通工具。

波特萊爾在《審美的好奇》（*Curiosités esthétiques*）這本書中（頁三三一），也提到拉維葉（Lavieille）所畫的一幅油畫，上面畫著在寒冬——「悲傷的季節」中，「一棟茅草農舍座落在樹林的邊緣」。然而，波特萊爾寫道：「拉維葉經常創造出某些效果，對我來說，這些效果構成了冬天之幸福的真正本質。」一個回憶中的冬季加強了我們的居住之樂。在想像力的全盤支配之下，回憶中的冬季增加了家屋的居住價值。

如果有人要求我對波特萊爾所生動刻劃的德·昆賽農舍，做一個夢學方面的專家評估，我會說：那兒瀰漫著淡淡的鴉片煙味，充滿了昏深的睡意。但是我們卻完全沒有被告知牆壁的英勇，或者屋頂的勇氣的任何訊息。這棟家屋不做任何鬥爭。就好像波特萊爾只知道把自己關在窗簾裡面。

鬥爭的闕如，經常發生在文學對冬季家屋的描述當中，使得家屋和天地（univers）之間的辯證太過簡單。特別是雪，它虛無化了外在世界（monde），太輕易就把外在世界變得一無所有，整個天地變成只有一個色調，對於那些已經找到庇護之所的存有者來說，只需用「雪」這個字，就同時表達天地，也解消了天地。詩人韓波在《愛的荒漠》（*Les déserts de l'amour*）一書中（頁一〇四）說道：「就像在冬夜，一場雪就窒息了明確不移的世界。」

無論如何，在有人住的家屋外頭，冬天的宇宙（cosmos）是個被簡化了的宇宙。它是非家屋（non-maison），與形上學家談論的「非我」（non-moi）是一樣的意思。而在家屋與非家屋之間，我們很容易建立任何一種矛盾。在家屋裡面，所有的事物都可以精細區分和多樣分化。透過冬天，家屋獲得了私密感的儲備與精煉。然而，在家屋外面的世界裡，雪覆蓋了所有的軌道，模糊了道路，抑制住每一個聲音，掩蓋了每一種色彩。其結果就是在這整片遍佈天地的雪白中，我們感受到一種宇宙的否定狀態。家屋的夢想者完全知道這一點，也完全感受到這一點，因為外在世界的存有感被減弱了，反而讓他們體驗到各種私密感質地的張力更為強化。

II

冬天是四季當中最古老的季節。它在我們的記憶之上，增添了歲月。把我們帶回遙遠的過去。在白雪紛飛的日子裡，家屋也顯得蒼老。就好像家屋還活在已然逝去的過往歲月裡。巴舍連在一篇文章的段落裡描繪了這種感覺，竭盡所能呈現了冬天的敵意（hostilité）。「是在晚上，在冰雪寒冬所籠罩的老家屋裡面，人們所相互傳誦的偉大故事和美麗傳說，得到了具體的意義或者變得可疑，而對於那些發掘美麗傳說與偉大故事的人來說，它們變得直接而合用。這樣說來，或許我們祖先當中的一位，在西元一〇〇〇年，躺著瀕臨死亡的那一位，早已相信了世界末日。」[3]而這兒所說的故事，並不是老奶奶所說的床邊童話故事，這些故事與人有關，這些故事在思索力量和符號。巴舍連

54

3．昂利．巴舍連，《僕人》（*Le serviteur*），頁一〇二。

在另一個地方（頁五八）寫道：「在這些冬季裡面，對我來說，在大壁爐的籠罩之下，古老的傳說在當時應該比它們在今天還要更古老得多。」它們確切擁有災難劇碼的那種遠古特質，這些災難能夠預言世界末日。

巴舍連回憶這些在他父親家屋中的戲劇性冬季夜晚（頁一〇四）：「當我們的同伴為我們在風雪中留下他們深深的腳印，並在大風雪的肆虐當中，展露他們的容顏；對我而言，他們在那時候似乎將要去向很遠很遠的地方，要走到不知名的充滿著夜鷹與狼群的地方；我很想向他們叫喊，就好像我在我第一本歷史書上讀到的一樣：願上帝保佑你！」

在小孩的心靈中，家屋在積雪當中的單純意象，能夠整合西元一〇〇〇年時的種種意象，這不是令人感到驚訝嗎？

III

現在，我們碰到了一個比較複雜的狀況，甚至它顯得弔詭。這是從詩人里爾克的書信當中所選出來的一個片段。與我在前一章所提出來的一般說法，恰恰相反；對里爾克來說，風暴在城市當中特別具有侵略性；而天空的憤怒也是最明顯被表現出來的地方。在鄉間，風暴對我們的敵意比較沒有那麼重。從我的觀點來看，這是一個宇宙感的弔詭。但是不消說，里爾克的文章很動人，我們很有興致對它加以評論。

里爾克是這樣寫給他的「女音樂家」的：「妳知不知道當我身處城市當中，我被夜晚來襲的風暴嚇著了？就好像在它們所向披靡的高傲之中，它們根本不把我們放在眼裡，不是嗎？不過它們在鄉間，卻看到了孤單的家屋，它們把這棟家屋攬在它們強而有力的臂膀裡，使家屋變得更結實；當妳身在其中的時候，妳會想要走到戶外，走到風嘯雨嘷的花園裡，至少妳也會想站在窗口，為那些被激怒的老樹喝采，它們枝葉翻飛，就好像被先知的靈魂所附身一般。」[4]

從攝影術的觀點來看，里爾克的文章對我來說，是家屋的「負片」，它翻轉了家屋的居住功能。當暴風肆無忌憚的衝擊著樹木時，里爾克雖然在家屋的庇護當中，卻想要走到戶外，不是因為想要享受風雨之樂，而是為了追尋他自己的日夢。因此，我們感覺到他也分享了樹被風的憤怒攻擊時所反映出來的激憤。但是他卻未分享到家屋的抗拒。他一味信賴風暴的智慧，它有閃電的清晰視覺和各種的要素，使它們即便是在肆虐之中，也可以看到人們的住所，並同意放它一馬。

但是這張意象的「負片」，還是透露了很多東西。它證明了宇宙鬥爭狀態所充斥的動力。里爾克對於人類住屋所產生的種種劇碼的認識，提供了許多的證據，稍後我們會經常提到這些證據。不論做夢者站在辯證過程的哪一方，是站在家屋這一邊，還是站在天地這一邊，這種辯證都充斥著動力。家屋和天地不再只是兩塊拼貼起來的空間要素。在想像力的支配之下，它們激發了彼此相對立

4．里爾克，《寫給一位女音樂家的信》（*Lettres à une musicienne*），法譯本，頁一一二。

的日夢。里爾克已承認這些磨練使老家屋「變得更結實」（endurcissent）。家屋累積它的勝利來對抗暴風。而既然在所有關於想像力的研究當中，我們必得把事實的領域留在一邊，於是我們完全明白，當我們在老家裡面，當我們在我們所誕生的家屋裡面，會比我們在大街上暫時借住的家屋裡面，來得更寧靜，更有信心。

IV

我們剛才已經思考過「負片」的那一面，與此相反，現在讓我們採用一個正片的例子，它完全支持被風暴所侵襲的家屋所產生的戲劇。

《馬力克瓦》（*Malicroix*）這本書裡面，家屋被稱為「引退之所」（La Redousse）。它被蓋在卡馬革地區（Camargue）的一個島上，距離咆哮的河流並不遠。它很簡陋，看起來很脆弱。但我們將看到它的勇敢。

作者花了許多篇幅，引導我們進入風暴中。這種詩意的氣象學，從聲響和變動的出現，直探整個狀態的根源。運用這種藝術，作家一開始就觸及了寂靜的絕對狀態，寂靜空間擴展為浩瀚感（immensité）！「沒有什麼東西能夠像寂靜一般，讓我們感受到一種無邊無際的空間感。聲音讓空間有了色彩，讓空間獲得了一種發聲體。但是聲音的闕如卻讓空間更顯純粹，而在寂靜當中，我們陷入了某種巨大、深沉而沒有界線的感受當中。這種感受完全掌握了我，而我在許多時刻都沉浸在這種夜間的寧靜所散發的莊嚴中。」

「它像一個活物般伸張自己。」

「這份安詳擁有身體。在夜晚中成形，與夜晚一起活動。一副真實的身體、不動的身體。」[5]

56 在這首浩瀚蒼茫的散文詩裡，許多段落都包含了越來越強烈的聲音和恐懼，就和維克多・雨果（Victor Hugo）的《靈魔》（*Djinn*）中的詩節一樣。但是在這裡，作者花了很多時間，去顯示家屋軸心空間的緊縮，使得家屋活像一顆焦慮不安的心。一種宇宙性的焦慮（angoisse），展開了風暴的序幕。然後狂風的咆哮平息了。不久，風暴的所有獸群都叫嚷起來。如果我們有空來做風暴的動力學分析的話，我們可以為這些風暴的動物群，建立一套寓言集，不僅僅在我們所引用的這些段落裡，而是在昂利・博斯科所有的作品裡面，都隱藏了這些寓言！作家很本能的就知道，所有的攻擊性都有其獸性，不論這種攻擊性是來自人或來自世界。不論我們多麼巧妙、多麼間接地去隱藏或掩飾人類的攻擊行為，它都包含了一種無可救藥的根源。就在最微不足道的恨意當中，都包含著一絲絲的動物成分。而心理學家詩人——或詩人心理學家，如果有這種人存在的話——在標舉不同的攻擊類型時，不能把他們與動物的嚎叫搞混了。而人類還有一種可怕的特質，就是他們可能沒有能力很直覺地瞭解整個天地的力量，而只能透過憤怒的心理來瞭解它。

5・昂利・博斯科，《馬力克瓦》（*Malicroix*），頁一〇五。

家屋在面對這群漸漸鬆綁的獵犬時，變成了純粹人性的真實存有，這種存有在保護自己之餘，不負有攻擊的責任。「引退之所」是人的抵抗（Résistance），是人性的價值，人類的莊嚴。

下面這個段落，描述位於風暴中心的家屋中的人性抵抗（頁一一五）。

「家屋正在勇敢的戰鬥。首先它發出聲音表示抱怨，最可怕的陣陣強風正同時從四面八方攻擊著它，帶著明顯的憎恨和如此狂暴的怒吼，有時會讓我不寒而慄。然而家屋挺立著。打從風暴一開始，疾言厲色的風就已經在攻擊屋頂，想要把它掀開，想要把它打退，想要把它撕成碎片，想要將它吸進去。但屋頂挺著背，緊緊抓住古老的屋椽；而其他的風沿著地面席捲而來，衝擊著牆壁。所有的東西都受到這種撞擊的震撼，搖搖欲墜，但柔韌的家屋依舊彎著腰，抵抗著這隻野獸。家屋無疑正運用牢不可破的根系，緊緊護持著這個小島的土壤，它從那蘆葦拌泥土的薄牆和木板牆中獲得了超自然的力量。雖然遮窗板和大門都被攻擊，雖然巨大的威脅不斷在叩門，連煙囪也響著宏亮的衝鋒號聲，家屋的存有已變成了人，對風暴絲毫不讓步，我在當中讓我的身體得到庇護。家屋緊緊護持著我，就像一匹母狼，有時候我可以聞到她的體味如慈母般滲入我的心房。在暴風雨之夜，家屋的確是我的母親。」

「我只有透過它來保護我、支持我，我們孤零零的。」

在我的書《土地與休憩的夢想》中，我在討論母性的時候，我曾經引用米沃希（O.V. de Milosz）下列兩個廣闊的詩句，這些詩句中的母親意象和家屋意象是結合在一起的：

57

我說我的母親。然而我的思念卻屬於妳，噢，家屋！
我童年黑暗而美好的夏季家屋。
——〈憂鬱〉（Mélancholie）

為了要表達「引退之所」居住者的深深感激之情，類似的意象絕對有必要。然而，這兒的意象並非來自童年的鄉愁，而來自它實際所發生的保護作用。在柔情的共同體之外，這兒還有力量的共同體，兩種勇氣和兩種抵抗的匯聚。這是一個什麼樣的匯聚的形象，讓家屋緊握著它的居住者不放，讓它變成了四壁緊峭的單人房。這個庇護所的大小縮減了。隨著它越來越明顯的護持特質，它的外在變得越來越強壯。由一度曾經是庇護所，如今它變成了一個堡壘陣地；從一棟小茅屋，變成了隱遁者的堅強堡壘；隱遁者必須在裡面學會征服恐懼。這樣一種居所富有教育價值。在博斯科著作中的這些片段，具有榫頭接和的作用，它把力量的保留與勇氣所具有的內在城堡接榫起來。對想像力來說，在家屋裡面變成了處於颶風的風眼當中，這使得我們必須超越一些我們在一般庇護所裡經驗到的單純舒適印象。我們必須參與由戰鬥性的家屋所支持著的宇宙劇碼。《馬力克瓦》劇碼的所有內容，乃是孤獨的嚴酷考驗。「引退之所」的居住者必須在一個無人荒島上的一棟家屋裡征服孤獨。他必須在此學會孤獨的尊嚴，這種尊嚴，過去曾經一度被他的一位祖先所達成，以致其孤獨的生命變成一齣深刻的劇碼。他必須孤獨，孤獨地活在一個與他童年時期完全不同的宇宙裡。儘管這個人是溫文有禮、幸福族群的後代，他卻必須鼓起勇氣，以面對一個嚴苛、貧乏、冷酷的宇宙。這棟與世隔絕的家屋，讓他充滿了強烈的意象，亦即驅使他抵抗。

因此，在面對風暴和颶風的敵意獸性時，家屋所具有的護持和抵抗的價值也就轉化為人性的價值。家屋取得了人類身體所具有的物理能量和精神能量。在傾盆大雨中，它鼓著背、挺著腰。當它被情勢所逼，不得不在狂風中彎腰時，它卻很有信心地及時再挺直腰，一概否認任何暫時的挫敗。這樣一種家屋，在召喚人類的宇宙性英雄主義。它是讓我們能夠去面對整個宇宙的工具。「人投身於世間」的形上學可以具體沉思家屋是如何投身到狂風暴雨當中，公然反抗天庭本身的憤怒。不論面對什麼狀況，家屋都會幫助我們說：我將會是世界的居民，不論這個世界變成怎麼樣。因此問題不再僅僅是存有的問題，而是能量的問題，因而也就是反能量的問題。

在人類與家屋的這種動態共同體中，在家屋和宇宙間的這種動態對峙中，我們已經遠離了任何單純的幾何學形式的參考架構。生活體驗中的家屋（maison vécu）並不是一個了無動力的盒子，被居住過的空間實已超越了幾何學的空間。

但是把這種家屋的存有轉換成人性價值，是否可以被視為是一種隱喻的活動呢？難道這一切不僅僅只是語言上面的想像嗎？就隱喻而言，文學的批評者自然會認為隱喻有誇大之嫌；而另外一方面，實證主義的心理學家，又會直接把這種語言化約為人被監禁在他的孤獨當中，遠離了任何其他人的幫助之後，所感受到的恐懼這樣的心理事實上；但是想像力的現象學，絕對無法滿足於這樣的一種化約，這種化約把意象變成了表達的從屬工具；想像力的現象學會反過來要求我們直接體驗意象，要把它們視為經過了生活歷練的事件。當意象保持清新的時候，世界就是清新的。

58

而當閱讀運用到生活上，而如果我們努力覺察詩人表現世界——展現在我們白日夢當中的世界時所具有的創造行動，所有的被動性將因此消失。在博斯科的《馬力克瓦》這本小說當中，世界對於孤獨的人所產生的影響，要比其他人所對他產生的影響要來得多。其實，如果拿掉這本書當中所包含的許多散文詩，幾乎只剩下一個遺產問題，一場公證人和繼承人之間的決鬥。但是對於一位想像力的心理學家來說，如果他能夠在「社會性」的閱讀之外，再增加一些「宇宙性」的閱讀，那麼他就可以得到更多收穫！他會完全瞭解是宇宙在塑造著人類，把屬於山丘的人轉變成為海島的人、河川的人。他會瞭解，家屋再一次塑造了人類。

透過一位詩人體驗到的家屋，我們獲得了宇宙人類學當中的一個精巧論點。我們可以說家屋其實是場所分析的一種工具。確切來說，它是非常有效的工具，因為它難以使用。簡單的說，我們這些論題討論所依據的立足點，其實對我們非常不利。就事實的層面來看，家屋首先是一個幾何對象，是我們想要理性分析的對象。它的原初實在是可見的、可觸摸的，它是由精巧裁切的固體和完善配合的架構製作而成。直線決定著這個架構，鉛垂線為它留下智慧和均衡的標誌。[6]這樣的幾何對象不應該用一些接受人的身體和靈魂的隱喻。但是，當一棟家屋被認為是讓人安慰和私密的空間，當

6．事實上，值得注意的是「家屋」這個字，並沒有出現在伊夫・勒・雷（Yves Le Lay）新編的榮格《靈魂及其象徵的變形》（*Métamorphose de l'âme et ses symboles*）這本書編輯完善的索引裡面。

家屋被認為是凝聚私密感、護衛私密感的空間時，朝向人性的這種換位立刻就出現。於是，在所有的理性之外，展開了夢的場域。而我閱讀《馬力克瓦》，又一再重讀它時，就像皮耶·尚·尤夫所說的，我聽見「引退之所」的屋頂上，有「夢的鐵蹄」走過。

但是現實與夢之間的複雜糾葛，從來沒有辦法一勞永逸地解決。當家屋開始活得有人性的時候，它仍未失去它所有的「客觀性」（objectivité）。我們必須更仔細檢視過往的家屋，這些我們將重新找回的家屋，如何出現在夢的幾何當中，而過往的私密感，又如何出現在我們的白日夢中。我們將必須不斷地藉由家屋來研究私密感的溫暖質料，找到當家屋圍繞著原始的溫暖時所具有的形式。

而這棟老房子，
我感受到它紅褐色的溫暖，
來自精神的感官。[7]

V

首先，這些老房子可以被描繪出來，我們可以用**再現**（représentation）的方式，讓這種再現包含現實拷貝的特色。像這樣一種客觀的描繪，獨立於任何日夢之外，成為傳記記錄的堅實、可靠文獻。

但是這種外在的再現，如果它展現出繪畫的藝術、再現的天賦，會使得它變得有所堅持、有所邀約，而它本身所展現的精細逼真，讓它延續著沉思、延續著日夢。日夢回過頭來棲息在一幅精確的繪畫當中，而一幅家屋的再現，不會讓做夢的人長久無視於其存在。 60

在我開始天天閱讀詩歌之前很久的一段日子裡，我就已經經常告訴自己，我想要住在一棟像在古老版畫中所看到的那種家屋裡。木刻版畫中家屋的清晰輪廓又再度向我傾訴。對我來說，它似乎是在要求樸直（simplicité）。透過這些古老的木刻版畫，我的日夢住進了那棟根本的家屋裡。

這些天真的日夢，我本以為它們是我自己的夢，當我在閱讀當中發現它們的蹤跡時，我是多麼吃驚啊。

一九一三年，安德烈・拉豐（André Lafon）曾經寫道：

我夢到一棟家屋，一棟低矮的家屋，
卻有著高聳的窗戶，有三層磨舊了的步階，
平滑而翠綠；
……
一棟簡陋私密的家屋，就像在古老版畫中的一樣，

7・尚・瓦爾，《詩集》（*Poémes*），頁二三。

它只活在我心中；有時候我會回到那兒，
坐下來忘掉灰暗的天空和雨水。8

安德烈·拉豐用「簡陋的家屋」這個記號，寫了很多其他的詩！在他的文學「版畫」裡，這棟家屋招呼著讀者，讓他們像賓客一樣。當讀者膽子大了，他會準備手抓著鑿子，刻下他自己的閱讀。這些版畫的類型，是用來指出特定類型的家屋。安妮·度逖兒（Annie Duthil）於是寫道：9「我正在一棟日本版畫裡頭的家屋裡，陽光灑滿了所有的地方，而所有的東西都透亮晶瑩。」在所有的季節裡，存在著一些充滿陽光，裡面四季如夏的家屋。它們就等於窗戶。難道寫出下面詩句的詩人，不也是住在版畫裡的居民嗎？

在誰的心底沒有
一座黑暗的愛爾西諾城堡10
……
就如同昔日的人們般
我們在我們自己內心，用石頭
一塊接一塊堆砌出一座鬼魂出沒的巨大城堡。11

而我在閱讀過程中所發現的圖畫，也讓我感到振奮。我將居住在詩人提供給我的「文學版畫」中。其中刻劃的家屋越簡樸，它就越激發我想像自己是其中的居民。它不再只是一種單純的「再現」，其線條具有強大力量，而做為一個庇護之地，它正在強化它的構工。它要求住進來的人簡單樸直，並擁有簡樸所帶來的巨大安全感。這幅版畫的家屋，在我內心激起了一種茅屋的感受，透過它，我再度體驗到了小窗的銳利凝視。但是我們要看看現在究竟發生了什麼？如果我真誠地談論這個意象，我在此感覺有一種畫線（souligner）的需要。畫線，在書寫不正是在刻劃嗎？ 61

VI

有時候，家屋漸漸成長、擴大。如果要住在它裡面，日夢就需要更大的彈性，更不明顯的輪廓線條。喬治・史必瑞達奇（Georges Spyridaki）寫道：「我的家屋是透明的，但它不是玻璃做成的。它

8・安德烈・拉豐（André Lafon），《詩歌。家屋之夢》（*Poésies. Le rêve d'un logis.*），頁九一。
9・安妮・度遜兒（Annie Duthil），《絕對捕撈者》（*La pêcheuse d'absolu*），Seghers 出版，頁二〇。
10・譯註：愛爾西諾的克龍堡（Chateau de Kronborg à Elseneur）乃是莎士比亞的悲劇《哈姆雷特》（*Hamlet*）劇中的背景，位於今日的丹麥。
11・樊尚・蒙帖侯（Vincent Monteiro），《杯酒詩》（*Vers sur verre*），頁一五。

比較像是煙霧般的自然現象，我可以隨心所欲的把它的牆壁放大，或縮小；有時候我把它們拉過來，緊緊靠著我，就像護衛的盾牌。但有時，我會讓我家屋的牆壁，往外發展出它們自己的空間，一種無限延展的空間。」[12]

史必瑞達奇的家屋會呼吸。它是一件厚重的護盾，然後它又無限延展。這其實是在說，我們住在它裡面，交替經歷著安穩和冒險，它同時是一間單人小牢房，也是整個世界。在此，幾何學被超越了。

給予貼近於強烈事實的意象以一種非真實的面貌，使我們在詩歌中得到靈感。如果我們能體會何內・卡瑞樂（René Cazelles）的意象的話，他在下面這些詩句將告訴我們這種擴大的效果。下面這些句子，是以一個輪廓最清晰的國度——普羅旺斯為背景寫出來的：

「難得的家屋，那兒有火山熔岩的花綻放，那兒有風暴和令人筋疲力竭的至高喜樂發生，我對這家屋的追尋什麼時候才能停止呢？

……

廢除對稱效果，成為風的題材。

……

我希望我的家屋就像海風的家屋，隨著海鷗而異常悸動。」[13]

因此，一棟無邊無際的宇宙家屋，潛存於每一個家屋的夢中。風兒從它的軸心散放出來，鷗鳥從它的窗欞飛翔而去，如這般具有動力的家屋，讓詩人能夠安居在宇宙當中，或者，用不同的話來說，宇宙終於安頓到詩人的家屋裡去了。 62

在偶爾小憩的片段時光，詩人回到了他的居所的軸心（頁二九）：

……萬物再度呼吸，
桌布白白淨淨。

這塊桌布，這一小塊白色，就足以讓整棟家屋泊靠在它的軸心上。

喬治・史必瑞達奇和何內・卡瑞樂所描述的文學家屋，都是無邊無際的居所。它們的牆壁都渡假去了。待在這樣的家屋裡，可以治好幽閉恐懼症。住在這樣的家屋裡，是裨益身心的好時機。

家屋融入風中、家屋嚮往著空氣的輕快感、家屋帶著難以置信的信任給樹梢上一個準備飛起的

12・喬治・史必瑞達奇（Georges Spyridaki），《清醒死亡》（*Mort lucide*），Seghers 出版，頁三五。

13・何內・卡瑞樂（René Cazelles），《土地與飛躍》（*De terre et d'envolée*），G.L.M. 出版，一九五三年，頁二三、三六。

鳥巢，對於實在論、實證的心靈而言，這樣的意象或許不會被接受。但是對於想像力的基本論題而言，這種意象卻很珍貴，因為，若詩人沒有以如此難以置信的方式來認識它，它也會在驅動巨大原型的對立面意象的召喚下，被接觸到。在《愛拉諾斯年鑑》[14]的一篇文章裡，愛立西．諾伊曼證明了所有強烈傾向棲息於陸地的動物依然深深為空中、天上的世界所吸引，而家屋就是強烈傾向陸棲。一棟根紮得好的家屋，會很高興擁有對風兒敏感的枝幹，一個可以聽到樹葉沙沙作響的閣樓。寫下這詩句的詩人，正在想著一個閣樓：

樹群的階梯
我們攀爬其間。[15]

如果我們想要為一棟家屋寫詩的話，就像哲學家所說的，情況經常會是最讓人無法容忍的矛盾，會把我們從概念中喚醒，讓我們從實用的幾何學裡面解放出來。在何內．卡瑞樂這篇文章中，堅實的立體感是由想像的辯證法所取得的。我們在這樣的短句當中，我們吸入了火山熔岩無以倫比的香氣，花岡岩也在這兒長出了翅膀。相反的，突如其來的風也具有了樑柱一般的堅挺不屈。家屋征服了它所分到的一片天，它擁有了整片天空作為它的平台。

但是經我這樣一評論，事情就說得太白了！關於家屋的種種不同特性，我們很容易接受用局部的辯證法來闡明它們。但如果繼續用這樣的方法，我們就會摧毀這個原型的整體性。然而，事情總

63

是如此。最好是讓這些原型內部所具有的矛盾情感，裹上一層它們主要特質的外衣。這也就是為什麼詩人會比哲學家更擅長暗示啟發，用暗示啟發正是他的權利。因此，追循著暗示所生的動力，讀者可以走得更遠，甚至走向離題。在閱讀和重讀何內．卡瑞樂的詩時，我們一旦接受了意象的爆發，我們便知道，我們不只可以在家屋的高度（hauteur）中安居，更可以在一個超高度（sur-hauteur）中安居。我喜歡用許多意象來做超高度主義（sur-hauteurisme）的實驗。家屋意象的高度，在堅實的再現中被折疊起來了（repliée）。而當詩人打開這個折疊，並將它展開，它便呈現出一個非常純粹的現象學面貌。意識在接觸到通常是「在休憩」（repose）意象的時候，會「向上昂揚」（s'élève）。這個意象不再是描述性的，而是毅然決然激發靈感的。

這是個奇怪的狀況，我們所愛的種種空間並不願意永遠處於封閉狀態！它們展開自身，可以說是很容易就往他方移動，它們進入別的時代，跑到夢與回憶的不同層面裡去。

有哪一個讀者會不想要利用這樣一首詩所具有的無所不在的特質：

一棟家屋矗立心房

■

14．愛立西．諾伊曼，〈現代原型的意義〉（Die Bedeutung des Erdarchetyps für die Neuzeit），《愛拉諾斯年鑑》，頁一二。
15．克羅德．哈特曼（Claude Hartmann），《夜曲》（*Nocturnes*），La Galére 出版。

我沉默的大教堂
每天早晨在夢裡回想
夜夜復將之拋棄
一棟家屋籠罩著曙光
向我年少時的氣息開敞[16]

對我來說，這棟「家屋」是某種輕飄飄的家屋，它在時間的氣流中位移。它真的是向另一段時光的氣息開敞。它似乎能夠每天早晨招呼我們的生活，給我們生活的信心。在我的日夢裡，我把這些尚．拉侯許所寫的詩句，與何內．夏爾（René Char）的文章片段聯想在一起，他夢想「在一個房間，一個越來越輕飄飄的房間裡，它漸漸膨脹成廣闊無垠的連綿旅程空間。」[17]如果造物者聆聽詩人的話，祂會創造出一隻會飛的烏龜，牠在藍天之上，帶走了土地的巨大安全感。

有必要進一步證明這些輕飄飄的家屋存在嗎？有一首路易．居由莫（Louis Guillaume）所寫的詩，題目叫〈風之屋〉（Maison de vent），詩人做著如下的夢：

喔，家屋！我很久以前建造了你
我帶來石頭，帶著每一個回憶
從海灘到你的圍牆頂端

64

而我看到，季節孕育著茅屋頂
你的屋頂像海洋般變動不拘
以雲彩為背景起舞輕揚
交織著它的炊煙

風之屋，一個呼吸就灰飛煙滅的居所。[18]

有些人會覺得奇怪，為什麼要這樣累積這麼多的例子？實在論的心智是固著的：「這些根本不可靠，無非是些徒勞無功的詩歌罷了！這種詩歌已經和現實失去了聯繫。」對講求實證的人來說，非現實的東西都一樣，其型態已經陷溺、沉浸在非現實性當中。而真正能夠擁有個體性的家屋，乃是現實的家屋。

然而，家屋的夢想者卻無處不看到家屋。對家屋的種種夢想，每一個都可視為胚芽，尚・拉侯許（Jean Laroche）在另外的地方這樣寫道：

16・尚・拉侯許（Jean Laroche），《夏的回憶》（*Mémoire et d'été*），Cahier de Rochefort 出版，頁九。
17・何內・夏爾（René Char），《狂熱與奧祕》（*Fureur et mystère*），頁四一。
18・路易・居由莫（Louis Guillaume），《如海般黝黑》（*Noir comme la mer*），Les Lettres 出版，頁六〇。

這朵牡丹是一棟寬鬆的家屋
每個在裡面的人都重新發現夜晚

這朵牡丹環擁著一隻入睡的昆蟲，給了牠一個紅色的夜晚：

每一個花萼都是棲息之所。

對於這樣的棲息之所，另一位詩人建造了永恆的住屋：

牡丹和罌粟，靜悄悄的天堂樂園！

尚．布賀德葉特（Jean Bourdeillette）在一行圍繞著無垠感的詩句中寫下了上面的句子。[19] 當我們如此貼近的夢到身處於一朵花的腔室當中，就像我們回憶起已經一去不復返的家屋中的生活時，我們融化在昔日的潮水中。只要是讀了下面這四行詩句，就不可能不進入一個永無止境的夢境：

房間凋謝了蜂蜜與緞花茶

抽屜在哀悼中打開
家屋加入了死亡之列
在一面褪色無光的鏡子裡。[20]

VI[21]

如果我們從這些充滿閃爍微光的意象，走入一些迫使我們回憶起我們更遙遠過往的一些堅實意象時，詩人便成了我們的導師。詩人們向我們多麼強烈地提出了證明，證明我們永遠失去的家屋，還持續活在我們內心裡。家屋在我們內心堅持著，以便再度存活起來，就好像期待成為我們存在的補遺：如果我們今天還能夠住在老家屋裡面，會是多麼棒的一件事！突然之間，我們的古老記憶會以為擁有怎麼樣的活現存在的可能啊！我們思忖著過去。過去沒有好好的生活在老家屋裡面的那種懊悔，充滿了我們的心，這種懊悔從往日迎面襲來，淹沒了我們。里爾克令人難忘的詩句，與我們痛其所痛，表達了這種沉痛的後悔，甚至於我們的痛都還比不上這些詩句所表現的戲劇性情感的

65

19．尚．布賀德葉特（Jean Bourdeillette），《手中星辰》（*Les étoiles dans la main*），Seghers 出版，頁四八。

20．頁二八，亦參見頁六四，關於失落家屋的追憶。

21．譯註：此節在原文即標示為VI，明顯與上一節的節次重複，為忠實呈現原著，故重複之。

深度：

喔！轉眼即逝的時光裡
未曾好好珍惜的那些地方帶來的鄉愁
我又是多久以前就想要把它們做好
那被忘掉的姿勢，那額外的動作。[22]

我們為什麼會這麼快就滿足於活在老家屋裡面的幸福呢？為什麼我們沒有去延長那些轉眼即逝的時光呢？在那樣的現實裡，有某些東西超越了現實，尚未被滿足。我們在那棟家屋裡做的夢並不夠。既然必須透過白日夢的手段，來重新取得它，我們就很難得到真正私密的關係。我們的回憶被事實所阻礙。在這些回憶之上，我們繼續回首傾聽著，我們想要讓我們被壓抑的印象和夢境，重新活起來，是這些印象和夢境，使得我們相信我們活在幸福當中，詩人說：

我究竟在哪兒失去了你，我被蹂躪的幻想啊？[23]

如果我們在我們的回憶當中重新取得了夢境，如果我們已經超越了只是在蒐集確切的回憶，那麼失落在時光迷霧中的家屋，就會一點一滴從陰影當中，現身出來。我們不需要重新組構它。在內在生活的甘美和不求精確之中，它自然會帶著私密感，復原它的存有。它就好像某種液體，蒐集到了我們的記憶，而我們自己被融化在這一瓶往日的液體當中。里爾克體驗到了這種交融的私密感。他談到了與失去的家屋共處的交融感（fusion）：「此後，我再也沒有看過這個奇異的居所。事實上，當我現在看到它，它出現在我童稚之眼的方式，根本就不是一棟建築，而是融化分解在我裡面，這裡一個房間，那裡另一個房間，這裡有一小塊迴廊，然而這迴廊，卻沒有連結這兩個房間，而是以片片斷斷、顛顛倒倒的方式，存在我裡面。因此，這整個東西是散落在我裡面，房間和樓梯以如此恭敬低姿態的，往下降；其他的樓梯，狹窄的升降機以螺旋運動的方式，往上升；我們在它們的朦朧當中前進，就像血液在血管中前進。」[24]

其實，有時候夢境會往回走得如此深遠，走進無以界定，不知何年何月的過去當中，在這樣一種夢境中，我們童年家屋的明晰回憶，似乎與我們隔了一層。這樣的夢境，攪亂了我們的白日夢，使我們開始懷疑，我們是否真的在我們所活過的地方生活過？我們的過去，位於他方，不管是時間或是空間，都孕育著一種非現實感。就好像我們寄居在一個混沌存有的未成形之境。而詩人和做夢者發現，他們所書寫的事物，其實也是形上學家透過沉思在做的事。譬如說，接下來就是一頁具體

66

22．里爾克，《果園》（*Vergers*），XLI。

23．安德烈・德・李梭（André de Richaud），《庇護權》（*Le droit d'asile*），Seghers 出版，頁二六。

24．里爾克，《馬爾特・勞里茲・布里吉手札》（*Les caheiers de Malte Laurids Brigge*），法譯本，頁三三。

的形上學，它把我們童年家屋的回憶，與白日夢重疊起來；這些白日夢引導我們到無以名狀、難以定位的存有區域，這種狀態是我們在生命當中，被驚奇的事物所擄獲的時刻。威廉・卦楊（William Goyen）寫道：「想像人們可能走進世界的一個地方，卻可能一開始對這地方無以名之，而且過去也從來不曾認識，就在這樣一個莫名而無所知的地方，他們可能漸漸長大，在其中遷移，直到他們知道這個地方的名字，並且懷抱著愛，來叫喚它，他們叫它『家』（foyer），而且他們把根紮在那兒，並且在那兒庇護他們的愛人；因此，每當他們談論這個地方的時候，他們就會唱起關於那個地方的思鄉曲，會寫下渴慕那個地方的詩句，就像一個戀愛中的人。」[25]機緣，把人這樣子的植物，播種在什麼樣子的土壤裡面，其實並不重要；重要的是，就在這樣的背景之上，人文的意涵生長了出來！反過來說，如果在回憶之外，直探我們夢境的根，在這種前記憶的狀態裡，就好像虛無在愛撫、在滲透著存有，就好像虛無在慢慢的為存有脫去一切的束縛。我們會問我們自己：是否曾經存在的東西，真的存在？是否種種的事實真的具有回憶所賦予它們的意涵？遙遠的回憶，只會藉由給予事實以幸福的意涵、幸福的光暈，來召喚它們。一旦這種意涵被抹除之後，這些事實也就蕩然無存。它們真的存在過嗎？某些非現實的東西，悄悄的滲入回憶的現實當中，而回憶其實是處於我們個人歷史和無以名狀的前歷史之間的灰色地帶，恰恰是在這樣子的一個灰色地帶，跟隨我們的腳步，童年的家屋走進了我們的生命來。卦楊讓我們瞭解了一點：在我們之前，童年的家屋其實無以名之。它是被失落在世間的一個地方。因此在我們空間的門檻上，在我們時間的斷代之前，我們其實是在對存有的取得與存有的失落之間徘徊。因而，整個回憶的現實，變得如魅影一般。

67

但是，在這記憶之夢的非現實中，在做夢者面對最具體的事物時，不也深深影響著做夢者；同時，也影響到他晚上回去時所面對的石頭家屋，以及他對世俗事物的想法嗎？威廉・卦楊很瞭解這種現實的非現實性（同上揭書，頁八八）：「這也就是為什麼經常在你回家的路上，在雨霧朦朧的路上踽踽獨行，那棟家屋就好像蓋在霧濛濛的氣體上，而這氣息是由你所吹出來的一口氣形成的。因而你會以為這棟房屋可能根本不存在，沒有什麼木匠的手建造了它，它過去根本也不存在，而它不過是你的一口氣息的想像所生，而這口氣是由你口中呼出來的，藉由吐出它的這樣的一口氣，同樣你也可以把它吹得灰飛煙滅。」在上面這樣的一個片段當中，想像力、記憶和知覺之間的功能產生了互換。這個意象由現實與非現實之間的合作而創造出來，不論是現實的功能，還是非現實的功能，都在這當中出了力。對研究而言，這不是一種對立選項的狀況，而是一種對立交融的狀況，邏輯辯證的工具在這兒是行不通的。因為邏輯辯證的工具只是把活生生的事物大卸八塊而已。但如果家屋具有活生生的價值，它就必須要整合非現實。所有的意涵都必須要保持微微顫抖（trembler）的狀態，只有這樣子的意涵，才不是已經將死了的意涵。

當兩個獨特的意象相遇，這兩個意象是兩個詩人各自在追求兩個不同的夢境時所產生的作品，它們似乎會加強彼此的力量。兩個特殊的意象的這種聚合作用，在現象學的研究、校對之下，產生

25・威廉・卦楊（William Goyen），《氣息之屋》（*La maison d'haleine*），闕德侯（Coindreau）法譯，頁六七。

了交互印證的效果。意象不再是毫無根據。想像力的自由運作不再是無政府狀態。就此而言，在《氣息之屋》中卦楊所用的意象，讓我們更接近我在《土地與休憩的夢想》這本書中所用的意象（頁九六），在寫這本書的時候，我們還不曾把它與這個意象關聯起來。

皮耶·賽傑（Pierre Seghers）寫道：

我在家屋裡，獨自叫喚一個名字
沉默和牆壁回應我
一棟陌生的家屋，迴盪著我的聲音
有風兒棲息其間。
我杜撰了它，我的手畫了一朵雲
一艘天界之船在森林的上空
霧氣消散不見
在意象的遊戲中。

為了能讓這棟家屋在風與霧中被建造得更好，詩人說，必須要：

……一個更洪亮的聲音

以及發自內心與話語的藍色馨香。26

如同氣息之屋一般，氣音（souffle）與聲音（voix）之屋也具有一種在現實與非現實交界之處的意涵。無疑的，在這樣一個抖音振盪的地帶，一顆實在論的心智，還是能夠安頓在其中的。但是對於以喜樂之情在想像和讀詩的人來說，當他能夠聽到失落的家屋，在兩個音域上產生迴聲的時候，這真是一個值得銘記在心的日子。對於那些懂得如何去聆聽的人來說，老家屋不正是一種迴聲的幾何學？在大房間和在小臥室裡面，往日時光所共鳴出來的聲音是不一樣的。而樓梯上的叫喚又是另外一種迴盪。在這最難以追回的回憶當中，遠遠超過了任何圖繪式的幾何學；我們必須重新掌握到光線的音調，然後是空房間裡繚繞的甜美氣味，它們在家屋的記憶當中，為每個房間打上了氣息的印記。更進一步說，可能可以回復的不僅僅只有聲音的音色，「那些曾被珍愛但如今已消散的聲音所產生的變調，」我們還有可能恢復其在聲音之屋裡每一個房間之間的共鳴嗎？就在這種記憶的極度繁瑣細節中，我們能夠要求孤獨詩人創作出纖細的心理文獻。

26．皮耶．賽傑（Pierre Seghers），《公開領域》（*Le domaine public*），頁七〇。比起我們在一九四八年所做的，我們可以進一步引用它，因為我們讀者的想像力已被我們從威廉．卦楊書中所感受到的日夢所觸發。

VII

有時候，未來的家屋與所有過去的家屋比較起來，可能蓋得更結實、更明亮、更寬敞。夢的家屋（maison rêvée）的意象因而與兒時的家屋（maison natale）的意象形成對比。在長大成人之後，我們會帶著不屈不撓的勇氣說：我們將要做一些我們還沒做過的事情。我們將要蓋一棟家屋。這棟夢中的家屋，可能只是關於所有權的一個夢，這個夢讓我們想把別人心目中所認為方便、舒服、健康、結實，甚而令人想望的所有事物，都把它聚合在一起。它必須同時滿足我們的自大和理性，但這兩個詞其實是互不相容的。如果這些夢實現了，它們就不再屬於目前的研究領域，而是屬於投射心理學的研究領域。然而，我們已經說過很多次，對我們來說，投射是一種短線的、小幅度的夢境譫妄。當心智在那兒自由發揮的時候，靈魂卻找不到它在那兒的開闊生命。或許讓我們心裡保有一些以後將要進住的家屋之夢，是一件好事情；但永遠是以後，那麼的以後，而其實我們將沒有時間來實現它。一棟家屋會成為最後的（finale）家屋，與我們所誕生的家屋相對稱，它會導引我們產生一些沉重、悲傷的想法，而不是夢境。能夠活在一種暫時的狀態，會比活在一種確切了結的狀態當中來得好。

下面這段軼事，提供了不錯的建議。

這段軼事是康伯農（Campenon）所說的，他曾經和詩人杜西斯（Ducis）討論詩藝：「當我們讀到這樣的小詩，它寫的是他的家，他的花圃，他的花園廚房，他的小樹林，他的酒窖；我總會忍不住打趣的評論道：一百年之後，他必須要冒一個危險，他等於是要考問他的評論者的腦袋。他開始笑，並且告訴我，在他很年輕的時候，他就癡心妄想著，要在鄉下有一棟家屋，裡面有個小花園，他曾經打定主意，在七十歲的時候，讓自己不用掏腰包，就迫使別人因為他的詩人權威，而送他這樣的房子。於是，他開始擁有這棟家屋，由於那種擁有的吸引力，漸漸增加；後來，他又加上了他要花園，還要小樹林等等。這一切的一切，只存在他的想像之中，但是這些小小的幻想中的擁有，在他的眼睛裡面，卻如此的實在，這也就足夠了。他談論著這些夢，並且從中得到了快樂，就好像它們是真的一樣；而他的想像力是如此的強而有力，在這樣四月、五月天，多霧的夜晚，我們突然發現了他對於他的馬利港（Marly）葡萄園現狀的不滿。

「談到這一方面的時候，他告訴我，有一個很正經、很老實的鄉下人，在報紙上讀到了關於他頌揚他自己莊園的抒情小品之後，就寫了一封信給他，說他可以當他的管理員，並附帶聲明，他要求的只是有一個地方可以住；薪水隨意。」

四處為家，卻沒有任何地方關得住我，這就是居住的夢想者的座右銘。在最終的家屋和就像在現實的家屋裡，住在當中的白日夢左右為難。我們必須對他方的白日夢（rêverie de l'illeurs）永遠保持開放。

把住進夢想之屋中的作用，等同於搭火車旅行，這會是一項多麼優秀的練習！這段旅行慢慢放映著一段家屋的影片，裡面有夢想的家屋、被接納的家屋、被拒絕的家屋……我們不會想要停下來，不會像我們開車的時候那樣，突然跑出想要停下來的念頭。我們會深深沉浸在白日夢裡，並且會很正常地禁止自己去證實這些夢。由於害怕這種旅行的態度只是我自己的一種輕微癲狂狀態，我想從梭羅的日記當中，引用一段文字，那是一八五〇年十月三十一日所寫的：

「面對所有我所碰到的鄉間孤單家屋時，我告訴自己，我其實可以很滿足的在裡頭過生活，我看到它們的優點，而毫無缺點。我還沒有想要把我單調的想法，我無聊的生活習慣，放到這樣子的孤單家屋裡去，破壞鄉間的風景。」不久之前（一八六一年八月二十八日），對於他在鄉間所碰到那些家屋，透過對這些家屋的幸運擁有者的遐想，梭羅說：「我只要有眼睛看到你們所擁有的那些事物就夠了。」[27]

喬治．桑曾經說過，我們可以用一種方法來分類人，看他們是渴望住在一棟農舍裡，還是皇宮裡。但是問題可能比這要複雜得多：當我們住在一棟莊園領主的大宅第裡面時，我們就夢想著一棟農舍；而當我們住在一棟農舍裡的時候，我們又夢想著住在宮殿。儘管如此，我們都會有我們的農舍時光和我們的宮殿時光。我們降格下來緊靠著土地而生活，緊靠著一棟農舍的地板，然後就會想要從一棟西班牙的城堡裡君臨天下。而當閱讀帶給我們無數棲居的場所時，我們會知道如何讓農舍和豪宅之間的辯證，在我們內部得到迴盪共振。聖—伯．胡思（Saint-Pol Roux）這位偉大的詩人體會到這點，他的書《內在仙境》（*Les féeries intérieures*），包含了兩個故事，足以讓我們對照兩個不列塔尼的圖象，將世界折疊成雙倍。從一個世界到另一個世界，從一個住屋到另一個住屋，夢來來去去。第一個故事的標題是「向農舍說再見」（頁二〇五），而第二個故事的標題是「鄉紳與莊稼漢」（頁三五九）。

現在來到了農舍（chaumière）。農舍打開了它的誠心和靈魂：「在晨曦微光中，你那石灰粉牆清新如洗的存在，打開雙臂迎接我們：小孩子感覺到他們走進了一隻鴿子的心房裡，而我們馬上愛上了那階梯，你的樓梯。」詩人在其他地方又敘述了這個農舍怎麼樣豪邁地散發它鄉野的人情味和友善。這棟鴿子般的家屋是一艘讓人賓至如歸的方舟。

然而，有一天聖─伯．胡思離開了農舍，要去一座領主的大莊園（manoir），根據帖歐菲勒．布利洋（Théophile Briant）的說法：「在走向奢華和傲慢之前，他那聖方濟修士式的靈魂不斷悲嘆，而他在羅思坎維爾（Roscanvel）家族的門楣之下，躊躇遲疑了好一陣子，」布利洋引用了他下面的詩句：

「最後一次，農舍，讓我親吻你謙卑的牆壁，直到牆壁的陰影當中摻雜了我悲哀的顏色……」[28]

卡馬瑞家族（Camaret）的大莊園，詩人將去生活的地方，這莊園無疑是一個詩意的創作，它是徹頭徹尾的一個創作，它乃是詩人夢中城堡的一個實現。聖─伯．胡思首先在海邊買下了一棟漁夫的小農舍，這棟農舍面對海洋，座落在山丘的頂點，不列塔尼半島上的住民，把這個小丘頂點叫做涂林閣之獅（Lion du Toulinguet），透過一位朋友的幫助，這位朋友是一位砲兵軍官，他開始著手繪製一棟大宅第的藍圖，這棟豪宅有八座塔樓，處於中心的那座塔樓，就是他剛剛買下來的那棟房子。

27．亨利─大衛．梭羅，《森林裡的哲學家》（*Un philosophe dans les bois*），米休、大衛合譯本，頁六〇、八〇。

28．帖歐菲勒．布利洋（Théophile Briant），《聖─伯．胡思》（*Saint-Pol Roux*），Seghers 出版，頁四一。

一位建築師對這詩意的計畫做了一些修正，於是這棟中心是小農舍的大城堡，就被建造了起來。

帖歐菲勒．布利洋告訴我們（同上揭書，頁三七），「有一天，為了要告訴我這個小小卡馬瑞『半島』的整體輪廓，聖－伯．胡思拿了一張活頁紙，他在上面畫了一座石頭金字塔，還把風造成的影線（hachures）以及海中的浪花波紋都畫了出來，他在紙的下方寫道：『卡馬瑞是在風之中、在詩與之上的一顆石頭。』」

稍微往前幾頁，我們曾經討論過，氣息的家屋和風之家屋的歌唱所帶來的詩歌。透過這樣的詩歌，我們似乎已經得到了隱喻的終極境界。而在此，我們看到詩人依循著這些隱喻所做的工作草稿來建造他的家屋。

如果我們開始在風車的圓錐形屋頂之下沉思的話，我們就會發現，我們自己其實也耽溺在類似的白日夢中。我們會感覺到它的陸棲特性，並想像它是一棟原始的茅屋（hutte），由泥巴堆砌起來的原始茅屋，穩穩的建在土地之上，以便抵抗那風。因此，在一個廣闊浩大的綜合中，我們應該會同時夢見一棟有翅膀的家屋，在細若游絲的微風中嘎嘎作響，精煉著風的能量。磨坊的主人其實是風的小偷，他透過風暴製造出上等的麵粉。

在《內在仙境》的第二個故事裡，聖－伯．胡思告訴我們，他如何過著一種農舍生活，同時又是卡馬瑞莊園豪宅的領主。或許農舍和豪宅之間的辯證，從來沒有這麼直接、這麼強而有力的被顛倒過。「當我穿著我的包鐵木鞋（sabot）站定在門階的第一個踏板上時，我很猶豫要不要從我粗魯不文的村夫之蛹中破蛹而出，顯現為領主。」[29] 接下來在三六二頁他寫到：「我那通權達變的天性，很快就適應了這種屬於老鷹的幸福，從高處君臨著市鎮和大海。在這種幸福當中，我的想像力分毫不差地賦予了我優越感，讓我對一般事物和其他人帶有了點霸氣。很快的在我的自負沖昏頭之下，我忘掉了我其實是個鄉下來的暴發戶，而這棟莊園大宅第的根本存在理由，是透過反面的方式讓我真正的能夠去瞭解什麼叫做小農舍。」

對他來說，「蛹」（chrysalide）這個字在這裡的意義是不能弄錯的。兩個結合在一起的夢，這個二合一的夢，是同時在顯示存有的休息狀態與高飛躍進狀態，是夜晚的結晶，也是白晝展開的翅膀。在長了翅膀的大宅院的身體裡，主宰著城鎮和大海、主宰著人和宇宙，它保持在一個小農舍的蛹的狀態，以便能夠獨自蜷縮在其中，蜷縮在全然的休息當中。

如果我們參考巴西哲學家盧修．阿爾柏脫．平海羅．多．桑多士（Lucio Alberto Pinheiro dos Santos）的作品，[30]我們曾經說過，只要仔仔細細的檢查生命的韻律，從宇宙強加給我們的巨大韻律，一直到人類最敏銳的感性韻律，我們很有可能建立一種韻律分析（rythmanalyse），這種方法能夠把精神分析師在苦惱心靈中所發現的矛盾情感加以調和，讓它變得輕鬆幸福。如果詩人所說的是真的話，那麼輪流出現的日夢，就不再會是彼此的競爭對手。小農舍與大豪宅這兩種極端的現實，在聖－伯．

29．聖－伯．胡思（Saint-Pol Roux），《內在仙境》（*Les féeries intérieures*），頁三六一。

30．參考《綿延之辯證》（*La dialectique de la durée*），P.U.F. 出版，頁一二九。

胡思所展現的脈絡裡，可以視之為我們對於退隱和對於擴張的需要，我們對於簡樸和對於華麗的需要。我們在這裡體會到一種居住作用的韻律分析。要睡得安穩，我們並不需要睡在一個大房間裡。要工作得愉快，我們也並不需要在一間小陋室裡工作。但是要夢到一首詩然後把它寫下來，我們卻同時需要兩者。而正是對於創造性的心靈，韻律分析顯現其用處。

因此，夢的家屋必須要擁有每一種特性。不論擁有多大的空間，都必須同時是一棟小農舍、一棟鴿舍、一個巢穴、一個蛹。私密感需要有一顆巢穴的心。為伊拉斯謨斯（Érasme）寫傳記的人告訴我們，「他在他的精緻家屋裡要找一個小小的落腳處找了很久，以便他能夠在那個地方，放鬆他小小的身體而感覺到安全無比，最後他把自己關到一個房間裡面，直到他能夠呼吸到一種烤透了的空氣（air cuit）為止，他需要的是這種空氣。」——[31]

而又有多少的做夢者在他們的家屋、在他們的房間裡尋找，尋找一件合身的衣服。

但我要再重複一次，巢穴、蛹核或是衣服，都只構成一個住屋的某個環節。如果更專心於休息養身，在蛹之中做更深的韜光養晦，存有所呈現者越是別樣的存有，那麼它的擴張幅度也就越大。依我們來看，當讀者看過一個又一個的詩人，如果他聆聽到舒貝維葉（Jules Supervielle）邀請整個宇宙經由所有敞開的大門、窗櫺回到家屋裡面來，讀者就會更因為自己的想像力而動力十足。

所有造成樹林、河流或空氣的東西
在這些自以為圍出了房間的牆壁之間都有其位置

快一點趕過來，跨越海洋的驛道
我只有一方蒼穹為屋頂，屋頂之下會有你的位置。

家屋是如此全面的歡迎來者，即使只是從窗戶所看到的東西都屬於它：

73

山岳的身軀在我的窗戶之前遲疑不定：
「如果我們是山，我們怎麼可能進得去呢？
如果我們長得很高，帶著巨岩、石礫，
如果我們是一片被天空改造過了的土地？」[32]

從一棟向內凝聚的家屋走向一棟向外擴張的家屋之後，我們察覺到了韻律分析的方法，其振幅四處迴響而且越來越大。就像舒貝維葉一樣，許多偉大的做夢者都自稱與世界有親密感，然而他們是透過家屋才學到這種親密感的。

■

31．安德烈．薩格流（André Saglio），《名人的家屋》（*Maisons d'hommes célèbres*），巴黎，一八九三年，頁八二。
32．尤勒．舒貝維葉（Jules Supervielle），《不知名的朋友》（*Les amis inconnus*），頁九三、九六。

VIII

舒貝維葉的家屋是一棟渴望著要看的家屋，對它來說，看到了就等於擁有。它看這個世界，擁有這個世界。就像一個貪心的小孩，他的眼睛比他的胃要來得大。它為我們帶來了那些被誇大過的意象其中的一個，對一個想像力的哲學家來說，他必須在理性批判前，帶著微笑注意到這一點。

但是，在這些想像力的假期之後，我們必須要回頭面對現實。我們必須討論陪伴著家務活動的日夢。一直保持著警醒注意著家屋，家務活動把家屋當中剛剛過去的事情和馬上到來的事情連結在一起，家務活動維持著家屋的存在安全感。

但是家事工作怎麼可能變成一種創造性的活動呢？

我們一旦把意識的微光運用在一個機械性的姿勢，或者我們用現象學來擦亮一件老傢俱的時候，我們會感覺到在這種熟悉的家庭義務當中，有新的印象跑了出來。意識會讓萬事萬物恢復朝氣。它能夠給最日常行之如儀的動作帶來一種煥然如初的感覺。意識主宰了回憶。如果真的變成機械動作的創造者，那有多奇妙啊！因此，當詩人在擦一件傢俱，即使只是幫別人擦，當詩人用棉布把一小塊香蠟抹在他的桌子上，而使他所碰觸到的每一件東西都變得溫暖起來，他就創造了一個新的物件，他提昇了這個客體的人性尊嚴，他將這個客體銘寫成為人類家屋中的一份子。昂利．博斯科寫道：「在手的壓力和棉布所帶來的溫熱效果中，軟蠟慢慢滲入了被擦拭過的東西。慢慢的，托盤產生了一種曖曖的光輝。就好像從百年的軟木質當中，從已經死去的樹的最核心之處，透過有磁性的

74

擦拭而誘發出來光輝四射，這光輝慢慢的散放，以光的形式覆蓋了這個托盤。充滿了德性的老手指、寬大的手掌為遲暮的配件和了無生氣的纖維帶來了生命的潛力。這就是對一個客體的創造，是承諾所生的作品，它就發生在我那對讚嘆的眼睛之前。」[33]

物件以這種方式被珍惜，其實是來自親密光線的作用，在這種光線之下，物件與其他無關痛癢的物件，或那些被幾何現實所建立的客體，獲得了更高的真實性，因為它們創造了一種新穎的存在現實，它們不只是在一個系列當中取得了自己的位置，更是在一個有條不紊的共同體中找到了定位。從房間裡的一個物件到另一個物件，家事工作的照料和管理編織出種種的聯繫，把十分古老的過去和當下的時光整合在一起。家事工作喚醒了沉睡中的傢俱。

如果我們走到了夢境被誇大得無以復加的極限時，我們就能在用以維持生活的家務照料中，體會到一種建構家屋的意識，將家屋的存有彰顯得非常清楚。一棟家屋在受照料管理之下發光，就好像是從內部被重新建造，就好像是它從內部煥然一新一樣。在傢俱與牆壁的親密和諧當中，我們可以說，我們終於意識到一棟家屋是由女性所建造的。男性只知道怎麼樣從外部去建造一棟家屋。而他們根本很少瞭解怎麼樣為文明上光上蠟。

這種把日夢想整合到工作之中，把我們最遼闊無邊的夢想整合到最卑微低下的日常工作當中

33．昂利．博斯科，《雅欽的花園》（*Le jardin d'Hyacinthe*），頁一九二。

去，這方面的整合，有誰比得過昂利．博斯科筆下所描述擁有偉大心靈的老忠僕喜多瓦娜（Sidoine）？「這種追求幸福的使命，完全不妨礙她的實際生活，因而也滋養了她的行為。當她在清洗一張床單或一片桌布時，當她在擦拭一座黃銅燭臺時，她從心裡浮現出一些小小的喜樂感動，這消除了家務工作造成的疲憊，讓她充滿了朝氣。不等這些家事工作做完，她已經沉浸到自己的內心世界，在那兒，她可以滿心歡喜的沉思著種種超自然的意象。事實上在這個內心世界所出現的形象，是她最熟悉的工作，是她日常最普通不過的工作。而她一點都沒有在做夢的樣子，她在眾天使的陪伴之下洗東西、除去灰塵，四處打掃。」[34]

我曾經讀到一本義大利的小說，裡面有個清道夫，他以收割者的堂皇姿態揮動著他的掃帚。在他的日夢裡，他正在一片柏油上面的想像田野中收割，在一片真實自然的廣闊田野當中，他重新回到了他的年少時代，收割者在晨光之中所從事的偉大志業。

那麼，與精神分析對詩意象的「組構」（composition）所做的界定比較起來，我們應該需要更純粹的「試劑」（réactifs）。更純粹的測定方式，需要由詩歌帶領我們進入微量化學（micro-chimie）的領域。而摻雜了那些精神分析師老套詮釋的劣等試劑，會讓原本的溶劑被搞混了。沒有任何現象學家在重新體驗舒貝維葉邀請山岳從窗戶走進家屋的時候，會將這視為性慾方面的畸形產物。這不如說是面對了純粹解放、絕對昇華的詩意現象。意象不再是由事物主宰，它也不再臣屬於潛意識的推力之下。它漫天飛舞，飄搖在偉大詩歌的自由氣氛中。透過詩人的窗戶，家屋與世界交換著廣大的浩瀚感（immensité），就像形上學家喜歡說的，人類的家屋就是人類向世界開敞的家屋。

同樣的道理，現象學家如果要追隨著婦女透過日常的擦拭保養而建立起家屋，就必須要超越精神分析師的詮釋。我在稍早的著作當中，[35]自己都被這些詮釋所深深吸引。但我現在相信，我們可以更深入，我們能夠感覺到人類如何可能將自己更投入在事物當中，經由讓事物的美麗更加完善，而使得事物成為人類存有的一部分。只要讓它多一分美麗，事物就會改頭換面；稍微再美一些，事物就會完全改變。

在此，我們又碰到了每一個習慣行為在初始階段所產生的弔詭。透過家事工作照顧家屋，在新穎、原創方面（originalité）的恢復，比不上對於其原初狀態（origine）的恢復。如果在每個早晨，家屋中的每件東西都可以透過我們的手令其重生一遍，那麼透過我們的手可以「長出」（sortir）多棒的一種生活啊！梵谷（Van Gogh）在寫給他弟弟西奧（Théo）的一封信中，告訴西奧應該要「保留魯濱遜·克魯梭（Robinson Cruso）原始性格當中的某些東西。」（頁二五）自己動手做每件事情，重新裝修每個東西，為每個物件創造出一種「額外的姿態」，為已經擦乾淨的鏡面再擷取出另外一塊小平面，所有的這一切，都是想像力讓我們感受到家屋的內在成長之中所給予我們的恩惠。若要保持積極的一天，我會不斷的對自己說：「每天早晨我必須要想到聖人魯濱遜。」

34．同上揭書，頁一七三。
35．參見《火的精神分析》。

當一個做夢者透過他對一個物件的關懷，而重構了這個世界，我們就能夠相信生活中的每一件事物對詩人來說都是一個胚芽。下面要引用里爾克所寫的一大段文字，雖然有一點累贅，但是他卻讓我們感到了一種天真的簡樸。

里爾克在《寫給一位女音樂家的信》這本書當中（法譯本，頁一〇九），他寫信給邦文努塔（Benvenuta），那時候里爾克的清潔婦不在，所以他曾經自己擦拭保養他的傢俱，「當我突然沉浸在我古老的激情當中時，我在孤獨當中真是棒透了。你應該要知道，這無疑是我最偉大的童年激情，也是我第一次接觸到音樂。而我們的小鋼琴在我的除塵撣子的裁判之下，成了少數願意把自己變成以這種方式來作用，而且還樂此不疲的物件之一。在熱心的抹布之下，它突然開始發出金屬轟轟作響的聲音……而它那細緻的深黑色表面變得越來越美麗。只要你經歷了這種狀況，你就會明白一切！單單必備的服裝就令人感到自豪：它是一件寬大的工作裙和一雙保護巧手的耐洗仿麂皮手套，這些物件的友善姿態讓我的反應在優雅殷勤當中沾染了一分頑皮，這些東西似乎很樂於這樣子被好好對待，如此斤斤計較著要改善得更好。我必須要承認，即使是到今天，我身邊的種種傢俱都變得更明亮，而我的工作桌深沉的漆黑表面在它的周遭當中顯得特別出眾，我卻剛剛才察覺到這個房間的大小，並且越來越清楚的反省到：它的白灰色、接近正方形的格局，噢！是的，我覺得被感動了，就好像發生了某件事情，說真的，並不是純粹表面的一些事，而是巨大無比的事，它感動了我的靈魂深處：我成了一個為老人洗腳的帝王，我成了在修道院裡洗碟子的聖波那文都拉（Saint Bonaventure）。」

76

當邦文努塔告訴我們「在里爾克小的時候，他的媽媽強迫他去擦拭傢俱，還有做一些別的家事」，這時候邦文努塔對上述那些插曲的評論，[36]已經有點把這個文本弄僵了。但是，我們不由得感覺到里爾克的這個片段充滿了一種勞動的鄉愁，我們也瞭解到這是不同的心理年齡在心理文獻方面的一個累積，因為幫助他媽媽的快樂，在此讓存有的榮耀更變成了一種俗世的偉大，也就是為窮人洗腳的偉大。這整個文本中有一種複雜的情操，它連結了殷勤有禮與頑皮淘氣，它連結了謙遜自抑與積極行動。接下來還有一個令人激賞的句子：「我處於華麗的孤獨中！」就如同我們處在所有真實行動的原初狀態時的孤獨，我們並不「必須」去進行這樣的行動，而這正是輕鬆自在的行動所引發的奇蹟，正是這些輕鬆自在的單純行為，把我們安置在行動的原初狀態中。

如果跳出它的脈絡，上面這一大段引文，對我來說只是為了好好測試讀者的興趣。有些人可能會輕蔑它或感到奇怪，究竟什麼人會對此感到興趣。可是就是有某些人對它們產生了一種曖昧的興趣。它們終會顯得栩栩如生、效果宏大而且令人鼓舞。因為它不是為我們所有人提供了一種方法嗎？這方法能夠經由強力綜合在房間中生活的所有經歷，綜合在房間中每一件向我們散發著友誼的傢俱，來提高我們對於房間的意識。

在這段文章裡，作家不正是擁有十足的膽識，敢於去冒犯那種禁止吐露「瑣碎心事」的檢查制

36．邦文努塔（Benvenuta），《里爾克與邦文努塔》（*Rilk et Benvenuta*），法譯本，頁三〇。

度嗎？但是當我們認識到這些瑣碎事物的重要性，當我們可以把我們個人的日夢附加在作者那些「瑣碎的」回憶上的時候，這種閱讀是多麼愉快啊！那麼，瑣碎無意義，就變成了一種對於私密意義極端敏感的一種標誌，是這些私密的意義在作者與讀者之間建立了心靈上的共同體。

而當我們可以告訴自己，除了那副仿麂皮手套之外，我們也經歷了與里爾克活過的同樣的時光時，在這些回憶之中，是多麼的甜美啊！

IX

所有偉大而簡單的意象都在透露一種靈魂狀態。而家屋要比地景更接近一種「靈魂狀態」（état d'âme）。即使它看起來是從外在被重新創造，它也在顯示著私密感。一般的心理學家，尤其是弗杭絲瓦．閔柯斯卡（Françoise Minkowska），她與那些在這個主題上被她成功引起興趣的人，他們研究了小孩所畫的家屋。我們甚至可以用這些畫的家屋來做測驗。而這種家屋測驗的好處，是它接受自發性，因為很多小孩在自動自發畫家屋的時候，他是用手上的筆在夢一間家屋。此外，巴利芙夫人（Mme Balif）說：「要一個小孩子畫他的家屋，就是在要求他透露他最深沉的夢中願意讓他的幸福得到庇護的地方。如果他很幸福，他就會畫出一個溫暖舒服受保護的家屋，這棟家屋會蓋得很穩固，它的根基會紮得很深。」它也會擁有很不錯的外型，而幾幾乎乎就會有一些痕跡透露出它親密的力量。巴利芙夫人又說，顯然在某些繪畫裡面，「它的室內很熱，有一堆火在燃燒，這樣一堆熊熊的

78

火，事實上可以被視為想從煙囪逃走。」[37]當家屋充滿著幸福的時候，輕煙會在快樂中緩緩的繚繞在屋頂之上。

然而如果這小孩並不幸福，家屋就會呈現一些他的苦惱的痕跡。弗杭絲瓦・閔柯斯卡策劃了一次非比尋常的動人畫展，是在上次大戰德國佔領期間，經歷過佔領的那些波蘭和猶太小孩所畫的。有一個小孩每次碰到警報，他就會躲在一個小壁櫥裡面，而那些可怕的時光雖然已經過去很久，但他卻持續的畫著狹窄、寒冷、封閉的家屋。這就是弗杭絲瓦・閔柯斯卡稱為「停止不動的家屋」（maisons immobiles），這些家屋硬邦邦的在那兒一動也不動，「這種硬邦邦動也不動的狀態呈現在它所冒出來的煙以及它的窗簾上。家屋周圍的樹木都非常的筆直，而讓人覺得它們在看守著那棟家屋。」（同上揭書，頁五五）弗杭絲瓦・閔柯斯卡知道，一棟活的家屋並不是真的「動也不動」。它是透過進入到家門裡面來的那個人，來整合種種動作的。通往家屋的小徑，通常都是一條上坡路。有時候它歡迎來客。無論如何，它總是具有某種運動的要素（kinesthétiques）。如果我們要為此做一次羅夏克（Rorschach）墨漬測驗的話，我們會說家屋具有偏「K」（運動）的性質。

對於像弗杭絲瓦・閔柯斯卡這樣優秀的心理學家來講，只要有些細節，就足以讓她找出家屋的

37・《從梵谷、秀拉到兒童畫》（*De Van Gogh et Seurat aux dessins d'enfants*），教育博物館一項展覽的圖解導覽手冊（一九四九年），由閔柯斯卡（Françoise Minkowska）博士評論，巴利芙夫人（Mme Balif）的研究論文，頁一三七。

作用。一棟八歲小孩所畫的家屋，門上「有一個球型的把手，人們走到屋子裡面去，他們生活在裡面。」它不僅僅只是一棟被建造出來的家屋，「它也是一棟居處於其間的家屋。」很明顯的，圓球形的門把具有功能上的意義。這是一個有運動感覺的符號，在比較「刻板的」(rigide)小孩的畫裡面，這個符號經常會被忘記。

雖然我們注意到門上的「圓球手把」畫得不太符合家屋的比例，但對它的作用的關懷，超過了對它的大小的關心。它表達了開門的作用。只有邏輯心智的人才會抗議：它是用來開門的，也是用來關門的。就價值意涵的領域來說，一把鑰匙在鎖門的價值上要超過其用以開門。圓球型的門把通常是被提到開門，而比較少說它是用來關門。而與開門比起來，關門的身體動作總是比較尖銳、堅定而簡短。像弗杭絲瓦·閔柯斯卡這樣，能夠審慎斟酌這當中的細緻差別，我們才會變成家屋的心理學家。

CHAPTER three

第三章

抽屜・箱匣與衣櫥

I

79 每當一位大作家帶著貶意運用一個語詞時，我總是感到一種語言上的小小衝突和苦惱。首先是那些語詞，所有那些在我們日常生活裡的語言，讓人肅然起敬地工作著的語詞。然後是那些常用字，那些與家常俗事緊聯的語詞，並不因此失去了它們帶有詩意的種種可能。柏格森談到「抽屜」這個語詞的時候多麼輕慢！這個詞好像變成了一個用來論戰的隱喻。哲學家下指令、做判斷，他總是用同樣的方式下判斷，而且向來不怎麼喜歡關於抽屜的論證。

這恰恰是一個好例子，用以說明意象（image）與隱喻（métaphore）的差異。在回到對私密感意象的探索之前，我們應當堅持這當中的差異。我們將要探索這些與抽屜、箱匣相繫的私密意象，它們與枷鎖的偉大夢者——人類，封閉及掩蔽其祕密的所有小箱匣、小祕室緊緊相繫。

在柏格森的著作中雖然有著極其豐富的隱喻，分析到最後卻會發現，他所運用的意象非常有限。對他而言，想像力彷彿完完全全只是做為隱喻之用。隱喻用來給予難以表達的事物一個具體的表現之用，總是和與之有異的心理存有密切相關。而意象做為純粹想像（Imagination）的產物，如今卻變成與其做為想像之存有者的相反之物。稍後當我更深入地比較意象與隱喻的差異時，我們會明白，隱喻無法以現象學進行研究，也不值得花費精力去做，它根本不具現象學的價值。尤有甚者，它是
80 一個**偽意象**（image fabriquée），沒有深切、實在與現實的根源，隱喻是個轉瞬即逝的表達方式。它是，也應該是曇花一現的，用過一次後就死去的東西。我們因此必須要小心翼翼，不要花太多腦筋在它

身上，令人擔心的是那些把隱喻讀了進去，卻沒有好好想過的人，然而，柏格森有關抽屜的隱喻，卻已成功抓住了多少的跟隨者！

與隱喻相比之下，我們應該殫精竭慮地閱讀一個意象，因為它是存有的賜予者。做為絕對想像的純粹產物，意象，事實上是存有的現象（phénomène être），也是言說存有者（être parlant）的特有現象之一。

II

如同我們知之甚詳的，**抽屜**隱喻以及其他如「成衣」（l'habit de confection）的同類隱喻，都被柏格森引用來告訴我們，概念先行的哲學有多不足。概念即是**抽屜**，用來為知識分門別類；概念也是成衣，抹消了所有經過體驗的知識所具備的獨特樣態。在範疇的眾多傢俱中，每個概念都有其抽屜。由於概念即為已經分類的思想，依其本身的定義，在此成了僵化的思想。

我必須指出柏格森哲學中關於抽屜隱喻的若干段落，以顯示其論戰的性格。

在《創造演化》（*L'Évolution créatrice*）（一九〇七，頁五）裡我們讀到如下的文字：「就如我們先前試圖證明的，記憶（mémoire），不是把回憶分裝在檔案抽屜裡的分類機，也不是把它們寫在分類卡上的登錄機。根本就不存在所謂的登錄本或抽屜櫃……」[1]

在面對任何一個新事物時，理性每每問道（《創造演化》，頁五二）：「這個新玩意兒屬於哪一古老範疇？該放在哪個準備好的抽屜裡？或者該買哪一件已剪裁好的外套披在它身上？」當然，不管是哪一件，對貧困的理性主義者來說，只要是成衣就可以遮起一切。一九一一年五月二十七日，在第二次牛津研討會裡（稍後在《思考與運動》（*La pensée et le mouvant*，頁一七二中也同樣提到），柏格森展示了意象的貧乏，因為「她們在腦中到處都是，不過是些為了儲藏過往碎片而存在的貯物盒子。」

柏格森認為（同上揭書，頁二二一），在《形上學導論》裡，康德眼中的科學只是「盒子框框套盒子框框」。

在他所寫的一九二二版《思考與運動》評論中，隱喻再度糾纏著哲學的精神，這個評論可以一言以蔽之地說明他的哲學。他重申（二十六版，頁八〇），記憶中的字詞並不存放在：「大腦的抽屜或任何抽屜裡。」

如果腦袋裡真有一格格的抽屜儲存記憶，我們可以證明[2]，當代科學中的概念發明創造活動，乃是科學思想演化所需要的，這種演化遠比那些柏格森所謂的「互相套用」的簡單分類來得重要。為了站在當代科學中概念化傾向的哲學對立面，「抽屜」的隱喻在此只是一個用以論戰的粗糙工具。我們當前的問題是區分隱喻與意象，上述是一個讓隱喻變得生硬，讓意象的自發狀態喪失殆盡的例子。這種狀況，在簡化的柏格森哲學中，尤其明顯，檔案櫃分類抽屜的論戰式隱喻一再出現在基本陳述之中，以便顯示刻板化的觀念。在聽到類似的說法時，就可以預見，抽屜隱喻將會隨之出現。

當我們預感到了隱喻，也就是想像力失去關聯的時候。這個抽屜隱喻只是一個粗糙的論戰工具，和其他那些難於改變它的同類隱喻，它們使柏格森主義者與知識哲學的論戰變得機械化，其反對的對象，柏格森本人曾用「枯乾的理性主義者」這樣的封號給予草率論斷。

III

這些驟下論斷的評語，剛好證明了隱喻僅僅是一個表述上的偶然，從中發展出某種思想無疑是危險的。隱喻即是虛假的意象，因其不具有表達中創造性意象的真正本質，這些意象形成於說出的日夢中。

一位偉大的小說家曾使用柏格森式的隱喻。但他不是用這種隱喻來說明一個康德式（kantien）理性主義者的心理狀態，而是用以刻劃某個典型蠢蛋的心理狀態。昂利・博斯科[3]的《卡波努瓦先生在鄉下》（*Monsieur Carre-Benoît à la campagne*）一書中，抽屜哲學隱喻做了一種反轉的表現：人的知性不是分類的檔案抽屜格櫃，而是檔案抽屜格櫃本身具有一種知性。卡波努瓦所擁有的傢俱中，唯一能讓

1・柏格森（Bergson），參閱《物質與記憶》（*Matière et mémoire*），第二、三章

2・參閱《應用理性主義》（*Le rationalisme appliqué*），「相互概念」（Les interconcepts）的章節。

3・昂利・博斯科，《卡波努瓦先生在鄉下》（*Monsieur Carre-Benoît à la campagne*），頁九〇。

他產生感情的就是一座實心的橡木文件櫃，每回經過櫃子跟前時，他總是對著它心滿意足地凝望著。對他而言，立在這兒的，至少是一件可以倚靠、可以信賴的東西。我們凝望著正注目著的，碰觸著正撫摸著的；它的比例完美，恰如其份，每一個枝微末節都經過實用性的腦袋精密設計與丈量，看啊，多麼妙不可言的用物！此物替代了一切，既替代了記憶，也替代了知性。在這個精心設計的立方體裡，容納的絕對不是模糊或不可捉摸的東西。我們敢說，一旦曾放進些什麼在裡頭，即使重複同樣的過程一百次、一萬次，都會再一次地在眸光的閃爍中重新發現它安然在其中，一如往昔。四十八個抽屜啊！足以珍藏整個實證知識那已各安其位的世界。卡波努瓦先生賦予這些抽屜一種魔力，他有時會說，「抽屜是人類心智的基礎。」[4]

令人難以忽略的是在這本小說中，這些話出自一個再普通不過的凡夫俗子口中。但是令這位凡夫有感而發的作者，卻是不可多得的一位小說家。他成功地聯繫檔案抽屜格櫃與迂腐的官僚本質，使其有質有形。既然嘲諷注定與愚蠢相聯，當昂利．博斯科的主角打開「尊貴的抽屜格櫃」，卻赫然發現女僕不過用它來擺放鹽、米、芥末、咖啡、豌豆與扁豆時，不免啞口無言。會思考的櫃子霎時變成了食物櫥櫃。

總歸一句，也許這個意象在此可以用來顯示「佔有的哲學」（philosophie de l'avoir），並用作本義與轉義。這是博學者強記的心智準備的眾多補給品。稍後我們會看到，他們對自己說，這些存糧總有一天會有用。

IV

在進行私密意象的深入研究之先，我們檢視了一個潦草從事的隱喻，這個隱喻不曾真正黏合私密的內在現實與外在世界。然而，從博斯科的書中所摘錄出的片段卻成功地給予我們一個直接的倚靠，可以具體把握並奠基於輪廓清晰的現實。此刻，我們回到創造性想像力的研究，沿著抽屜、箱匣、鎖鑰與衣櫥，我們重新親觸私密的日夢所藏身的幽深內裡。

衣櫥與其隔板、文件格櫃與其抽屜、箱匣與其雙重底座，這些都是私密的心理活動活生生的器官。的確，如果沒有了這些「零件」與其他那些同樣惹人憐愛的小物件，我們的私密生活就會失去了私密的狀態。它們是混合物的小物，也是自有主體的客體（objets-sujets）；一如我們、穿越我們、為我們而存，它們擁有私密感（intimité）。

可曾有一個孑然獨立的文辭夢者，他不會對「衣櫥」（amoire）這個詞有所共鳴嗎？Armoire，法文中偉大的語詞之一，既莊嚴又親切，吐氣量多麼美好、多麼寬宏！它是如何用「a」打開了第一個音節的氣流，又是如何輕巧從容地結束它呼氣的音節。當我們觸發語詞的詩意存有時，我們永遠不能太躁進。Armoire 的「e」是那麼的緘默，沒有詩人會想要讓它發聲，或許這就是為什麼在詩

83

4．同上揭書，頁一二六。

歌中，這個字總是以單數出現，在複數聯誦至少會有三個音節。而在法文裡，偉大的語詞，在詩意創造上佔支配地位的語詞，不會超過兩個音節。

有美麗的語詞，就會有相應的美麗事物。一個發音沉重的語詞，就代表著深沉的存在。每位傢俬的詩人——即使他住在閣樓裡，沒有半件傢俱——都知曉一座老衣櫥的內部深不可測，因此絕對是一處**私密感**的空間，不對什麼閒雜人等開放。

字詞有其承擔範圍。只有一個貧乏的心靈才會把雜物都放進衣櫥。把隨便什麼東西，以任意的方式放進隨意的傢俱裡，正標示家居作用那顯著的脆弱。衣櫥裡存放著秩序，這個秩序中心護衛著整棟房子，以抵抗無限的混亂侵襲。這兒，秩序君臨，尤有甚者，衣櫥是秩序的皇土。秩序不僅僅是幾何上的丈量。這兒的秩序，也記憶著家族的過往歷史。這位詩人對此深深知曉：

萬物有序。䎕然諧和。
褥幔堆疊於衣櫥。
薰衣草染香於衣縷床單。

隨著薰衣草的出現，季節的遞衍進入了衣櫥。薰衣草一物足可將柏格森的「綿延」（durée）引進床褥的層層堆序。在我們使用到這些用物之前，我們難道不該靜靜等待，就像法語說的，直到它們「染足了薰衣草」？若我們如此懷想、如此重回寧謐之鄉，等待我們的是怎樣的美夢啊！記憶洶湧，當我們重新回想衣櫥裡的隔架時，那蕾絲花邊、細亞麻布與斜織棉布總是放在沉甸甸的厚重織物上頭，米沃希寫道：「衣櫥，充滿了回憶引生的緘默騷動。」

84

柏格森不願我們把記憶當作一座收藏回憶的衣櫃。但是，這些意象遠比觀念獨斷。最「柏格森」的學者，在變成了詩人以後，他終於明瞭，記憶是一座衣櫥。夏爾士・裴居（Charles Péguy）寫下這一行文字：

> 記憶的隔架上，衣櫥的聖殿裡。[6]

但是真正的衣櫥不是日常用物，並不每天開放；就像不對任何人吐露祕密的心一般，鑰匙不會掛在門上。

> ——衣櫥哪來鑰匙！……沒有一把鑰匙能擁有衣櫥
> 我們慣於注視的深棕與漆黑櫥門

5．柯萊特・瓦爾茲（Colette Wartz），《對他人的話語》（*Paroles pour l'autre*），頁二六。

6．《夏娃》（*Eve*），頁四九；亞伯特・貝關（Albert Beguin）所引。

哪兒來的鑰匙！……如此詭譎！——無數次，每當我們夢見
祕密於木材四壁間昏睡
以為自己聽到的，從裂開鎖孔深處
遠遠的，傳來一陣朦朧模糊、喜悅歡愉的耳語。7

韓波透露出希望之軸：逗留在上鎖衣櫥的禁地是多美的一件事。此刻，當中盈載著誓約，超乎歷史。

安德烈・布荷東（André Breton）藉由指出衣櫥的謎樣神祕感帶著幸福的不可能，簡簡單單地為我們揭示非現實的魔力。《白髮左輪槍》（*Revolver aux cheveux blancs*）中，他以超現實主義者典型的冷調子寫道：

衣櫥疊滿了衣縷床單
與我所能打開的月光隔板一般。8

這詩句將衣櫥意象操作到一個過分的程度，到了理性的頭腦無法觸及的程度。然而，過度（excès）往往是一個生動意象的巔峰。藉著如螺旋般的文字作用，過量的幸福交錯著藏在過往時光衣櫥的隔板、堆疊之間，藉此，為衣縷床單增添魔幻之際，也勾勒出一幅生動的畫面。當我們抖開舊床單時，

感受到它多麼寬大、多麼包容；而舊桌布如雪般無瑕，一如照在冬季草原上的月光！如果我們肯做做夢，布荷東的意象看來再自然不過。

我們也不該為以下的實情感到驚訝，家務操持者親手悉心照料的物件擁有如此豐沛的親暱感。安・德・杜維勒（Anne de Tourville）說起一個貧窮的女伐木工：「她重新沉浸在摩光拭亮的過程中，跳動在衣櫥上的反光，激越著她的心。」[9]一座衣櫥在房裡散發著柔和的光芒，一種交流的光芒。因此，當詩人注視著十月的光線流轉在衣櫥上時，寫出如下的詩句完全是合情合理的：

> 映影，在老衣櫥上
> 十月薄暮的餘暉之下[10]

當我們給予物件適合的友誼，我們無不帶點戒慎恐懼打開一座衣櫥。在它古色古香的木頭下，

7・阿賀帝・韓波，《孤兒的贈禮》（*Les étrennes des orphelins*）。

8・安德烈・布荷東（André Breton），《白髮左輪槍》（*Revolver aux cheveux blancs*），頁一一〇。另一位詩人喬瑟夫・胡鳳哲（Joseph Rouffange）寫道：「壁櫥中死寂的衣縷床單，其上，我尋找超自然。」引自《心之哀悼與虛榮》（*Deuil et luxe du coeur*），Rougerie 出版。

9・安・德・杜維勒（Anne de Tourville），《雅巴蹈》（*Jabadao*），頁五一。譯註：雅巴蹈為一種促進身心整合的喜悅之舞。

10・克羅德・維傑，見上揭書，頁一六一。

衣櫥如杏仁般潔白。打開它，就是經驗何謂「白」的臨在。

V

一部關於小匣小盒（coffret）的文選，理應構成心理學上重要的一章。這些工匠所造的精巧傢俬，鮮明地印證了擁有祕密的需求，一種小藏寶庫的智巧。這不僅事關牢牢守護住財產。任何鎖頭都防範不了全然的暴力，所有的鎖，對硬闖空門的人來說反而是種邀請。一個鎖，其實是心理意義上的門檻；當它鑲滿裝飾時，簡直就是在挑釁那些擅闖者！這些裝飾繁複的鎖頭上，有多少的「情結」（complexes）！丹尼斯・波爾默（Denise Paulme）[11]記載邦巴拉人（les Bambara）的習俗，在鎖的中心刻上「人形、鱷魚、蜥蜴、烏龜……」。開啟與關閉的力量必定擁有生命之力、人類的力量或者是聖獸的神力。「蘇丹的杜岡族（Dogons）往往以兩個人形來裝飾鎖（象徵遠古時代的第一對男女）。」（同上揭書，頁三五）

然而與其和擅闖者抗衡，或以力量的符號嚇唬他，還不如乾脆誤導他。盒子本身就是一個套一個，最不重要的祕密就放在第一個盒子裡，如果它們被發現，那麼洩漏祕密將可滿足闖入者的好奇心，或者根本就用假祕密來餵飽好奇的胃口。換言之，這兒存在一種處理「心理情結」的高級手工藝。

對許多人而言，小匣小盒的幾何形狀與擁有祕密的心理狀態是一體兩面，這樣的事實並不需要

86

冗長的註解。小說家卻能以幾行文字營造出這種一體兩面的情境。弗杭斯・艾朗士（Franz Hellens）書中的一個人物，要送女兒一個禮物，他在一條方絲巾與一個日本小漆盒間猶豫難決，最後選中的是小漆盒，「因為這個禮物似乎比較適合她內斂的性格。」[12]囫圇吞棗的讀者也許會忽略像這樣快速又簡明的註腳，但是它卻是這個奇異故事的核心，故事中的父親與女兒收藏著「同樣的」祕密，而這個祕密為他們帶來同樣的命運。作者費盡心思讓讀者感受到這些私密陰影的一致性。本書藉著做為象徵之用的匣盒，的確為閉鎖心靈的瞭解再添一章，向我們揭示內斂之人的心理不能以計算他們的拒絕次數，也不能以表列他們的冷淡表現，或細數他們沉默的時間長短來刻劃！與其如此，不如注視他們在愉悅中開啟一個嶄新匣盒的時刻，就像書中的年輕女孩得到父親的默許，收藏自己的祕密，也就是掩飾其父親的祕密。在弗杭斯・艾朗士的故事裡，兩個人默默無言地在潛意識中瞭解彼此，透過同樣的象徵，兩個有著閉鎖靈魂的存有者達成了溝通。

11・丹尼斯・波爾默（Denise Paulme），《黑色非洲的雕刻》（*Les Sculpture de l'Afrique noire*），Universitaires de France 出版，一九五六年，頁一二。

12・弗杭斯・艾朗士（Franz Hellens），《活生生的幽靈》（*Fantômes vivants*），頁一二六。參見波特萊爾的《散文小詩集》（*Les petits poémes en prose*），頁三二；他在文中這樣寫道：「自我中心者，封閉如一匣。」

VI

在前一章裡提到，閱讀一戶家屋或一個房間是只能對一個人講的事。因此，我們也可以說，作家們是在讓我們閱讀他們的私密百寶盒。但我們也明白，在計算精準的幾何描寫中書寫著「盒子」，其實已不是單獨一兩個人的事了。里爾克說起當他看到關闔緊密的篋盒時心中感到的愉悅。在《筆記》（*Cahiers*，法譯本頁二六六）中，我們能讀到「狀況良好的盒蓋，邊緣沒有磨損，除了蓋在自己的盒身上沒有別的欲望。」文學評論也許會追問，里爾克詳查此類日常瑣事所寫的《筆記》，這樣用心的作品中怎麼可能會出現這樣「庸俗的文字」（banalité）？然而只要感受到細心貯藏於闔上的篋匣裡的日夢之芽，我們就不會理會這類異議。就如同「欲望」（désir），這個詞無遠弗屆！我想起一句樂觀的家鄉俗諺：「什麼鍋配什麼蓋。」如果鍋與蓋總能搭配無間，這個世界會美好許多。

輕輕的關闔，悄悄的開啟，我們才能期望人生總是保持潤滑。

如果我們仔細「閱讀」里爾克的盒子，就會看到一個私密的思想如何注定要發現匣盒的意象。在一封給莉莉安娜（Liliane）的信函中，我們可以讀到：「所有碰觸到這個難言經驗的一切事物必須是難以親近的，或者只能在未來的某個時刻裡早或晚，以一種最不引人注目的方式與之交往。是的，如果我必須承認，想像它有一天如此這般地發生了，那些沉重的十七世紀樣式的鎖都動了起來。當一把式樣簡單、容易轉扭的鑰匙想要把所有防衛與抵禦的設計從核心處拉出、抽光時，那些鑲滿了衣櫃、碗櫥頂蓋，各色各樣的螺栓、鉗夾、栓桿與橫槓全部都騷動不已。但是鑰匙並不孤獨，妳也知道這些盒子的鑰匙孔藏在一個轉鈕，或者是一片企口榫舌（languette）的底下，它們僅僅回應一種祕密的重量。」一[13]多麼物質化地傳達了「芝麻，開門」的意象！多沉重的祕密，又是多輕盈的話語，才足以開啟一個靈魂，足以撫慰一個里爾克式的心靈！

里爾克喜愛鎖是無庸置疑的，但是有誰不喜愛鎖與鑰匙呢？關於這個主題有豐富的精神分析文獻，要找到相關資料並不困難。然而，在為了達成我們的目的時，如果要強調性象徵的證據，我們就會掩蓋了私密感之白日夢的深度。的確，也許我們在精神分析中再也找不到比這個例子更千篇一律的象徵分析。每當鎖與鑰的交戰出現在夜夢裡，對精神分析來說就是再明顯不過的徵象，事實上整個故事清晰得足以就此中止。只要夢見鎖與鑰，就再也沒什麼可表白的了。但是詩意在所有層面上比精神分析延伸得更遠。從夜夢中，往往誕生白日的幻夢。故事的粗坯不可能滿足詩意的白日夢；它不受一個早已糾葛的情結所縛。詩人活在清醒的日夢裡，這夢存活在世界中，面對著世間萬物。它將宇宙聚攏在一件客體的周圍與內部；在敞開的匣盒裡看見白日的幻夢，在精緻的珠寶盒裡凝結著宇宙的廣袤。如若篋盒裡有著珠玉與寶石，那即是過去，一段久遠的過去，穿越一代又一代，成為詩人的小說題材。當然，寶石將會訴說著愛，但也訴說著力量，與命運。所有的這一切遠比一副鑰匙與鎖頭來得更重要！

88

13．克萊兒．高爾（Claire Goll），《里爾克與女人》（*Rilke et les femmes*），頁七〇。

珠寶盒存放著「**難忘**」之物，不僅對我們而言如此，對那些我們餽贈珍寶的人而言也是如此。過去、現在與未來凝聚於此，珠寶盒於焉成為不復回憶的古老記憶。

如果我們懂得運用這些對心理學有助益的意象，我們會發現，每個重要的回憶——柏格森所謂的純粹回憶——都嵌入自己小小的盒匣中。純粹回憶當中的意象只屬於我們自己所獨有，我們不願把它傳佈開來。我們只能吐露出一些生動的細節。然而，在它核心裡的正是我們的自我，我們永遠不會告知他人那裡頭有些什麼。無論如何，此中不存在著什麼壓抑（refoulement）之類的東西；所謂的壓抑，不過是動態力量的一種笨拙說法。這正是為什麼它會有如此明顯的症候。但每一個祕密都有自己的小小篋匣，這種純粹的、封閉的祕密，不倚靠任何動態力量。私密生活在這兒達到記憶（la Mémoire）與意志（la Volonté）的結合。這兒出現的**鋼鐵意志**（Volonté de Fer）並非用來抵擋外界的侵襲，也不用來防範他人，它超乎心理學上所謂的「防衛」（contre）。被自我存在的種種回憶環繞著，我們擁有「**完全封存之小盒**」[14]的安全感。

但是透過這個完全封存的小盒，我仍舊是以隱喻的方式在談論它。現在該是回到意象的時候。

VII

我們往往對箱匣（coffre），特別是小巧的匣盒（coffret），有較為完全的掌控力，這些物件是「會**開啟的**」（objets qui s'ouvrent）。當一個珠寶盒緊緊闔上，就表示它轉而成為普通用途的物件，在外在世界中有了自己的位置。但是，它打開了！事情就再也不一樣了。基於這個理由，一位帶有數學精神的哲學家會說，這個打開的物件是「發現」（découverte）的首次微分。我們計劃在後面的一章中研究內與外的辯證。但是從珠寶盒開啟的那一刻，辯證更多了。外在世界一下子被抹除了，嶄新、驚喜與未知的氛圍佔領了世界，所謂的外在已不再有任何意義，尤為弔詭的是連立體空間也失去了意義，因為，一個新的空間向度即將開啟——私密感的向度。

對於一個善於判斷的人而言，從私密感的價值來看待事物，這個空間可以是個無限的世界。

以下一篇清楚易懂的文章，將提供我們私密空間一個具體的場所分析原理。

此篇摘錄於一位分析文學作品中主要意象功能的作家——尚—皮耶．呂夏爾。[15]他讓讀者重回愛倫坡的《金龜子》（*Scarabée d'or*）中珠寶盒被開啟的那一瞬間。從一開始，放置盒內的珠寶就是無價的！它們當然不會是「一般的」珠寶，只是這些財寶並非由律師，而是由詩人來清點。它充盈著「各種未知與可能的元素，再次成為引人遐想的物件，激發出臆測與夢想，既讓人費盡心思，又自

89

14．一封馬拉美（Mallarmé）給歐巴奈爾（Aubanel）的信中寫道：「每個人都有自身的祕密，許多祕密至死未被發現，因而以後再也不會被發現，它與他們同時消亡。佩帶著我生前的精神珠寶盒所附的珍鑰，我死而復生。在缺乏任何可資借鏡的概念下，我如今選擇開啟這個珠寶盒；在美麗無垠的晴空中，祕密的光芒即將散射而出。」（信上所記日期為一八六六年七月十六日。）

15．尚—皮耶．呂夏爾（Jean-Pierre Richard），〈波特萊爾的暈眩〉（Le vertige de Beaudelaire），刊於《文學批評》（*Critique*），一〇〇—一〇一期，頁七七七。

己洩露著什麼，暗指著其他不可勝數的財寶。」當故事接近尾聲時，文字幾乎像是警方的筆錄一般冷靜，似乎不願失去幻言夢語的豐盈。意象之想像從不會說：就是這樣了。總有些東西超乎眼界之外。就如我們先前說的，想像所生的意象，不會順服於現實提出的證明。

透過容器的價值，以突顯內容物的價值，尚－皮耶．呂夏爾做了如下的精闢評點：「我們永遠不可能直探小匣盒的底部。」私密空間向度的無限性，已在此有了最好的說明。

一個特別精心加工過的珠寶盒，有時會有許多隨著日夢而變的內在觀景。我們開啟傢俱，並在其中發現居所，有一戶家屋藏在裡頭。夏賀勒．克羅斯（Charles Cros）的一首散文詩就描述了這樣的神奇，詩人在巧手藝匠中止之處接手，巧手所造的美麗物件自然地由詩人的日夢所「接續」。夏賀勒．克羅斯認為，想像物之存有生而為鑲嵌織盒裡的「祕密」。

「為了探索傢俬的神祕之處，也為了超越鑲飾所掩蓋的眼界，更為了穿越小鏡子而進入想像的世界，」必須擁有「銳利的眸光、敏感的聽覺與心無旁鶩的注意力。」想像力的確塑造了我們所有感官知覺的集中點，想像中的注意力，隨時準備捕捉那靈光乍閃的瞬間。詩人接著說：

「我終於捕捉到那暗中進行的節慶，聽見那細不可聞的小步舞曲，我驚訝於那些複雜的節目在傢俬裡細密策畫著。

門扉開啟了，眼前所顯示的是招待小昆蟲的沙龍，以誇張的視線就能注意到乳白、深棕與漆黑的方塊石板地。」[16]但是當詩人闔上珠寶盒的時刻，他化現了一個處於傢俬之親密氛圍中的夜世界。

（頁八八）

「當珠寶盒闔上門的時刻，當耳朵因睡意而充滿嘈嘈之音、充斥外在噪音的時刻，當人們的思緒還在某些實證的事物上打轉的時候，

此刻，奇特的景象出現在珠寶盒的沙龍裡，數個尺寸罕見與外表特殊的人們從小小的四壁鏡子間踏步而出。」

這一次，在傢俬之夜裡，由四面圍住的鏡面製造了許多物件。詩人讓我們如此強烈地經驗到內與外的反轉，這樣的反轉引出物件與影像的反響。

再一次，在詩人夢見栩栩如生的小巧沙龍，裡頭有著一些老派人物的熱鬧舞會之後，他再度打開珠寶盒（頁九〇）：「燈燭乍熄，所有的賓客們，有衣香鬢影的女客與男伴，還有一些上了年紀、陪同前往的親戚們，倏忽間或進入鏡中、或沿著迴廊壁柱而胡亂地消失，一點也不在意體面不體面的問題，桌椅吊飾在同一時間蒸發得無影無蹤。沙龍空蕩蕩地，沉默無聲、空無一物。」

腦袋正經的人們也許會勸詩人說：「那只不過是一個精緻的珠寶盒，就這樣而已嘛。」不願意與大小、內外的反轉多所糾纏的讀者，也許會這樣應和上述理性的意見：「這只是一首詩而已，就這麼多。」「沒有別的了。」

16．夏賀勒．克羅斯（Charles Cros），《詩與散文》（*Poémes et proses*），Gallimard 出版，頁八七。詩、傢俱部分，摘自《檀香木珠寶盒》（*Le coffret de Santal*）是獻給莫蒂．德．福樂薇爾夫人（Mme Mautéde Fleurville）。

事實上，詩人提供了一種十分普遍的心理現象的具體樣態，也就是說：闔上的盒子裡面，會比開啟的盒子裡頭擁有更多的東西。證明與核實，會讓意象死亡，**想像**（imaginer）總是比生活（vivre）更豐富。

祕密持續地從事物的隱蔽處游移到自我的藏身處。小匣盒是收藏物件的囚室。在這兒，夢想者感到自己身處於其祕密所造的囚牢中。我們想要開啟它，也想要開啟自己的心。尤勒・舒貝維葉做過以下這首意在雙關的詩：

91

我在粗暴地圍繞著我的箱匣中摸索找尋
帶著混亂的感覺，上上下下
在這些深深、深深的篋匣之間
它們好似已不再屬於這個世界。[17]

埋葬珍寶的人同時是讓自己陪葬。一個祕密即一座墳墓，只因那個可以託付祕密的人會以自己「宛如祕密之墓」而自豪。

所有的私密感都隱藏自身。喬耶・布斯奎寫道：「沒有人看見轉變之中的我。哪個人能呢？我，就是自己的**藏身處**（ma cachette）。」[18]

在本書中我們並不打算再提醒由實體的私密感所挑起的問題，因為這個問題在他處業已說明過了。[19]然而我該指出兩種夢想者的本質，一種尋求人類的私密感，而另一種尋找物質的私密感。榮格把煉金術的夢想者之間所具有的雙重相應，做了極為明白的揭露（參見《心理學與煉金術》（*Psychologie und Alchemie*））。換言之，只有一個地方才是最高狀態的藏身所在（superlatif du cach é）。藏在人心裡或藏在事物裡的，都是場所分析的涵蓋範圍，透過場所分析，我們進入所謂「最高狀態」的奇特領域，也就進入了心理學難以碰觸的地帶。老實說，所有的實證性斷言，只會讓這個最高狀態的領域退回到相對狀態的境界中。要深入最高狀態，我們必須放棄實證，轉向想像，我們必須聆聽詩人。

17．尤勒．舒貝維葉，《萬有引力》（*Gravitations*），頁一七。

18．喬耶．布斯奎，《另一個年代的雪》（*La neige d'un autre âge*），頁九〇。

19．參見《土地與休憩的夢想》，第一章，與《科學精神的形成》（*La formation de l'esprit scientifique*），關於客觀知識的精神分析，第六章。

CHAPTER
four

第四章 窩巢

長春藤枯骸裡，我發現一個窩巢
鄉野青苔與夢幻香草的柔軟窩巢。

——伊凡．高爾（Yvan Goll），
〈父親之墓〉（Tombeau du père），
《今日詩人》（*Poètes d'aujourd'hui*），50 期，
Seghers 出版，頁 156。

純白窩巢，你的小鳥兒將以花草妝點
……
你將飛翔，以羽毛織出條條小徑

——羅勃特．岡佐（Robert Ganzo），
《詩意作品集》（*L'oeuvre poétique*），
Grasset 出版，頁 63。

I

維克多．雨果在一段短句裡連結意象與家居作用的存有者。他說，對加西摩多（Quasimodo）[1]來說，教堂依次成為「蛋，巢，家屋，家鄉與天地。」「也許有人會說，他擁護那種蝸牛蜷成自己窩殼（coquille）的形狀，那是他的住屋、他的居穴、他的襁褓……。他依附其間，就像烏龜依附於龜殼（écaille）。這粗糙堅實的教堂就是他的甲殼（carapace）。」所有這些意象都在說明，一種長相難看的生物如何在複雜結構的轉角與自己的隱匿處一起呈現蜷曲的型態。藉著意象的多方呈現，詩人讓我們感受到各種庇護所的力量。但是雨果立刻對意象的豐沛性予以保留，他繼續說：「提醒讀者別把言談中的形象照單全收，這是毫無用處的，我們基於義務，運用它們來表達一個人類與一棟建築那種奇特、勻稱，立即且幾乎是合而為一的溫柔。」

92

令人驚訝的是，即使在我們滿室光明的家屋裡，幸福的意識狀態仍舊可與藏身於巢穴的動物相比擬。畫家伏拉明克（Vlaminck）安居在他靜謐的家屋時，如此寫道：「我在爐火前所感受到的幸福，相較於此時門外惡劣的天候肆虐，這種幸福完全是動物性的。在洞穴裡的老鼠、在土穴中的兔子或者欄舍裡的牛群，想必都和我一樣感到同等的心滿意足。」[2]幸福，因此是讓我們回到庇護之地的原初狀態；就生理上而言，生物遺傳了藏躲的特性，嗜好蜷縮、退縮、匿跡、窩藏、與隱蔽。如果檢視動詞裡表達藏身動作的豐富字彙，我們就會發現，動物進退動靜的意象，而這種後退的動作是多麼深地嵌入其肌肉裡。一旦我們能夠得知每吋肌肉的心理學，心理學這門學科將會如何深刻啊！

93

而人類這種生物在體內又藏有多少獸性！但是我們的研究並不打算進展到這個地步，只要能以某種方式揭露與瞭解那些我們生活於其中的庇護所的重要意象，就已經有所成就。

我們將發現一連串帶著窩巢與介殼的意象，並試圖藉此將它們描繪為原初的意象，這些意象牽引我們內在的原始本性。我們將要闡明，生物如何帶著身體上的幸福感，而喜愛「縮在自己的角落裡」。

II

在靜滯不動的物體世界裡，窩巢具有非比尋常的價值。我們要它們完美無缺，成為我們確切本能的標記。在為自己這本能驚詫讚嘆之時，窩巢普遍被認為是動物生活種種奇蹟的其中一樣。此種被誇大許多的完美本能，可以在翁布瓦荖．巴黑（Ambroise Paré）的作品中找到一個例子：「動物築造窩巢的本事與技藝如此乾淨俐落，以至於不可能再好了。牠們所做的完全超越所有木匠、泥水匠與建築工；沒有任何人類能像這些小動物一樣，為自己與孩子建造出更適切的屋舍。事實上，這句

1．維克多．雨果（Victor Hugo），《巴黎聖母院》（*Notre-Dame de Paris*），第四部，第三章。譯註：加西摩多在中文世界以「鐘樓怪人」之形象流傳，外表佝僂蜷曲，內心純真善良。

2．伏拉明克（Vlaminck），《彬彬有禮》（*Poliment*），一九三一年，頁五二。

諺語確實為真：人類萬能，除了織造鳥巢之外。」[3]

只限於認定事實的著作立刻給這種激情澆了冷水，例如阿賀蒂．朗茲波胡－湯森（Arthur Landsborough-Thomson）所著的書中我們就被告知，窩巢的築造通常只是做個梗概，有時甚至是草草了事。「當金鷹（Aigle doré）在樹上築巢，有時會堆聚一大叢的樹枝，每年往上多加一點，直到有一天它承受不住金鷹的重量而整個鬆垮四散。」[4]要是追溯鳥類學的整個歷史發展，激情與科學評論的意見時起齟齬，但是這並非我們的主題。我們理應注意的是，價值的論戰時常扭曲了兩造的事實。但我們想想如果跌落的不是金鷹，而是牠的窩巢，難道不會帶給這位作者一些小小的、有點失禮的樂趣呢。

94

III

正確說來，沒有什麼比將人性意涵寓於窩巢意象更荒誕不經的。對鳥而言，窩巢無疑地是一個美好溫暖的家。它是生命的居所：持續庇護從蛋中孵出的雛鳥，同時也提供外部的覆蓋，直到雛鳥濕裸的皮膜長出成形的羽毛。但把這樣微不足道之事變成一個為人類所用的意象，是多麼匆促行事啊？如果將這個愜意、溫暖、戀人們會彼此承諾擁有的「小巢」與隱藏在枝椏間的真巢一比，這樣的意象是多荒謬啊！容我在這兒重提以下的事實：在鳥類之間，牠們只懂得野合之愛，窩巢是在這之後才築造，是在穿田越野的昏頭愛情追逐後才築巢的。如果我們想要對此有所夢想，並從中推演出對人類的教訓，應該發展出的是枝頭野戀與城市房中之愛間的辯證關係。但是這並非我們的主旨。只有像安德烈·德席耶（André Theuriet）這樣的人才會比較複折屋頂（mansarde）與窩巢，並對這樣的對比提出以下的短評：「幻夢難道不是向來喜愛棲止於高處？」[5] 整體而言，文學作品中的窩巢普遍顯得天真而稚氣。

做為研究的起點，生活經驗中的窩巢（nid vécu）因而是個貧乏的意象。但是喜好單純問題的現象學家，可以從中發現這個意象具有某種發軔的特質。這是一個全新的機會，澄清一些對哲學現象學的主要功能的誤解。描述窩巢在自然界中的遭遇並非現象學的課題，而是鳥類學家責無旁貸的工作。窩巢哲學現象學的開端，應在於我們希望能夠闡明我們對於品鑑各色窩巢為何感到興趣，更甚一步地，在於我們希望能夠重新捕捉自己找到一個窩巢時所感受的無邪讚嘆。這樣的讚嘆持續著。偶然發現的一個窩巢，每每引領著我們回到自己的童年，或者甚至回到我們向來該有的、永恆的童稚時期，我們大多數人並沒有從生命中接續童稚時期那寬宏大度的宇宙感。

在自己的花園中，我經歷了無數次太遲發現一個窩巢的遺憾。秋天來臨，葉子已開始凋落，在

3·翁布瓦惹·巴黑（Ambroise Paré），《人類智慧與動物之文集》（*Le livre des animaux et de lintelligence de lhomme*），完整版，J.F.Malgaigne 出版，第三版，頁七四〇。

4·阿賀蒂·朗茲波胡—湯森（A. Landsborough-Thomson），《鳥》（*Les oiseaux*）。法譯本，Cluny 出版，一九三四年，頁一〇四。

5·安德烈·德席耶（André Theuriet），《柯萊特》（*Colette*），頁二〇九。

交錯的枝枒間是個被棄置的窩巢。想想看，牠們先前就在那兒，鳥爸爸、鳥媽媽和他們的鳥寶寶，而我，竟然不曾看到！

一個遲至冬日才發現的林中空巢訕笑著發現的人。巢是飛羽生靈的藏匿處，它又如何能隱藏多時而不被發現呢？又是如何能在天空之下，遠離地面上任何牢靠的藏身處，而不被發現呢？然而，為了決定窩巢在意象之中的存有樣貌，必須為它添上幾重疊影，催生出一個隱形窩巢（nid invisible）之想像極致的傳奇。從夏邦諾－拉塞（Charbonneaux-Lassay）的出色著作《基督之動物寓言集》（*Le bestiaire du Christ*）之中可以看到：「人們慣常認為戴勝鳥（huppe）可以完全地從任何動物的眼界中消失，因為這可以用來解釋中古世紀末期，為何人們相信披上戴勝鳥巢裡的多色香草，就會隱形不見。」6

這也許就是伊凡・高爾的「夢幻香草」（l'herbe de songe）。

但是今時的幻夢沒有夢得這麼遠，棄置的鳥巢不再貯藏著能讓人隱形的香草。的確，從籬笆中撿拾的窩巢像株凋零的花朵，除了只是一樣「東西」外什麼都不是。我完全有這個權利將它放在手中，並撕成片片。在幽幽的感傷中，我再次成為在田野與叢林裡生活的人類，有些徒勞地傳遞我的知識給孩子，我說：「這是山雀的巢。」

因此舊巢被放進客體的範疇裡。客體物件越多樣，概念就越簡化。收藏窩巢的活動持續增加，但我們的想像力卻停滯不前。我們與活生生的窩巢失去了接觸。

正是活生生的窩巢，才能夠引動自然環境中的窩巢、現實巢穴的現象學，這巢，在某一刻成為整個天地的「中心」——這個詞一點也不誇大，它提供了一種宇宙中的處境。輕輕地，我拾起樹枝，巢裡正是隻窩著孵蛋的鳥兒，牠沒有飛走，只是微微輕顫。我讓牠顫抖，這使我也顫抖起來。害怕這隻孵蛋的鳥兒明瞭我是個人類，一種已失去鳥兒們信賴的生物。我靜止不動，慢慢地緩解了——我如是想像著！——這隻鳥的恐懼，也緩解了我的擔心害怕牠會害怕。重新透過氣來的我，放下這根樹枝。明天再來吧，今天我很快樂：鳥兒們在我的花園裡築巢。

隔天當我回來時，走在小徑上的腳步放得比前一天更輕些，我看見八個粉紅與純白相間的蛋躺在巢的底部，天哪！它們多麼小巧啊！這些灌木叢裡的蛋竟是這麼地小！

這是個活生生的、住居中的窩巢。巢是鳥兒的家屋，我知之已久，人們同樣很早就告訴我這一點。這樣的一個古老故事，我猶豫著該不該再說一次，即使是只對我自己。剛剛有親身經歷的現時，我清晰地回憶起一生中每當我發現一個活生生鳥巢的那些時日。如此真切的回憶一生中能有幾回，如今我深刻體會到！

96

因而我瞭解到圖塞奈爾（Toussenel）所寫的文章：「關於第一個完全是我獨自發現的鳥巢的回憶，深深地烙印在我的記憶裡，比起在拉丁語文學院贏得首獎的回憶還要清晰。那是個可愛的紅雀

6．夏邦諾—拉塞（Charbonneaux-Lassay）的出色著作《基督之動物寓言集》（*Le bestiaire du Christ*），巴黎，一九四〇年，頁四八九。

鳥巢，裡頭有四個粉灰中帶著紅條紋的蛋，那圖案像是有標誌的地圖。我被一股難以言傳的感動（commotion）所攫，站在那兒超過一個小時，就這麼釘在一點不動，凝望著。就在那天，機緣巧合下，我找到了自己的使命。」[7]對於我們這些尋覓原始興趣的人來說，這是一段多麼美妙的文字！圖塞奈爾從一開始就迴盪在自己的「感動」中，這有助於我們瞭解，他已將傅立葉（Fourier）的整體和諧哲學成功地整合進自己的人生與工作，進而將廣大天地的象徵生命摻揉進一隻鳥兒的生命之中。

即使是在最日常的生活裡，發現一個窩巢仍然為生活在森林田野的人帶來清新的感受。植物學家費那爾．樂坎尼（Fernard Lequenne）曾寫到，一天他與妻子馬蒂爾德（Mathilde）漫步於野外，他在黑色的山楂叢中看見一個鶇鶯的巢：「馬蒂爾德跪下身去，伸出一根指頭輕輕觸了一下底部柔軟的青苔，然後讓指頭在附近遲疑著……

驀然間，我打了個哆嗦。

這才發現藏在枝枒交錯間的棲居窩巢所具有的陰性意蘊。灌木叢顯示一種如此人性的意涵，讓我大喊著：『別碰，拜託別碰它。』」[8]

IV

圖塞奈爾的「感動」與樂坎尼的「哆嗦」兩者都烙著真誠的印記。我們在此與他們有所共鳴，只因在書裡的這些片段，我們可以享受到「發現到鳥巢」的驚喜，而我們也一起在文學中追逐尋覓著鳥巢吧！底下是這樣的一個例子，作者以更高的分貝賦予鳥巢以居所的價值，摘自亨利—大衛・梭羅。梭羅的文章裡頭，為鳥兒存在的整棵樹是窩巢的前院大廳，一棵有這個榮幸庇護鳥兒的樹木也同時感染了它的神祕。對一隻鳥兒來說，樹木已是一個藏身處。梭羅描述把一棵樹當成自己家屋的綠啄木鳥（pivert）。梭羅將這種佔住與一個家族回到棄置已久的老屋時那種喜悅做對比。「此時，正當一個家族，我的鄰居，在長久的消失之後，重回那空著的屋子，你聽見一片欣喜的嗡嗡聲、孩子們的呀呀笑語，看見從廚房昇起的炊煙。大門開著，孩子們尖叫跑過穿廊。綠啄木猛然迴旋於樹林的枝枒交錯間，到了這裡鑿開一個窗格，發出格格的嘈雜聲，然後又投身到另一處，以便讓家屋通風。四面八方於是響起牠的聲音，這聲音響徹屋中，上下皆聞，為其定居而張羅著……並以此顯示其領有此地。」[9]

梭羅在這樣的段落中描寫開展中的窩巢與家屋。其文字讓我們對這個雙向隱喻的栩栩如生印象深刻：充滿歡樂的家即是充滿活力的巢。綠啄木對藏匿窩巢的樹木庇護所的滿滿信心，即等於對一個居所的取得擁有。我們在此將對比與寓言之意先放下，一個理性的評論家毫無疑問地會說，認為

7．圖塞奈爾（A. Toussenel），〈鳥世界〉（Le monde des oiseaux），《激情的鳥類學》（*Ornithologie passionnelle*），巴黎，一八五三年，頁三二一。

8．費那爾・樂坎尼（Fernard Lequenne），《野生植物》（*Plantes sauvages*），頁二六九。

9．亨利—大衛・梭羅，《森林中的哲學家》（*Un philosophe dans les bois*），法譯本，頁二二七。

啄木鳥是個「屋主」，出現在樹木的窗邊並在陽台上吟唱，實在是「誇大不實」（exagération）。但是詩意的靈魂將會對梭羅的貢獻滿懷感激，對擁有一整棵樹木空間向度的窩巢，一個飽滿的意象欣喜不已。偉大的夢者一藏身於樹梢，整棵樹就化為一個巢。在《墓中回憶錄》（*Les Mémoires d'Outre-tombe*）中，我們讀到夏多布里昂（Chateaubriand）私密回憶之語：「我在這些柳樹當中選了一棵，在上面造了自己的基地，一個窩巢；那兒上不接天，下不觸地，遺世而獨立，我在鶺鴒群裡頭消磨了好些時光。」

事情是這樣的，我們在花園裡，遇見一株住著鳥兒的樹木會讓我們感覺更珍貴。藏在枝葉間的綠啄木有時也許會是神祕莫測、難能得見的，卻仍然能成為我們熟稔的親朋好友。綠啄木可不是一個靜悄悄的居民。牠這時候做的事，並不是我們所以為的在唱歌，而是在工作。在樹幹上躍上跳下，他的鳥喙迴聲響亮地敲著木頭，雖然不時消失，卻仍然可以聽得到牠，綠啄木可說是花園的園丁。

啄木鳥就這樣進入我的聲響天地，我將牠編織成了一個有益身心的意象供自己私人取用。每當在巴黎的公寓裡，一個鄰居在擾人清夢的時間在牆上鑽釘子，我就把這等噪音「自然化」，這檔事煩擾我時，我忠於自我平靜的方法，想像自己正待在第戎（Dijon）的屋子，如此這般，噪音就顯得自然多了，並且發現所聽到的一切也變得如此，我對自己說：「那是我的啄木鳥在我的洋槐樹上工作。」

V

窩巢，就像所有關於休憩、寧靜的意象般，總會直接與一戶單純的家屋聯結在一起。只有在素直（simplicité）的意義氛圍下，我們才能從窩巢的意象過渡到家屋意象，或反過來從家屋的意象過渡到窩巢的意象。梵谷畫過的窩巢與茅屋一樣為數眾多，他寫給弟弟的信中這樣說：「這戶有著茅草屋頂的農舍令我想起戴菊鶯的巢。」[10]在畫家的眼中，所有的事物皆以雙重的角度觸動著他。彷彿當他畫著窩巢時，夢著一間茅屋；繪著茅屋時，又夢著窩巢。也許當人們夢想這樣的意象結時，總會以兩種不同的方式夢過兩次。因為最純粹的意象是雙重的，同時是自己，也同時是自己以外的另一物。梵谷的茅草屋頂填滿了茅草，厚實、粗糙的草編強調提供庇護的意欲，甚而遠超出四堵牆。屋頂是所有庇護特質的決定性明證，在屋頂的覆蓋下，牆面由土地與岩石所砌，開口很低，一戶茅草屋屹然立於大地之上，一如荒野裡的鳥巢。

一個戴菊鶯的巢就是一間茅草屋，因為它是個覆蓋完好的圓形窩巢。凡斯洛神父（Vincelot）這樣形容它：「戴菊鶯把巢造得像個球，非常之圓，在底部留一個小洞排水，通常這個洞藏在一根樹枝的下頭。我常常在注意到這個開口之前，已經從各個角度觀察一個巢了；這個開口同時也做母鳥

10．梵谷（Van Gogh），《給西奧的信》（*Lettres à Théo*），法譯本，頁一二。譯註：戴菊鶯的法文「roitelet」又有小國國王之意。

99

出入之用。」[11]透過梵谷栩栩相聯的巢／屋（maison-nid），這兩個語辭霎時成為我所鍾愛的詞。我喜愛告訴自己，有一個小小的國王住在這樣的茅屋裡；這真是個如童話故事般的意象，誘人浮想故事連篇。

VI

巢屋從來不會是嶄新的，我們會賣弄地說，這才是具有住居作用的自然棲所。我們不僅是會回到那裡，也會夢到回去那地方，一如鳥兒返巢、羔羊歸欄。「賦歸」（retour）的記號烙印在不可勝數的日夢裡，因此人類的賦歸總以最強烈的韻律發生在人類生命中，穿越久遠的歲月而來，並透過幻夢，抵擋所有空白的光陰。由忠誠所構築的親密組構，迴盪在窩巢與家屋的近似意象上。

在這個領域裡，每件事物發生得素樸自然、從容優雅。靈魂對這些單純的意象敏銳易感，在和諧安然的著作裡，靈魂聽聞到所有的聯然迴響。另一方面，在概念層次上的閱讀總是淡寡無味、冷酷無情，只會是純線性的，它要求我們必須一個過一個地瞭解意象。在窩巢意象的屬地裡，文字簡樸得讓人驚訝於詩人竟會歡悅至此。然而素直便可以忘機（oubli），驀然間，我們感激於詩人有這種才華，以精簡的修辭賦予意象生命。現象學家怎能夠不迴盪響應這樣單純的意象復甦呢？在閱讀尚・辜貝爾題為〈溫巢〉（Le nid tiède）的樸素小詩時，我們深受感動。當它出現在一本內容描述荒漠、文字風格素樸的書中時，更顯得饒富意味：

微溫、靜謐的巢
裡頭，一隻鳥兒吟唱著
……
喚回了幾多歌曲、幾多魅力，
純淨的門檻
之於老家屋。[12]

這裡的門檻是好客的門檻，從不會以其堂而皇之嚇唬我們。靜謐的巢與老屋子這兩個意象，在幻夢的織錦上梭編起綿綿的私密感之網。這些意象如此單純，不帶任何瑰麗的意圖。詩人只是想著，得提一提窩巢、鳥語，以及帶著我們夢迴老屋的魅力，回到第一個庇護之地的魅力，讓這如歌的詩，縈繞迴盪在讀者的魂魄裡。但是為了營造家屋與窩巢間的輕巧對比，難道不應該犧牲對幸福的家屋的讚頌？如此一來，在柔情的歌吟中才有了「天啊」的喟嘆。就好像我們重回老屋一如回到舊巢，那全是因為過往如夢，因為往日之屋已成了一個巨大的意象，成為失落的親暱感的巨大意象。

11．凡斯洛神父（Vincelot），《以鳥類習性釋鳥名：鳥類學辭源論文集》（*Les noms des oiseaux expliqués par leurs moeurs ou essais étymologiques sur l'ornithologie*），Angers 出版，一八六七年，頁二三三。

12．尚・寇貝爾（Jean Caubère），《荒漠》（*Deserts*），Debresse 出版，巴黎，頁二五。

VII

價值因之轉換了事實。愛上一個意象的瞬間，它便再也無法成為某個事實的複本。翱翔生命的夢者，他們之中最偉大者之一，尤勒．米什萊（Jules Michelet）給了我們最清新的例證。雖則他只給了「鳥兒的建築」（l'architecture des oiseaux）幾頁的篇幅，當中卻同時兼具了夢想與思考。

根據米什萊的說法，鳥兒是不用工具的工匠。「既沒有松鼠的利爪也沒有海狸的銳齒。」「事實上，鳥兒的工具就是牠整個的身軀；用牠的胸膛拍打與緊實所用的材料，直到它們變得柔順好用、混合均勻，足以運用在築巢的任何方面。」[13]米什萊說明，一戶用身體，而且為了身體而建造的家屋，應該像個介殼一般，從內部勾勒形狀，在身體自然活動的私密感裡營造。窩巢的型態即是從內裡決定的，「在內部，把窩巢塑成圓形的工具不是別的，正是鳥兒自己的身體，牠不斷地在裡頭打轉，在每面牆上摩挲來摩挲去，最後成功地轉出了圓圓的巢形。」母鳥活力十足，鑽營出牠的家屋。在公鳥從外頭帶回各色材料、柔韌的小樹枝，及其他細碎小物後，藉著切實有力的拍打，母鳥把這些材料嵌織成窩氈。

接著，米什萊又說：「這棟家屋即是其本人，其外型、其最直接的成就，甚而可說是其苦難。它只有在不斷地以胸膛重複拍擊才能搭得成。為了將巢草銳利的邊緣雕成一個適當的形狀並維持這個形狀，沒有一根草不被胸膛、心腹拍擊無數次，每一下都伴隨著呼吸困難，甚至是心悸。」

好一個令人難以置信的意象反轉！在此的胸膛，難道不也是從胚胎的內裡孕生出來的嗎？巢中的一絲一毫都是內在力量的產兒，從身體那無可凌駕的私密感所降生的。窩巢是顆生長膨脹中的果實，一步一步超越著自己的界限。

從哪種日夢的深度裡昇起如此的意象？難道它們不是很自然地來自最親密保護的夢，那些關於我們身體受到了保護的夢？這些家屋衣殼（maison-vêtement）的夢，對那些耽溺於操練想像，想著、夢著居住之各色作用的人們來說，絕對不陌生。如果我們真像米什萊夢想著他的巢般，也這樣布置我們自己的小窩，無論如何都不會為之披掛上成衣——柏格森時常帶著嫌惡眼光看待的那種。相反地，每個人都會有自己獨一無二的家屋，貼合著身體、托襯著自己大小重量的巢。羅曼·羅蘭（Romain Roland）的小說《科拉斯·布賀農》（*Colas Breugnon*）中，主角科拉斯·布賀農在經歷過一生的苦難後，有人要給他一棟更大更好的屋子，他卻沒有接受，就像拒絕一件不合身的衣裳。他說：「不是它鬆垮垮地掛在我身上，就是我把它撐得都裂開了。」[14]

追隨著米什萊所蒐集的窩巢意象，直達人類的層域，我們方才豁然瞭解到，其實從一開始，這些意象便是屬於人類的意象。一個鳥類學家是否會像米什萊這樣描寫一個鳥巢的築造，事實上是啟

13．尤勒·米什萊（Jules Michelet），《鳥》（*L'oiseau*），第四版，一八五八年，頁二〇八等。約瑟夫·尤貝賀（Joseph Joubert）〔《思想》（*Pensées*），輯二，頁一六七〕也寫道：「對一隻不曾真正看過巢，也對牠們室內的組構沒有什麼特定的類比材料的鳥而言，研究一下牠會築出什麼形狀的巢會是件極有趣的事。」

14．羅曼·羅蘭（Romain Roland），《科拉斯·布賀農》（*Colas Breugnon*），頁一〇七。

人疑竇的，以這種方式築成的巢，也許該把它稱做一個「米什萊式的窠巢」。現象學家將會運用它來實驗一種奇特的蜷縮式動力狀態，這種蜷縮狀態生氣勃勃，而且持續不斷地更新。這不是一種失眠狀態的動力態，那只會讓我們倒向床鋪打著瞌睡。米什萊所指出的是，家屋如何被精細的碰觸所模塑，讓它原先有稜有角的雜亂表面變得順溜與柔滑。偶然間，米什萊的這些段落在「物質之想像」這個主題上，構築了一篇罕有的文字敘說，並因之罕見而更增其價值。確然無疑地，沒有一個嗜愛想像物質意象的夢者能夠對之忘懷，因為這段敘說描繪的是個「乾式模合」（modelage à sec）；這樣的模合，我們甚至可以說，是個在乾燥的空氣與夏陽的光照中，為青苔與雛鳥羽毛所舉行的婚合典禮。米什萊筆下的巢，就是在毛氈（feutre）的光輝下構築起來的。

值得在最後一提的是，很少夢者所夢的窩巢會像個燕子的巢，他們說燕子是用涎液與泥漿築巢。人們甚至懷疑，在家屋與城市出現以前，燕子卜居何處？換言之，燕子並不是種「正規」（régulier）的鳥，夏邦諾—拉塞這樣寫到牠們：「我聽旺代省（Vendée）的鄉民說過，即使在冬季，一個燕子的巢就可以嚇退許多夜裡出沒的惡魔。」（同上揭書，頁五七二）

VIII

更深入些去探索我們面對窩巢所生的日夢時，我們很快就會碰上一種感性的弔詭。窩巢，在我們的乍然體驗中，是個危殆不安的東西，但是卻可以將我們置於有安全感的日夢之想裡。為何這樣

102

明顯的危殆不定並未遏抑這些日夢？回答這個弔詭的答案再簡單不過：做夢時，我們成了個不自知的現象學家。以一種無邪天真的方式，重新體驗鳥兒們的天賦異稟，為綠巢掩映綠葉中的擬態偽裝滿懷驚嘆，並以此驚嘆為樂。明明看見它，卻說實在藏得太好了。動物活動的中心處，往往隱匿在植物的無邊廣被裡，窩巢是那抒情歌吟的花束，共同織就植物王國的寧靜平和。而這正是幸福的氛圍總縈繞在大樹周遭的緣故。

一位詩人這樣寫道：

> 我夢見一巢，在裡頭，林樹擊潰了死亡。[15]

每當細細沉思窩巢時，我們將自己安放在世界的原初託付裡，感受到全心倚賴的起源狀態，一種對宇宙信賴感的原始召喚。如果沒有全心信賴世界的本能，一隻鳥兒可還能築巢嗎？如果專意聆聽它的呼喚，托庇在這樣危疑不安的庇護所裡，讓窩巢成為絕對的庇護所——無疑地，這其中的弔詭只存於意象想像的助力——我們就會回到夢想的家屋（maison onirique）之源頭。我們的家屋，在夢

15．阿道夫．薛卓（Adolphe Shedrow），《無諾言的搖籃》（*Berceau sans promesses*），Seghers 出版，頁三三。薛卓又寫道：「我夢見一巢，在裡頭，年華不再休眠。」

想的潛在能耐中始能被瞭解，它乃是我們在這個世界裡的棲巢。我們是完完全全地沉浸在生命的第一個家屋所特有的安全感裡，以全心全意的信賴在裡頭活著。要經驗這種信賴、深深銘刻於眠夢裡的信任與依賴，列舉形成它的實際條件是多餘的。只要我們存身於夢的初始狀態，我們就對外在世界的敵意一無所悉，這種時候，家屋便如同窩巢一樣美好，窩巢亦將如同家屋一般幸福。對人來說，生命伊始於一場滿足的憩眠，以及巢中的蛋能夠好好孵化。與外在世界的敵意遭逢——結果發生了防備與攻擊的夢——總是後來的事。在起始萌芽的樣態之中，所有的生靈都是幸福的。存有者透過幸福而發軔。當一個哲學家細細沉思一個窩巢時，藉著思索天地間靜謐存在中自己的存有，他因此讓自己得到了安寧。如果我們不得已真要將他日夢的純思無邪轉譯成今日形上學的語言，一個夢者也許會說：世界即是人類的窩巢。

世界是個窩巢，一種浩然的力量護持著窩居於此巢中的世間存有。在赫德（Herder）所著的《希伯來詩歌史》〔*L'histoire de la poésie des Hébreux*，卡爾羅維茲（Carlowitz）譯，頁二六九〕裡有一個這樣的意象，遼闊浩瀚的天空安坐在廣袤無垠的大地上，他寫道：「天空，是隻鴿子，安坐在巢裡，溫存著它的小孩。」

一九五四年秋天，當我閱讀著《G. L. M. 筆記》（*Cahiers G. L. M.*）的一個段落時，正在思索著這些想法，也正夢著這些夢想，這些文字幫助我維持住將窩巢「化現為世界」的想法，並使之成為一條公理。波希斯・帕斯特那克（Boris Pasternak）在這當中提及：「在本能的推助中，我們像隻燕子般築造世界——一個碩大的窩巢，是天與地、生與死的凝聚，也是兩種時間的凝合，一種時間我們能掌理，一種是此刻不在場的時間。」[16]是的，兩種時間，到底需要多久的時日，我們才能等到寧謐的潮汐從私密的核心拍岸而上，觸及這世界的盡頭。

在帕斯特那克的燕子／巢／世界裡有著何等凝煉的意象啊！是的，我們為何停止構築與模塑一個圍住自己庇護之所的世界體？人類的巢，人類的世界，永遠不會有完成的一天。意象之想像幫助我們持續前行。詩人離不開這般偉大的意象，更正確一點說，這般意象離不開它的詩人。波希斯．帕斯特那克寫得可稱公允（同上揭書，頁五）：「人類本來默然，是意象說出話語。因為顯而易見，唯有意象能與自然並肩偕行。」

104

16．《G.L.M. 筆記》（*Cahiers G.L.M.*），一九五四年秋，安德烈．迪．布歇（André du Bouchet）譯，頁七。

CHAPTER

five

第五章

介殼

I 105

與介殼形狀相對應的概念如此鮮明、堅實與確切，一個詩人不可能僅止於描繪它，也不能退而求其次地將它一筆帶過，因此在一開始，詩人就處於意象的短缺裡。他在追尋夢之意涵的飛行逆旅中，被介殼型態上的幾何現實所攫；這樣的表象型態在數量上難以勝數，其性質通常如此原始純粹，在經過對介殼世界的積極勘查後，意象之想像因而被眼前的現實所擊敗。此處，是大自然在做著夢，睿智聰明的也是大自然本身；只要去看看菊石的化石就能明白，早在地質時期的中生代，軟體動物就依照造物天工的教導鍛造了自己的介殼，例如菊石就是環繞著斜螺旋的軸心構造自己的居所。這種由生物所構作的幾何型態，可以在莫諾—赫岑（Monod-Herzen）的傑出著作中讀到清楚的論述。[1]

一個詩人很自然地就能夠瞭解這種美感形類。保羅．梵樂希（Paul Valéry）的美文《貝殼》（*Les coquillages*）散發出幾何精神光芒；對詩人來說，「一顆水晶、一朵花或是一個介殼，從敏感事物的普遍紊亂中脫穎而出。比起那些我們猶如霧裡看花的東西，他們具有一枝獨秀的樣態，對視覺而言一
106 目瞭然，對理性反省而言玄妙難解。」[2]對於這個笛卡兒式的詩人來說，介殼似乎就是凝煉完全的動物幾何學真理，因此「清晰而明瞭」。造化所造之物的本身一目瞭然，玄妙難解的是它的構造過程（formation），而不是構造出的型態（forme）。若是認為該在型態上才能尋根究柢，在一開始做選擇時，最有影響力的關鍵性決定就是得知介殼是要從右到左，還是從左到右蜷起？然而，生命開始

衝動卻比開始轉動來得慢。這個蜷曲的生命衝動是個多麼陰險、多麼不可思議的微妙意象！不管是左引螺渦或者不是，介殼，都將啟發多少個夢想啊！

保羅・梵樂希在模塑或雕刻作品的理想型態上流連了不短的篇幅，透過幾何型態的美感與凝聚力，這樣的動作證實物件本身精淬單純的價值，與此同時，卻放棄保留它的實質內涵。在這樣的狀態下，軟體動物們的座右銘也許該會是：活著必須是為了構作自己的家屋，而不是造戶屋子住進去而已。

然而，梵樂希在他第二階段的思索裡轉而意識到，經過一連串歷歷可數的動作，烙印下觸碰美感的印記，那些由人類所雕的介殼模型只能從外部獲取；相反地，「軟體動物滲出自己的介殼」（頁一〇），牠讓構造的材料「滲透過去」、「有節奏地滲出那神奇的外殼」。當這滲透一旦開始，殼屋於焉完成。如此一來，梵樂希回到釋出生物模樣的奧祕處，那徐緩、綿延，構作之作的神祕。

但是對於這樣神祕的緩慢構作，只是他沉思中的一小段。他的著作基本上是型態博物館的導覽

■

1・艾都華・莫諾—赫岑（Edouard Monod-Herzen），《普通型態學原理》（*Principes de morphologie générale*），第一輯，頁一一九，Gauthier-Villars，巴黎，一九二八年。「甲殼提供螺旋表面的無數例證，連續不斷的螺線在上頭交錯，形成了各種不同的螺旋狀。」孔雀尾羽的幾何形狀更是如夢似幻：「孔雀長長伸出的尾羽的尾眼正好位於一雙螺旋的交會點，其形狀明顯的是個阿基米德螺旋。」（第一輯，頁五八）

2・保羅・梵樂希（Paul Valéry），《海之至美：貝殼》（*Les mer-veilles de la mer. Les coquillages*），合輯，Isis，Plon 出版，頁五。

手冊。收藏物由保羅．侯貝（Paul-A. Robert）以水彩描繪，在開始繪圖之前，就早已準備好客體對象，已擦亮了貝殼瓣。這種細緻的拋光，坦露出色彩的本質，捲入繪彩於物的意念與其淵遠流長的色彩歷史裡。在這個極點上，殼屋最後變得如此美麗、如此深邃，連夢想進住都是種對聖物的褻瀆。

II

一個現象學家，想要體驗的是具有實際住居機能的意象，不應該主動探求表象美感的魅惑力。一般說來，美麗不僅外化也攪擾了私密的冥想。不但現象學家不能長期追索表象之美，貝類學者亦然，後者的職責在於分類蚌殼（écailles）與介殼（coquilles）繁密多樣的種類，尋尋覓覓著的是歧異性，如果他願意與現象學家分享那最初的驚奇感動，現象學家起碼就能從他那兒學習到許多。

就像對窩巢一般，在這兒，對介殼的長久志趣理應開始於具有最初驚訝的任真自然的觀察者；一種駐留在石頭裡的生物還可能活著嗎？就在那塊石頭裡？這種驚訝的感受很少會再有一次。生活很快地就削弱了這份感受，除此之外，有一個「活著的」介殼，就有多少個死去的介殼！有一個居住中的，那有多少個物去殼空的呢？

但是一個空著的介殼，就像一個空巢般邀約庇護的日夢入住。當我們追隨著這些單純的意象時，毫無疑問地會精緻化日夢。但是一個現象學家需要心無旁騖地直入終極純粹之境，這是我的信念，因此我相信向現象學家推薦一個居住的介殼絕對是有價值的。

107

III

對於驚嘆，最確切的信號就是誇大。既然介殼裡的一個居民可以令我們驚奇不已，想像力因此很快地將會根據介殼，創造出遠比實際上更惹人驚嘆的生物。尤吉・巴特呂沙第（Jurgis Baltrusaitis）題為《幻想中世紀》（*Le moyen âge fantastique*）的精緻作品中，我們可以找到復古風格的寶藏，在裡頭：「最料想不到的動物從一個介殼中蹦出，一隻野兔、一隻鳥兒、一頭雄鹿、一隻狗，就像從魔術箱裡蹦出一般。」[3]對於任何一個在意象萌發的中心處立定腳跟的夢者而言，與魔術箱相比，這實在是個沒什麼大用的比喻。一旦我們感受到細微的驚奇，就準備好讓自己的想像創造出巍峨的驚嘆，自然而然，一頭本就頗為巨大的象從蝸牛殼裡蹦出，變得再正常不過。但是如果要求牠再回到殼裡去，就不太正常了。在下一章會有機會顯示，在想像世界中，進與出永遠都不會是對稱的意象。「巨大、自由的動物從某些渺小的事物中神祕莫測地逃脫，」巴特呂沙第更進一步補充：「艾芙黛蒂（Aphrodite）如是這般誕生。」[4]美感與力量催發種子萌芽、成長；稍後我會指出微型縮影（une des puissances de la miniature）的力量，它潛藏在這個事實裡：巨大的事物確能從渺小的事物中揮發而出。

只要有關於一個從介殼中出現的生物，任何事都具辯證性。既然這個生物沒有整個兒出現，那

108

3．尤吉・巴特呂沙第（Jurgis Baltrusaitis），《幻想中世紀》（*Le moyen a âge fantastique*），Colin 出版，頁五七。

4．譯註：塞爾特傳說中，每到週六，腳就變成蛇或魚的仙女。

麼已現身的部分就與留在內裡的背道而馳。這個生物的後半部雖禁錮在堅實的幾何形狀裡，但是這樣一個在迫不及待中探出頭來的生物，是不會像那些小野兔或駱駝般，採取一個早已存在並形塑完全的型態。某些有關的刻劃展現出奇異的混血生物，例如在巴特呂沙第作品中的蝸牛（頁五八），「有著一顆留著鬍鬚的男人頭，一雙野兔的耳朵，頭戴大主教的冠冕，還有四足動物的四條腿。」介殼是女巫的燉鍋，在裡頭熬煮獸性。根據巴特呂沙第，「博若地方的鍛接時間（Les Heures de Mar-guerite de Beaujeu）充斥著這類古怪的形體，其中數個既已拋棄了自己的殼，卻還仍舊照著介殼的模樣蜷曲著。犬、狼與鳥的頭與人的頭一起被直接安在軟體動物的身體上，並且毫無保護。」如此這般，獸性的日夢一如脫韁野馬，實踐了簡短的動物演化史；換言之，為了形成這樣的奇形怪狀，只要縮短演化過程就夠了。

事實上，從介殼裡伸出的軟體動物啟迪了有關混血生物的日夢，夢裡的這些生物不僅是「半魚半獸」，也是半死半活，更極端一點說來，也是半石半人。這夢甚至與那些以恐懼癱瘓我們的日夢相悖，人從石頭中誕生。如果在榮格的《心理學與煉金術》一書的一些章節中，我們詳加細察顯示在第八十六頁上的圖象，就會看到美柳精（Melusines）[5]，不是從湖水中泉湧而出、浪漫化的那個，而是做為煉金術象徵的美柳精，她幫助我們形構磧石的日夢，在夢裡，生命的規律據說源自於這塊磧石。美柳精確實從布滿鱗片的粗礪尾部開始現身，那條尾巴向後延伸到久遠的過去，並且微微蜷曲。我們對這個次級生物擁有自身的活力一事毫無概念，但是曳著尾巴的介殼並未驅逐這個入居者。此事誠然是次等型態的生物被高等的生物視同無物，但在這裡，就像在每一處一樣，生命一旦到了自己的巔峰，就是活力充沛。而這個巔峰之處達成的動態平衡是在人類的終極象徵上，因為所有動物演化的白日夢者無不對「人」念茲在茲。在這些描摹煉金術的美柳精的作品中，人類的形象往往流於困窘與殘損，因為藝術家對這個形象所做的努力極微。但是呆滯不會激起白日夢之想，而介殼是個即將被拋棄的外殼，突圍而出的力量，即為創造與誕生的力量是如此生氣勃勃，以致在榮格書裡的圖十一中，兩個人類同時頭帶冠冕地從不成形狀的介殼冒出，每個都只出現了半身；這就是「**雙頭美柳精**」(doppelköpfige Melusine)。

109

所有這些例子提供我們現象學的資料，進行動詞「源出」(sortir)的現象學研究。而因為這些例子與「源出」(des sorties)的創制類型時相呼應，更加純然屬於現象學的。在這個案例中，動物不過是複化各種「源出」意象的託辭。人類依傍意象而活。就像所有重要的動詞，「源出於……」總會追索可觀的搜尋成果，在這當中，除了具體的例子，人們還會蒐羅難以感覺的、某種抽象的動作。我們很少，或甚至幾乎不再感覺到文法上衍義、歸納與演繹的動作，甚至動詞也變得像名詞般凝煉滯澀。只有意象才能讓動詞再次啟動。

5．尤吉．巴特呂沙第，同上揭書，頁五六。「在 Hatria 的錢幣上，一個女人的頭與她那被風吹拂著的髮，從一個圓圓的貝殼中冒出，也許那就是艾芙黛蒂。」

IV

在這個介殼的主題上，除了大與小的辯證，意象之想像也在自由存有與受縛存有間的辯證關係中運作；有什麼是我們不能期望從無以羈勒的存有身上得到的！

毫無疑問地，軟體動物在現實世界裡從殼中探出頭來的動作十分遲緩，所以如果我們研究蝸牛「行為」的確實現象，這樣的行為不用費勁就可以觀察得到。然而，如果我們能夠重新捕捉觀察本身的純粹天真，真真實實地再次經歷我們首度的觀看，就會給恐懼與好奇交織的情結帶來新的刺激與動力，這個情結往往隨著世界裡的最初動靜而來。我們意欲觀看，卻也恐懼去看；這正是所有知識那易觸可感的門檻，志趣在其上梭巡、搖擺、去而復回。我們手邊用來指出恐懼與好奇情結的例子在尺寸上並不大。對蝸牛的恐懼一下子就能平息下來，這懼怕已被侵蝕，微不足道。但是這裡的研究就是要投注在這些無足輕重的事情上，因為在機緣湊巧下，它往往顯露了奇異的纖巧。而為了顯示其纖巧，我該將它們置放於想像的放大鏡之下。

當現實不在我們想像時節制著恐懼與好奇的波動，它們擴大、增強。然而除了獻出相關意象的文料，沒有自行創造出別的，這些意象已確實地被夢想過、描繪過，並鐫刻在其他珍藏的寶石上。尤吉·巴特呂沙第書中有這麼一段：他回憶起一位藝術家的舉動，他表演一隻狗「從自己的殼裡蹦出來」，然後一個前撲，逮住了隻兔子。這隻「殼犬」只要更具侵略性一點，就會攻擊人類。這是一個很清楚的例子，藉著想像超越現實的途徑，說明動作持續推進的型態。因為在這兒，意象之想

110

像不僅僅在物體空間裡行動，也在力量與速度的元素上動作——也並非僅在擴張的空間裡，更是以較迅捷的節奏行動。當連續快門的攝影機催促著一朵花的開放，我們感受到的是一個生命贈禮的莊嚴意象；我們看到的花朵綻放得如此之快，而且毫不保留，這彷彿意味著來自這個世界的一項賜予。但是如果攝影機顯示給我們看的是一隻蝸牛以快速的動作從殼裡冒出，或者非常迅速地將自己的觸角伸向天空，將是多麼充滿攻擊性啊！那對觸角多麼具有侵略性！我們所有的好奇將會被恐懼所阻窒，恐懼—好奇情結也會被拆散。

所有這類的圖象都有著暴力的符碼，其中有一個激動過度的生物從死氣沉沉的殼中冒出來。藝術家至此沉溺下他的動物日夢。既然他們屬於同一種類型的白日夢，我們就必須將那些只有頭尾緊緊相連——藝術家總是忘了要顯示中間的身體——的縮節動物，與這些從蝸牛殼裡冒出獸頭、鳥頭與人頭的動物連成一氣。撇開兩者中間會有的其他種動物不論，這樣的聯合自然是速度的完美典範，而這種想像的生命衝力的觸動，使得大地冒出的生物很快地擁有了自己的形貌。

但是這些荒誕不經的形象所明顯具有的活力來自何方？它們活躍在隱匿著的（caché）與現身著的（manifeste）辯證之間，一個藏匿與「縮進殼裡」的生物持續準備著「出動」（sortie）。在整個隱喻的系統中，從人類在墓穴中的復活到長久沉默的人突如其來的發作，這樣的意象真確無疑。若我們在深思熟慮下停留於意象的核心，藉著待在介殼的靜止不動裡，生物總是時時準備著存在的短暫爆發，一種颶風般的橫掃。最富能量的脫逃發生在壓抑狀態下的生物身上，而不是惰性生物那軟綿綿的懶散上，這樣的生物只渴望著出走，然後到別處去繼續懶洋洋地過著。如果我們體驗到精神奕奕的軟體動物身上所有的想像弔詭——這個有所疑問的刻劃給予我們的是關於它們的完美描述——我們達到最具決定性的攻擊力，並推遲攻擊行動，等待時候到來。殼裡的野狼遠比在外遊逛的野狼更加殘忍危險。

V

藉著依循一種方法，這方法對我們而言似乎是在意象現象學上具決定性，在於描寫想像的入門途徑的意象，我們已強調過巨大與渺小、隱匿與現身、沉著與攻擊、懶散與活力間的辯證。從想像誇大的嘗試中一直到另一個現實之處；為了超越，首先必須誇大。我們也看過了想像如何自由地在空間、時間與力量的各元素上動作。但是想像的行動並不僅限於意象的層次，即使是在理念的層次上，它也傾向於極端，因此有了做夢的理念；例如有某些理論一度被認為是理性、科學的，但是實際上卻是遼闊無邊的日夢。以下提供這類型日夢／理念的例子，證明介殼是最清楚的明據，證實生命擁有能力組構自己外在的型態。根據如下的理論，十八世紀時由侯比內（J.-B. Robinet）提出，每一種具備外在形貌的事物本源於介殼，生命的首要目的在於築造介殼。我們認為侯比內絕妙的演化表上，其核心是一個介殼的浩瀚夢想，從他著作的書名就可以清楚地看出來：《存有型態的自然演化之哲學觀點，或創造人性時自然世界所做的努力》（*Vues philosophiques de la gradation naturelle des formes de l'être, ou les essais de la nature qui apprend à faire l'homme*，阿姆斯特丹，一七六八年出版），這書名描述了他的思想取向。那些

111

有耐性讀完全書的讀者會發現一個以教條方式出現，而我們稍早已經提過的圖象意象。局部的動物類型也會四處出現。化石對侯比內來說是生命的碎片，是個別器官的粗坯，總有一天在人類演化的頂點會找到與之相互為一的整體，演化是為了人類的出現持續地鋪設道路。我們也許可以這麼說，在人類的身體內部是由介殼所組成的架構，每一個器官都有其來龍去脈，當自然持續地教導自己以一個又一個的介殼創造人類時，這些器官已在長遠的世紀裡被試驗過了。機能從古老的原型裡抽取並塑造了自己的外貌，而生命，雖然只有部分，也構成自己的居所，一如軟體動物築造自己的殼。

如果可能成功地重新經歷這只有局部的生命，在生命本來承繼自身型態的確切裡，這個擁有此般形貌的存有者幾千年來始終稱王。每個外在的型態皆保留自身生命，因此一個化石不僅僅只是一個曾經活著的存有者而已，而是一個仍然活生生的存有者，在自己的殼裡沉睡著。介殼是最顯著的例子，說明普世皆同，朝向介殼型態發展的生物傾向。

侯比內堅決地主張：「我被說服去相信化石其實還活著，」他寫道（同上揭書，頁一七）：「如果不從生命外在型態的觀點來看；因為他們也許欠缺四肢與五官，那些我不敢確定的東西，但是最少從一個內部的、生命潛藏的型態看來，它非常地真實，即使比起某些沉睡中的動物和植物看起來較次等些。我絕不會拒絕接受他們擁有維生機能所需的器官。不管他們的外觀如何，我視之為一種進化，藉以接近他們在植物、昆蟲、大型動物，最後是人類世界裡的同類。」

侯比內的著作繼續提供詳細的敘述，附以精緻的描繪，有心形石、腦形石，有仿下頜形、足形、腎形、耳形、眼形、手形與肌肉的化石，還有蘭、二葉蘭、三葉蘭、陽具石、結腸石，以及擬男性

112

器官的男根石，仿女性器官的女陰石。

把這些只當作語言習慣上的簡易指陳將會是種謬誤，語言習慣藉著與其他日常用物相比來為新事物命名。稱名在此主動地思考與夢想，意象之想像於是靈活了起來。心形石是心形的貝殼，是會怦然跳動的心之雛形。侯比內蒐集的這些礦物學標本，是當大自然正嘗試著創造人類時，身體構造的一部分；理性批評的思維會持反對意見說，我們這位十八世紀的自然研究學者是個「想像的受害者」。然而一個避免所有批判性姿態的現象學家，只能在語言所鋪排的存在形態與意象的過分呈現中，錯認一個深度的日夢，這夢正逐漸自發顯現。侯比內無處不在地思考著從內翻轉到外的形態，對他而言，生命催生了形態，做為形態之源的生命創造出活生生的外殼是再自然不過的了。因為這樣的日夢，外在的樣態再一次成了生命的居所。

介殼，一如化石，為了人類身體不同部分的形態，在自然界裡做了許多嘗試；他們部分是男性，部分是女性。侯比內就對維納斯海螺做了描寫，這種海螺象徵女性的陰戶。精神分析師不會忽略在如此鉅細靡遺的指陳與描述當中所顯示的性妄想，在介殼博物館裡，他也不難發現諸如此類將介殼幻想為長齒陰部的描寫，這是瑪麗·波拿巴（Marie Bonaparte）針對愛倫坡所做的研究中最主要的論題。如果我們真聽信了侯比內的話語，就會傾向於相信自然界早在人類之前就早已瘋癲。我們可以想見侯比內會為自己的體系做辯護，並以興致盎然的答辯回覆精神分析師或心理學家對他的體系所做的觀察。他沉著地寫道：「有鑑於這些生殖器官的重要性，我們就不應該對自然界孜孜不倦地將這些器官複化為多重模式感到訝異。」（同上揭書，頁七三）

113

面對侯比內這樣將自己的幻夢癡想融入一個完整系統，並抱有研究想法的夢者，習於解開家族情結的精神分析師顯得十分無力。我們需要一種宇宙式的精神分析，暫且拋下人情世故，去關懷宇宙（Cosmos）的種種矛盾；也需要一種物質的精神分析，在它接納人類對全物質的想像的同時，更加著重於物質意象那意蘊深刻的戲耍。在我們當前研究意象的有限領域裡，必須解決介殼的矛盾，有時在外觀上它殼堅甲硬，但在隱密的內裡卻又柔軟而明晰。如何能夠以一種如此柔嫩的生物身體摩擦貝殼內部的表面，就可以使得它變得如此光滑？那隻撫弄珠母貝表面時忍不住夢想著的手指，難道不是遠勝於人性的夢，甚至過於人性的夢嗎？最簡單易懂的事有時反而是心理上的情結。

但是如果我們允許自己陷溺在有關居住之用的石頭的日夢裡，眼前將沒有終點。只要擁有足夠的好奇心，這些日夢既長遠卻又短促。我們能無止境地追隨它們，但是只要加以一個字的反思，就足以使其從此結束。在最微不足道的符號運作上，介殼變得人性化，但是我們立刻會知曉，它其實非人。有了介殼，生命脈動將太快歸於平息，而自然也太快地獲得封閉在某處的生物所具有的安適感。但是一個夢者，總是只能相信當四堵牆業已豎立起來時，所有的活動就因此而終止，所以事情必定是這樣的，介殼構作的夢想把活力與行動給予以高度幾何原理連結起來的分子群們。對它們而言，在自己實際的生物組織裡，介殼是活生生的。在某個偉大的自然傳說裡，將可以覓得證明。

VI

一個耶穌會的神父柯赫（Kircher）曾經聲稱，在西西里海岸邊「這些在風化侵蝕後碎為齏粉的貝類介殼，只要經過鹹濕的海水潑濺浸潤，會再度復活並且開始重新繁衍。」瓦樂蒙神父（Abbé de Vallemont）摘錄了這則寓言[6]，與鳳凰浴火重生的故事相類比。在這裡看到的不是火，而是水鳳凰。但是瓦樂蒙神父對這兩種鳳凰寓言都存疑。對我們而言，那些被意象之想像佔據了眼界的人只可能有一種結論：兩種鳳凰都是想像的產兒，**是想像的實情**（des faits de l'imagination），想像世界裡真有其事的現實。

除此之外，這些想像的實情與非常久遠的起源預言有關。尤吉・巴特呂沙第（同上揭書，頁五七）回憶道：「直到加洛林王朝時代（l'époque carolingienne），陵墓地底時常藏有蝸牛殼——一種令人驚醒的墓穴象徵。」在《基督之動物預言集》（*Le bestiaire du Christ*，頁九二二）一書裡，夏邦諾—拉塞寫道：「將它堅硬的外殼與敏感的內部肌理視同一體時，對古人來說，介殼是人類全貌的象徵，肉體與靈魂合而為一。事實上，古人的象徵學運用介殼做為人類身體的象徵物，它將靈魂圍裹於外在的包覆裡，此時靈魂催動著整個生命的存在，這種存在方式顯現於軟體動物的有機構造上。他們甚至說，當靈魂離開時，肉體也就變得死氣沉沉；同樣的，當介殼與賦予它生命活力的部分相割離時，也就失去了活動的能力。」有大量豐富的文獻資料集中在有關「復活介殼」的主題上。[7]在我們忙於這項作品的素樸研究中，並不需要非得追溯其久遠的傳統。所有在研究中必須做的只是要問我們自己，在這些任真自然的日夢裡，最樸素簡單的意象是如何豐富了一個傳統敘說。夏邦諾－拉塞以一個人能夠期盼的所有單純與天真述說這些事物，在引用了對復活擁有百折不撓信念的〈約伯記〉後，這位《基督之動物寓言集》的作者補充道（同上揭書，頁九二七）：「這靜悄安寧、附著於地的蝸牛是怎麼被選上，用以象徵這種炙熱激情、永不言退的信念？有此一說，在一年最陰鬱的時節裡，當冬天的死亡氣息攫住了大地，蝸牛深深地鑽進地底，靠著堅固的岩石，把自己像是封棺似地閉鎖在殼裡，直到春日來臨，在墓穴上高唱著復活的哈利路亞……此時牠才突圍而出，重新出現在遍灑的日光之中，生氣勃勃。」

115

我們應該要求也許會哂笑這種熱情的讀者，試著重新感受考古學家的驚嘆：當他在安德爾－盧瓦爾省（Indre-et-Loire）的墓穴裡發現「一副棺木，裡頭保有將近三百個蝸牛殼從足至腰排列在棺中骷髏的身上……」。與一種信仰有這種接觸，這將我們置於所有信仰的源頭，一個失落的象徵符號再度開始匯集夢想。

我們有義務一個一個地呈現所有證據，證明生物有重生的能耐，或是有生命的復活與甦醒之事，

6．瓦樂蒙神父（Abbé de Vallemont），《對植物、農作、園藝之完美的藝術與天性的好奇》（*Curiosités de la nature et de l'art sur la végétation ou l'agriculture et le jardinage dans leur perfection*），第一部。巴黎，一七〇九，頁一八九。

7．夏邦諾－拉塞摘錄柏拉圖與Jamblique。他也指點讀者參見《艾陸希之奧祕》（*Les mystères d'Eleusis*），第 VI 章，Victor Magnien 著，Payot 出版。譯註：艾陸希是希臘東岸雅典附近的古城。

這些證明被當作幻夢之想的融合。

如果我們以物質力量之夢相互混雜的性質加諸於這些復活寓言與象徵之上，就會明瞭到這個事實，深刻的夢者是無法對水鳳凰之夢視若無睹的。在混同為一的夢裡，復活始終在介殼裡蓄勢待發，而介殼本身即是復活的主體。因此，如果殼裡的積塵能夠體驗復活，粉碎的介殼就又怎麼能夠不能重新捕捉自己螺盤成形的力量呢？

當然，一個充滿理性批判的頭腦——這是它的功能——將會嘲弄無從制約的意象。而一個現實主義者很快地會要求一些體驗。就像在任何地方一樣，他在這兒也會想要藉由與現實的對質來核實意象；如果給他看一個填滿介殼碎片的研缽，他會說，「現在造出一隻蝸牛來吧！」但是現象學家的研究計畫更有野心：「他想要活得**如同**（tel que）一個在他之前活著的偉大的意象夢者。既然我業已強調了某些字詞，就應該要求讀者注意這個字，「**如同**」（tel que）比「**像是**」（comme）來得強烈，因為「**像是**」一旦出現，往往會讓人忽略現象學上的精微差異。「像是」只是仿效，然而「如同」暗示著就是要成為那個做著日夢的夢者。

如此一來，永遠蒐羅不到足夠的日夢：如果我們想要**現象學式地瞭悟**到一隻蝸牛如何築構自己的窩；這種最柔軟的生物如何建造出如此堅實的殼；即使在這個將自己整個封閉起來的生物體內，冬天與春季的宇宙韻律如何可能依舊依時和鳴。從心理學的觀點看來，這並非沒有價值的問題。一旦我們回到事物本身，它就會自然浮現；如同現象學家所言，我們很快地夢見一戶家屋，它隨著入住其內的生物軀體逐漸成長。這隻小小的蝸牛在自己的磐石囚牢裡如何能夠發身成長？這是一個可以自然而然問出口的「自然」問題。然而我們偏好別開口去問，因為它會帶我們回到童年時期所問的問題。然而對瓦樂蒙神父而言，這是個依舊懸而未決的問題，他補充道：「當眼前是一件自然之物，我們很少發現自己身在熟悉的土地上。隨著每一個步履，總會出現些東西讓我們驕傲的理智覺得受辱而羞愧。」換句話說，一個會跟著裡頭的住民一起成長的蝸牛殼，就是眾多宇宙奇蹟裡的其中之一。瓦樂蒙神父總括一句（同上揭書，頁二五五），介殼「對心智而言，是冥思默想的莊重主題。」

VII

看到寓言故事的破壞者成為一個寓言的受害者向來是很有意趣的。十八世紀初，瓦樂蒙神父不像相信有水鳳凰般相信有火鳳凰；但是他確實相信循環再生，也就是一種兩者皆在的混合體。例如，如果我們把蕨類植物弄成碎屑並融入純淨的水裡，然後讓水蒸發，我們就會得到有著蕨葉形狀的可愛水晶。還有很多其他的例子可以供應給夢者的冥想，讓他們發現我所謂的充滿型態因果律的成長發育嗅鹽（des sels de croissance saturés de causalité formelle）。[8]

但是只要切近我們現在注意的問題，就會發現在瓦樂蒙神父的書中，窩巢意象與介殼意象相互

8．Bachelard,《科學精神的形成》（*La formation de l'esprit scientifique*），Vrin 出版，頁二〇六。

浸染的效果。在某一點上，作者談論的是茗荷介（Anatifère），或者是長在船舨木頭上茗荷介的介殼水族（同上揭書，頁二四三）。「這由八個介殼所構成，」他寫道：「看起來十分像是一束鬱金香……材質都是相同的貽貝殼……開口在頂部，由連接完好的小巧門戶闔闔著。問題不再在於知道這海生動物如何成形，與踞住在這些巧妙打造的居所裡的居民。」

往後的幾頁裡，介殼與窩巢的相互浸染表達得非常清楚。這些介殼就是那些鳥兒飛離的窩巢（頁二四六「我認為茗荷介的不同介殼就是那些血緣古老的鳥類，〔在法國，我們稱之為海番鴨（macreuses）〕在裡頭成長與孵育的窩巢。」

我們現在有個類型故事的混合體，在前科學時期的日夢裡是十分普遍的。海番鴨一度曾被認為是冷血鳥類。如果有人問到這些鳥兒是如何孵化出雛鳥時，一個經常出現的回應是：「為什麼牠們要孵卵，既然牠們天生就不能暖蛋也不能溫巢？瓦樂蒙神父補充道（頁二五〇）：「一群聚集在索邦大學的神學家決定，應該把海番鴨從鳥類中剔除，並將其歸入魚類當中。」因此牠們成了在四旬齋節時的食物。

海番鴨這半魚半鳥的生物，在離開自己的巢殼（nid-coquillage）前以一個梗狀鳥喙和巢殼相連。如此一來，一個傳習而來的夢想蒐羅所有傳說裡相連的部分，在這裡，巢與殼的龐然日夢以兩種觀點表示，我們也可以說是以相互變形扭轉的方式呈顯出來。巢與殼是兩種返照自身日夢的宏偉意象。在此，外在的型態不能完全決定這種親合性；喜納這種傳說的日夢，其原則超乎經驗之上。這裡的夢者已進入一個由信念超越了所見、所觸而形成的領域。如果窩巢與介殼不具重要意義，他們的意象也就不會如此輕易而莽撞地相互結合起來。雙眸緊閉、大膽地描形與上色，夢者被庇護居所的信念所攫，在居所裡，生命被聚集、準備與轉化。因為渾然一體的本質，窩巢與介殼只能夠這般緊密地締結起來。一整個分枝的「夢之家屋」在這裡找到兩種深遠的根源，以人類日夢裡彼此異質的事物相互混合的同樣方式，予以混同為一。

我們對這種日夢的態度往往會猶豫著該不該過度明確，對於這些夢想，沒有任何經驗記憶可予以澄清或解釋。但是如果將其置於上述呈現的文本裡所提及的復活意義上來看，就會傾向於認為意象之想像先於經驗記憶。

VIII

在經過這場遊逛到日夢遠處的漫步後，我們回到較貼近現實的意象。雖然我們自問是否有一個所謂貼近現實的想像意象。當我們以為自己正在描述時，時常只是想像而已，並且相信所做的描述立竿見影地深具教育性與趣味性。這種虛假的類型文章盤踞了整個文學史。比方說在某個十八世紀旨在做為青年武士指導手冊的書籍裡，[9]我們發現一段文字，描寫張開殼並黏著於卵石上的貽貝：

118

9・《自然奇觀》（*Le spectacle de la nature*），頁二三二。

「因為它的韌索與支撐物，它可是會被錯認為一個居所。」作者很自然地沒有忘記提起這個事實，這些微細的韌帶能被織進居處的建構組織裡，同時繫線確實是從貽貝的纜索產生的。作者哲學式的論說，以一個非常普遍的意象做結：「蝸牛造了一戶自己背著走的家屋，」所以「不管旅行到哪鄉哪村，牠們永遠都在自己家中。」我不該重複這種瑣碎的小事，如果不是在不同的文章中發現它上百次；可是這竟是給予一個十六歲的武士沉思默想之用！

這也經常用來引為自然家屋何其完美的範例。「這些家屋以相同的計畫被建造起來，」作者這樣說道（頁二五六）：「它們的目的旨在提供動物們遮蔽。但是這樣簡單的計畫所完成的卻是形形色色的成果！每一種都擁有自己的完美之處、魅力所在與實用舒適。」

如此這般的意象乃在呼應一種童稚、淺表與漫散的觀奇型態。然而，既然一種想像的心理學就必須得萬無遺漏，那麼最渺小的志趣也可以為偉大的志趣鋪路。

也會有人排拒太過天真的意象，或是貶斥那些變得過於陳腐的時期；顯然地，不會有比殼屋（coquille-maison）意象更陳腔濫調的了，它太過於簡單以致無法恰當地裝飾，也過於蔽舊得無法推陳出新。這個意象訴說著的是它必須以一個單字就能吐露的；事實是，這是一個牢不可破的源初意象（image initiale）。它屬於人類夢想中食之無味、又無以棄之的舊東西。

民間傳說裡充斥著招引蝸牛露出觸角的歌謠，孩子們愛用一片草葉去逗弄牠，讓牠縮回自己的殼裡。最出乎意料的比喻會被用來解釋這種退縮。根據一位生物學家說：「一隻蝸牛暗暗地縮回牠的小居亭，像是位受了戲弄的少女哭著跑回自己的房間。」[10]

太過清晰的意象——我們在這兒有個例子——變成了泛泛空談，因此阻滯了意象之想像。我們既已目睹、我們既已瞭解、我們既已述說，所有一切於是封閉。所以必須為這個普遍的意象找到一個獨特的意象使其復甦。在這兒的是個為了復甦這段章節的意象，我們在這章節之中我們似乎成為平庸的祭品。

侯比內相信，蝸牛藉著不停地滾動建造出自己的「樓梯間」，因此牠的整個家屋將會是階完梯好的一戶。每一次彎扭，這隻柔軟的蝸牛都朝著形成自己的螺旋階梯前進了一步。為了前進與生長，牠蜷著自己的軀體。築巢的鳥兒滿足於不停地迴轉。侯比內生氣勃發的介殼意象，也許可以與米什萊活力盎然的窩巢意象相提並論。

IX

大自然自有簡單的方式令我們感到驚奇：即透過張揚巨大（faire grand）。在介殼被喻為聖施洗盆（Grand Bénitier）的例子裡，我們看見自然做著一個廣袤無垠的夢，一個有關托庇護持的真正癲狂之

10．列昂．比內（Léon Binet），《動物的祕密生命》（*Secrets de la vie des animaux*），動物生理學論集（Essai de physiologie animale），Presses Universitiares de France 出版，頁一九。

夢，收束於具庇護意味的龐然怪樣上頭。這個軟體動物「僅只十四磅，但是牠的每塊殼瓣卻在二百五十至三百公斤之間，長度有一公尺至一公尺半。」[11]本書歸類於著名的《奇觀大全》（*Bibliothèque des mervei-lles*），其作者補充道：「在中國……有錢的漢人擁有以這些貝殼中的一種所造成的浴缸。」在這種軟體動物的居所裡沐浴，想必非常放鬆舒暢；其舒馳的程度可以想見，想想看一隻十四磅重的生物竟然佔據了這麼大的空間！做為我這樣少見的書夢癡，對生物學的實情不太了然，但是當我讀到阿賀曼・隆德汗（Armand Landrin）的記述，也就陷溺於宇宙的渺渺幻夢裡。一想到在聖施洗盆的殼裡沐浴，有誰會不生宇宙無限之感？

聖施洗盆的力量與其殼身的高度及重量相輔而成。的確，根據一名觀察者說，可以用兩匹馬套在每個殼上，然後讓這個聖施洗盆「若無其事地張開殼，打起呵欠來。」

我樂於看見重現這個大手筆的雕塑。我可以想像這幅景象，藉著回想一幅我長久以來時常看見的古畫，畫中有馬兒拴在貝類的兩片蛤上，當中空無一物，只餘空間。這幅景象正刻劃出基礎科學傳統裡傳奇性的「馬德堡（Magdebourg）實驗」，將會有個生物學上的例證。四匹馬兒力克荏弱的七公斤蛤肉！

但是，不管自然造物的尺寸有多麼龐大，人類還是可以輕易地想像出更巨大的。在寇克（Cork）根據波許（Hieronymous Bosch）的作品所做的雕塑「殼貝在水中巡航」（l'écaille naviguant sur l'eau）[12]裡，我們可以看見一隻巨大的貝類，足足可容納十個人坐在裡頭，家事四個兒童與一隻狗。安德烈・拉豐研究波許的美妙作品裡提到，這種有人入居的殼貝，將會繁衍不息（頁一〇六）。

居住在世上空心之物裡的夢想過度膨脹，往往伴隨著波許式風格獨具的荒謬想像。在貝殼裡，旅人們正在舉行歡宴，高歌痛飲；因為這個畫家天分被描繪狂歡的執著所突顯，那種當我們「縮進殼裡」時就會追尋到的寧謐之夢，結果完全逸失。

在一場膨脹的白日夢過後，我們須得回到它的源初純粹性所指的那種白日夢。我們已深知欲居住於介殼裡，必須是獨自一人；藉著活過這個意象，我們知道一個人必須甘於孤寂。

單獨過活；好一個偉大的夢！最缺乏生氣、最奇形怪狀的意象，比如這種活在介殼裡的生物，足以做為如是一夢的源頭。我們面臨這場夢想，在巨大悲傷降臨的生命時刻裡，它被每一具身體——虛弱的與強壯的——共同分享，據以抵禦人世與命運的不公。如同沙拉梵（Salavin）這個弱者，悲傷的生物，在他的斗室裡就可以得到安適，正因為它狹窄，故此讓他說道：「如果沒有這間如同貝殼般幽深的斗室，我該怎麼辦？啊！蝸牛不明白自己有多麼幸運。」[13]

偶爾，某些意象毫不起眼，難以覺察，但是依然有其影響力。它表達了人類蜷縮自己並深陷其中的孤寂狀態。一個詩人，夢見某戶孩提時代的家屋，它在記憶裡被加以放大，成為：

11．阿賀曼．隆德汗（Armand Landrin），《海怪》（*Les monstres marins*），第二版，Hachette 出版，一八七九，頁一六。
12．譯註：十五世紀荷蘭畫家，相應作品為「塵世樂園」（Ecclesia's paradise）。
13．喬治．杜阿梅（Georges Duhamel），《午夜告白》（*Confession de minuit*），第七章。

老家屋，星星與玫瑰
來往冶遊之處

並且這麼寫道：

我的影子環成一個迴音聲響的貝殼
詩人聆聽著自己的往昔
在自己身影所環的殼裡。[14]

有些時候，意象透過所有憩息空間會有的異類同形效果，獲取自身的力量；致使每個療慰人心的中空處都是一個寧靜的殼。加斯東．畢艾勒（Gaston Puel）這個詩人寫道：

這個清晨，我該說說這樣單純的幸福
屬於在一艘船的空處，一個伸展肢體的人所有的。
小艇的橢圓船殼圍覆著他。
他熟睡著。如一粒杏仁。而船，如一張床，
抱擁著睡眠。[15]

121

人、動物、杏仁，都在殼裡找到最大的恬靜（repos）。恬靜的氣息籠罩著這每一個意象。

X

既然增衍所有具辯證性的微差意涵（nuances）是我的企圖，藉由這些微差意涵，想像力賦予意象最樸素的生命力，我們想要提出一些談到介殼的攻擊能力的文獻。有時，「陷阱屋」（maisons guet-apens）會以某些方式出現，想像力生產出織附在漁網上的陷阱貝殼，誘餌與機括一應俱全。普林（Pline）提供以下的描述，說明豆蟹與共生的蛤貝如何覓食：「盲目的蛤貝將殼全然張開，將自己的身體暴露在所有四周往來的小魚面前。當牠們感應到可以無所顧忌地進入時，膽子變得大了起來，並且塞滿了殼裡。就在此時，豆蟹，始終處於戒備狀態中，以一個輕咬警醒了蛤貝，牠迅速闔上，壓碎每個困在兩張蛤片裡的生物，然後這對伙伴將獵物分而食之。」[16]

14．馬克沁．亞歷桑德（Maxime Alexandre），《皮與骨》（*La peau et les os*），Gallimard 出版，一九五六年，頁一八。

15．加斯東．畢艾勒（Gaston Puel），《雙星間的歌聲》（*Le chant entre deux asters*），頁一〇。

16．阿賀曼．隆德汗（Armand Landrin），同上揭書，頁一五。翁布瓦惹．巴黑（Ambroise Paré）《作品全集》（*Oeuvres completes*，第三卷，頁七七六）也摘錄了同樣的傳言。小螃蟹的幫助是「像個侍應生般坐在貝殼的入口。」每當一條魚游進殼裡，被咬的蛤貝闔上蛤片，「然後，他們一起把獵物吃乾抹淨。」

在動物界裡，恐怕很難有比這更好的方式。為了避免使例子變得太複雜，因此我們會重複這個相同的寓言，同時也因為它出自另一個偉大的名人之手。在李奧納多．達文西（Léonard de Vinci）的《筆記》（*Carnets*）中我們讀到：「一隻牡蠣在滿月時敞開著。螃蟹們看到這個景象，將石子或樹枝投進裡頭，讓牠不能合上，然後以之為食。」達文西補充下面這一段對這則寓言來說很適當的道德喻示：「彷彿那張說著自身祕密的嘴，讓自己任由那守不住祕密的聽眾擺佈。」

我們需要更進一步的心理學研究來決定總是從動物界引伸來的道德寓意有何價值。既然是偶然間才碰見這個問題，我只想在行文中一提。但是有許多種稱呼出現，各自說著自己的故事：像寄居蟹就是在這些稱呼中的一個。這種軟體動物沒有構造自己的殼，但是就如每個人知道的，牠會藏身在一個空殼裡活著。當牠覺得空間窄狹時就會換另一個。

持續活在被棄置空殼裡的寄居蟹，其意象有時會讓人聯想到杜鵑鳥的習性，把自己的卵下在其他鳥類的巢裡。在這兩例中，大自然似乎很享受與自然界的道德規範相牴觸。想像力，被所有物種的異端所激勵，而且在為這種鳥類裡的竊據者其性情特徵的狡猾與機巧加油添醋時，獲得不少樂趣。我們常聽說，杜鵑鳥在確定寄生巢裡的母鳥離開後，會破壞巢中一個原先準備孵育的卵；如果牠打算下兩個卵，就會弄破兩個。除此之外，即使聽到同類的呼喚，杜鵑鳥在躲閃的技藝上也是計高一籌，牠喜好躲藏與尋覓；但是有誰親眼見到這種技藝的展演呢？在現實世界裡，「杜鵑」的稱呼往往比實體本身還要廣為人知。又有誰可以辨別褐杜鵑與金黃杜鵑的不同？根據凡斯洛神父（同上揭書，頁一〇二）所說，某些觀察者堅持，褐杜鵑只是灰杜鵑的雛鳥，如果當中有一些「往北遷徙，而另外一些往南，結果就是在同一地區兩種都不會被發現，因為在遷徙的鳥群中，成鳥與雛鳥很少出現在同一地。」

因此，杜鵑憑藉著這樣保持神祕的本能，幾世紀來被賦予完全變態的能力不足為奇，凡斯洛神父（頁一〇二）寫道：「早先的人相信杜鵑可以轉化成為鷹隼。」從這個傳說中得到靈感，加上回憶起杜鵑是隻偷蛋賊，我認為牠化為鷹隼的故事，也許可以濃縮為一則勉強曲解的法國諺語：「偷了一個蛋的，日後會攫走一頭牛。」[17]

X[18]

對某些人的心智而言，特定的意象具備絕對的優先性。伯納爾・巴力希（Bernard Palissy）[19]的心智就是其中之一，對他來說，介殼意象具有長久的意趣。如果有人以巴力希對物質的想像中最主要的元素來定位他這個人，想必他很自然地會落入「陸地的」一類。但是既然對物質的想像是件具有眾多細微差異的事，巴力希的想像該特別被歸類為一個陸地生物的意象之想像，追尋著一個歷經烈火

17・譯註：此諺語的原意如下：偷了一個蛋的，日後也會偷牛。（Qui vole un oeuf, enlève un boeuf.）
18・此節在原文即標示為X，明顯與上一節的節次重複，為忠實呈現原著，故重複之。
19・譯註：十六世紀學者、陶瓷藝術家。法國陶藝創作者。

123

淬煉的堅實大地，它同時可以透過鹽粒的凝結與自我涵攝，擁有獲致自然硬度的可能性。介殼展露了同樣的可能性，在這個層面上，寄居在其中那荏弱、黏稠與「流涎」（baveux）的存有也在逐步硬化的過程中扮演一個要角。的確，凝固化的法則如此有力，堅固性的攻城掠地如此無遠弗屆，因此介殼達成了牠平滑如釉的美感，彷彿經過火的窯燒製成。幾何之美增加了外型的美感，對於一個陶藝或瓷藝家，一個介殼是個多令人冥想不盡的主題啊！但是有許多的動物藏在這個巧奪天工的盤器那光滑的釉面底下，把它當作自己體膚最為堅固的護殼。在千變萬化的宇宙物質戲碼裡，或在塵土與火光的抗拮之中，如果我們得以重新體驗伯納爾．巴力希的激情，自然可以瞭解，為何暗藏在自己殼裡最為卑微的蝸牛，可以餵養他那無盡的夢想。

在所有這些日夢當中，我該在這裡僅註明那些具備最難解的家屋意象的日夢。以下題為〈關於一座碉堡城市〉（Da la ville de forteresse）的文章收錄在《真實領受》（*Recepte véritable*）[20]這部作品中。我試圖在摘要敘述中傳達原著所有的豐富內涵。

在面對「恐怖的戰爭威脅下，」伯納爾．巴力希苦思出一座「碉堡城市」的設計。他已經不寄望在「當下所建造的城市裡，發現任何典範」。他認為，在這個加農砲戰的世紀裡，維特呂（Vitruve）[21]對他已無助力。所以他跋山涉水，穿越「森林、高山與河谷，想看看他是否能發現某些勤快的動物能建造好的牠們有技術的家屋」。在探尋過各處之後，啟發巴力希開始遐想「一隻小蛞蝓以牠的殼建造出自己的家屋與碉堡」。的確，他花了數個月的時間夢想著「從內部」構造出來的建物，大部分的空閒都用在海邊漫步，在那兒看見「有如此多樣的家屋與碉堡，某些小魚用牠們的體液與唾吐建造它們，從現在開始，我認為這兒一定有某些東西也許適合我所構思的建造計畫」。發生在海洋那些最無武裝力的，最柔軟的生物間的「掠奪行徑與征戰」遠比在陸地上發生的規模來得大，上帝「賦予每一種生物建造一戶家屋的速度與技巧，以無比的幾何計算與建築方式來測量與建造，即使是所羅門王傾其全部的智慧也不可能造出任何類似的事物」。

談到螺旋介殼，他寫道，這種形狀完全不是「只為了美感而存，有比這更重要的目的在其中。你必須瞭解到，上述提到的魚種如果只有個平直的居殼，有數種長著尖喙的魚就可以對其狼吞虎嚥；但是當牠們在自家門檻遭到敵人攻擊，只要往內一縮，蜷起身子來，這個敵人對牠們而言，幾乎可算是不構成傷害。」

124

就在此時，有人帶給巴力希兩個來自幾內亞的大貝殼：「一個骨螺與一個峨螺」。根據巴力希的邏輯，做為弱肉強食的弱者，骨螺必須具備最佳的防禦力；事實上，「在殼緣的四周有一些相當大的突出點，我判斷這些突出的角是為了防禦這個碉堡的目的才被放在那兒的。」

提供所有這些初步的細節看來似乎是必要的，因為它們顯示巴力希持續尋覓著自然界的靈感。他為建造自己的碉堡城市所找的範例，再也沒有比「循例援引上述所提的骨螺碉堡」更好的了。抱

20．伯納爾．巴力希（Bernard Palissy），《真實領受》（*Recepte véritable*），Bibliotheca remana 出版，頁一五一以下。

21．譯註：馬庫斯．維特呂．波里歐（Marcus Vitruvius Pollio），西元前一世紀羅馬建築家，所著《論建築》（*De architectura*）十冊，影響了義大利文藝復興的建築思想。

持著這個想法，他利用圓規與尺武裝自己並且開始著手自己的計畫。就在這座碉堡的核心有一個四方形廣場，市長的官邸就座落在這兒。從廣場出發，一條唯一的大道圍著廣場環繞四圈；頭兩圈依著廣場的形狀纏繞，剩下的兩圈則繞成八角形。在這四條環繞街道上的門與窗都朝著碉堡內部，以至於屋子的背後形成一道連續不斷的牆。最後一道屋牆抵著城牆，如此一來，會構成一隻巨大蝸牛的形狀。

伯納爾·巴力希在這種「自然」碉堡的優勢上增加了長度，即使當中的一段落入敵手，也仍舊保留躲藏的可能性。事實上，是這種藏匿的蜷縮動作決定了整個意象的大體主軸。敵人的大炮不能沿線找到庇護所，而且徹底搜索這個蜷曲城市的街道是更不可能的。敵方的砲手會像擁有「尖喙」的掠奪者在試圖攻擊一個蜷起的貝殼一般，感到失望。

在這段對讀者來說也許有些太長的摘要裡要溶入混合的意象與實證的細節卻是不可能的。一字一行循著巴力希文本追蹤的心理學家會發現，意象一如證據般被運用，並證明了一個合乎理性的想像。這個簡單的描述是種心理學的情結，但是對於這個世紀的我們而言，這種意象的「合理性」不再可靠，並且毋須相信所謂的自然碉堡。當軍人建造「刺蝟」防禦工事，他們知道自己不是在意象的領域裡操作，而是在簡單的隱喻層次上。然而，如果我們混淆了類型作品，並且將巴力希的蝸牛碉堡（l'escargot-forteresse）當作簡單的隱喻，那麼就大錯特錯了！這是一個居存於偉大心智的意象。

對我來說，在其中享受著這般意象的閒暇讀物裡，總會情不自禁地流連於龐然大物的蝸牛身上。透過想像力單純的戲耍，任何意象在尺寸上都被放大了，為了表達這一點，我們自然該摘錄下面這首詩，在詩裡，設想一隻蝸牛有一個村莊般大小：

一隻巨蝸
緣山而下
身畔隨伴著
小溪流的白色泡沫
非常古老，殘存一肢的觸角
是短而方的鐘塔

詩人補述道：

城堡是牠的居殼……[22]

但是在伯納爾．巴力希的作品中，有其他的段落強調意象的此種命運，我們在他有關殼屋的經

22．何內．胡吉業（René Rouquier），《玻璃球》（*La boule de verre*），Seghers 出版，頁一二。

歷中想必可以辨認出它。當意象靈光一現時，蓄勢待發的類介殼碉堡建造者同時是一個建築師與景觀設計師，為了補足他對祕密花園的設計計畫，他增加了自稱為「密室」（cabinets）的設計。這些密室是藏匿的地方，在外觀上像一個牡蠣殼般粗礪堅硬、固若磐石。伯納爾・巴力希寫道：「以上所述的密室，其外部構造，為了不要有任何建築物型態，就以巨型未切割的岩石所打就。」相反地，在內部構造上，他偏好使之像一個貝殼般極度光滑：「當石料的部分完工時，我要以數層釉衣覆蓋於其上，從拱頂的天花板直鋪到地面。當這個工作完成時，在裡頭升上一堆熊熊烈火，融化那些釉料，使之披覆於石材表面……」如此一來，「密室的內部看來一體成形……平滑如鏡，即使是爬進來的蜥蜴與蚯蚓都會在裡頭看到自己的影像。」[23]

為了上釉的砌磚而燃的室內之火是一聲遙遠的呼喊，發自我們這個時代引燃來「烘乾泥灰」的槍焰。也許巴力希在這裡重溫他製作陶器時燒窯的景象，窯裡的烈火燒得磚塊滴淚於牆。在這個例子裡，一個特異的意象邀引出特異的手段。這是一個想要活在介殼裡的人；想讓保護自己的圍牆光亮滑溜同時結實牢固，彷彿自己敏銳易感的肉體可以恰恰鑽進，緊緊貼膩著它們。伯納爾・巴力希的日夢表達出居家狀態裡觸感層面（l'ordre du toucher）上的機能。而介殼賦予日夢純粹肉體上的私密感（intimité）。

具有支配力的意象傾向於相互結合。巴力希的第四間密室是家屋（maison）、居殼（coquille）與洞窟（grotte）的混合體，他寫道（同上揭書，頁八二）：「內部的石材會精雕細琢，這樣一來，它會看起來僅僅像是一塊凹陷的岩石，可以從裡面挖出石頭。不過，上頭提到的密室會彎曲並隆起，附帶著幾個歪斜的窟窿及凹面，並且不會顯現出於人手的斧鑿外觀與形狀，但卻會是看起來極不平整的天花板的拱頂，好像搖搖欲墜，因為上頭會出現幾個懸墜的窟窿。」不消說，這個蜷曲家屋的內部一定鋪滿釉料，這是一個外觀上看起來像是螺殼的洞穴。因此，藉著人力的大量勞動，這個靈巧老練的建築師成功地創造出自然的居所。為了強調密室的自然特性，我們將它覆蓋土壤，「如此可以在土壤裡植上幾棵樹，看來就完全不像是人工建造的。」換句話說，這個大地居民巴力希所謂真正的家屋在地底下。他意欲居住在岩石的核心，或者我們該這麼說，居住於一塊岩石的介殼裡。這些垂墜的窟窿以人們恐懼被壓碎的夢魘姿態，填滿了這個居所，而深深鑽進岩石的螺旋給人一種痛苦深淵的感受，但是渴望居住於地底的存有者知道克服這種共通的恐懼。在他的日夢裡，伯納爾·巴力希是個地底生物的英雄，在他的意象之想像裡——他這麼說——從犬隻對著洞穴門口狂吠的恐懼裡萃取愉悅；對於訪客的這一方，深入這座曲折的迷宮，仍是帶著同樣的猶豫。殼窟（grotte-coquille），只對一種人而言是座「碉堡城市」，一種喜好全然孤獨，並且知道如何以單純的意象防禦與護衛自己的人。這裡毋須城門，毋須上鐵條的家門：人們根本就懼怕進入這裡……

無論如何，一個重要的現象學考察仍須建立在闃黑一片的大門穿堂這個主題之上。

23．同上揭書，頁七八。

XI

以窩巢、以介殼——冒著令讀者感到厭煩的風險——我呈現出這些多樣化的意象，對我們來說，它們似乎舉證說明了在基本的家屋型態裡具有的家居作用，即使這些型態也許想像得太過火了。我們在這裡可以感受到這是一個想像與觀察交融的混合問題。當然，生物空間的實證研究並不是我們的問題所在。我只想要顯示，無論何時，生物一旦尋求庇蔭、保護、掩蓋與藏匿自身，想像力總與這個居住於庇護所的存有者同悲共喜。意象之想像在所有令人感覺安全，形式各異的狀態裡經歷過備受保護的經驗，從身在介殼這個終極質材裡的生物，到具備表面擬態（mimétisme）這種更加精微的藏匿技藝的生物體。如同詩人諾艾勒．阿賀諾（Noël Arnaud）所夢想的，存有者總是藏匿於同類擬似之中。[24]在帶引居住的安和寧靜臻於頂峰的色彩塗覆下處身於安然之中，並不代表失之莽撞。色彩的深淺濃淡本身也是足可入住的居所。

XII

在介殼的研究之後，我們當然能夠說些有關甲殼類（carapaces）的故事。就此而言，只有烏龜這種揹著家屋走的動物，會讓自己落到那些浮淺的評論文章裡。這些評論不太能以新的例子來說明我們剛剛處理過的主題。因此我該更進一步，寫上一章關於烏龜的家屋。

既然一點點與先前的意象有所差別的歧異就可以隨機地激發想像，我們將從義大利詩人的法蘭德斯遊記當中[25]，抽取出居塞普・溫加瑞提（Giuseppe Ungaretti）的一段來加以評點。在詩人弗杭斯・艾朗士——只有詩人才有如此珍寶——的家中，溫加瑞提見識到一幅木刻「雕刻出一匹狼的怒氣，牠正攻擊一隻縮進自己稜角分明的龜殼裡的烏龜，毫不顧惜自己飢腸轆轆，陷入了瘋狂」。

這三行文字一再回到我的思緒裡，我不斷對自己說著他們的故事，說也說不完。我看見餓狼來自遙遠、被饑饉襲擊的荒地，牠瘦骨嶙嶙，一副飢饞的樣子，外垂的舌頭鮮紅而火燙。就在此刻，從一株灌木底下偏偏竄出一隻烏龜，對於全世界的老饕來說是特別精緻的佳餚。藉著向前一撲，餓狼抓住了牠的獵物，但是烏龜，承襲自大自然賦予牠的本能使牠迅速縮回頭、四肢與尾巴到殼裡的動作，遠快過抓住牠的狼。對於這匹飢餓的狼，烏龜除了是路上的絆腳石外，什麼也不是。

很難知道自己在這齣飢餓的戲劇性事件中會選哪一邊？我嘗試保持公正。我不喜歡狼，但是就這一次，烏龜也許可以停止動作。溫加瑞提花了很長的時間想著這幅古老雕刻，很明白地說這名藝術家成功地讓「餓狼討人喜歡，而烏龜令人厭惡」。

一個現象學家可以對這種註解做出多少解釋啊！事實上，我們在面對著「註解的雕刻」，當然，

128

24．諾艾勒・阿賀諾（Noël Arnaud），《粗坯狀態》（*L'état de l'ébauche*），巴黎，一九五〇年。

25．《歐洲文化評論》（*La revue de culture européenne*），第四季，一九五三年，頁二五九。

心理學的詮釋往往超越了事實本身，然而卻沒有一條既定的界線可以用來分析一隻「令人厭惡」的烏龜。這隻身在自己殼中的動物確保自己的祕密無虞，於是變成一隻擁有刀槍不入的外殼的怪物。現象學家因此必須對自己述說狼與烏龜的寓言故事，並且將這幕場景提升到自然節律的層次上，從中思索「在世間之饑饉」（la-faim-dans-le-monde）是怎麼一回事（現象學家偏好安置一些一致的特性來描述他們進入世界的線索）。更簡單點說，現象學家在某個時刻必須有一副餓狼的肚腸，以此面對一隻躲進石頭裡的獵物。

如果我有幾幅這種雕刻的複製品，想必會用它們來區別與測量人們「在世饑饉」的劇碼中參與的觀點與深度。幾乎可以確定的是，這種參與將會顯現出明顯的曖昧不明，有些人會接受這是說故事的技巧不佳才令人昏昏欲睡，並且不會把這齣由了無新意的稚氣意象所構成的戲碼掛在心上。他們會在邪惡動物的憤怒上獲取樂趣，對縮進殼裡的烏龜掩嘴訕笑。另外一些人則會被濫加瑞提的詮釋所警醒，他們也許會想逆轉處境。像這樣對寓言故事的逆轉企圖在傳統脈絡中蟄伏已久，足以對說故事的手法與功能帶來更新再生的效果。想像力在這裡創造了新的開端，對於現象學家來說是有利的。這類型的逆轉對於將大世界視為一鄰之隔的現象學家們所屬的學術傳統而言，只能激起些微的收錄興趣。他們即刻意識到的是「在世間之存有」（être dans le Monde）、「在世存有」（être au Monde）。但是對關注意象之想像的現象學家來說，問題會變得更複雜些，因為它不停面對世界的「陌生化」。尤有甚者，藉著它本身的新奇特質與獨特的活動方式，想像能夠化熟悉為陌生，只以一個詩意的細節，意象之想像令我們迎面撞上一個全新的世界。自此刻起，細節比全貌搶眼，而一個簡

129

單的意象，如果它是新奇的，將會開啟一整個世界。如果透過無數個千奇百怪想像的窗戶向外望，世界總是在不斷的轉變之中。因此給予現象學的問題新的刺激，藉著解決小問題，我們教導自己解決大的問題。我們對自己設限，只計劃練習被預設為基礎元素的現象學。此外，我們深信蘊藏在人類心靈之中的種種，皆非無足輕重。

CHAPTER six

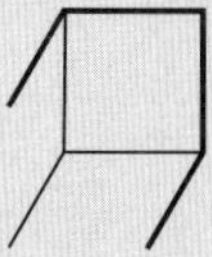

第六章 角落

關閉空間吧！關上袋鼠的育兒袋！那兒是溫暖的。

——墨利斯・布朗夏（Maurice Blanchard），
《詩歌時代》（*Le temps de la poésie*），
G. L. M.，1948 年 7 月，頁 32。

I

130

透過窩巢及介殼，我們顯然面臨了居住機能的顛倒換位。我的目標是研究私密感（intimité）種種荒誕不經與粗糙天然的類型，無論是輕盈飄揚如樹上的窩巢，或在石材裡如貝類軟體動物般實實在在結了硬殼的生命象徵。現在我該將注意力轉回更加具有人性化根源的私密感印象，雖然它們轉瞬即逝或純屬想像。在此章我們將面臨的這些印象，並不需要顛倒換位，我們可以從中創造一門直接的心理學，雖然實證的思維經常將它們用於許多徒勞無功的思想當中。

我反思的起點如下：家屋裡的每個角落（coin），房間裡的每個牆角（encoignure），我們喜愛藏匿與蜷縮其中的孤立空間裡的每一吋，對意象之想像而言是一種孤寂，也就是說，這是一戶家屋或一間房間的萌芽之處。

131

文學作品裡可用的資料稀少，因為物理形體上自我的緊縮已烙下了某種消極的印記。在許多層面上，一個「真實經驗」（vécu）中的角落傾向於拒絕、抑制以及隱藏生命的活動，因此角落成為天地（Univers）的一個否定。在角落裡，我們不會自言自語。當我們回憶起在自己的角落所度過的時光，所記得的是一片寂靜，連思慮也沉寂下來的寂靜。那麼，為何要描述這般貧乏的孤寂所具備的幾何學呢？心理學家，尤其是形上學家，將會發現「場所分析」所用的這些分析迴路十分無用。因為他們知道如何直接觀察所謂的「沉默貞靜」（renfermés）的特性，他們不需要別人把他們描述成就像身在角落且一臉陰沉的人。但是消解場所本身的因素不是件容易的事。我們認為，每一個靈魂層次裡的隱匿都有藏身處的外在形貌。而所有藏身處中最為慘澹的一種，角落，值得加以檢視。縮身回到某個角落，無疑是種簡陋的表達方式。但若說它貧乏，也必定是由於它擁有無數的意象，是亙古綿延的意象，也或許是心理學上的初始意象。有時，意象越樸拙，夢想反而更加廣袤。

首先，角落是這樣的藏身處，它讓我們確認一種存有的初始特質：靜定感（immobilité）。這是一處讓我的靜定感確切無虞、臨近顯現的地方。角落像是半個箱子，一半圍牆、一半門戶。它為內裡與外在間的辯證提供了一個實例，我會在稍後一章討論到這點。

意識到在某個角落裡，我們處身於平靜之中會營造出一種靜定感，並且散發著這種靜定的氛圍。一個誕生於想像的房間會環繞著我們的身體而升起，身體因而以為當我們託庇於角落時就可以隱藏得萬無一失。陰影成為牆堵，傢俬築成圍欄，掛飾托出整片屋頂。但是這些意象都想像得太過火，所以我們必須藉著塑造角落為存有空間（espace de l'être），來指明我們的靜定感空間為何。在名為《粗坯狀態》（*L'état d'ébauche*）的書中，一位詩人寫下這首小詩：

我即是我所在的空間[1]

1．諾艾勒．阿賀諾，《粗坯狀態》。

這是句偉大的詩行。還有什麼感受會比身在角落中更棒呢？

在《我的生命沒有我》〔*Ma vie sans moi*，阿賀曼・侯班（Armand Robin）譯〕一書裡，里爾克寫著：「霎時，一間點著燈的房間出現在我面前，我對它幾乎是觸手可及。我，已是裡頭的一處角落，但是百葉窗感應到我，而後闔上葉片。」很難找到其他更適當的措辭，說明角落是存有者的密室。

II

我現在舉出一份模糊曖昧的文本，在裡頭，當存有者從自己的角落走出之際，會變得明確而醒目。

沙特（Sartre）在論波特萊爾的書中，從于葉（Hughes）的小說裡摘錄出一段值得好好評論的文字：「愛密麗在船頭的隱蔽角落玩著變成房子的遊戲……」但是這一行並非沙特所討論的，而是下一行：「然後玩得厭了，她漫無目的地逛向船尾，此際一個念頭閃入她的腦海，她即是她想的那個房子（elle était elle）……」[2]從其他不同的角度檢視這些想法之前，我應該指出，在所有可能的狀態裡，這些想法與我們理應稱為**虛構**的童年相呼應。小說裡充斥著這些虛構的童年。而小說家時常重返自己不曾經歷過的虛構童年，重新評估同樣也是虛構的天真舉動。透過文學手法，這個不曾存在的過往穿插進一段故事發生後的時代，時常隱蔽了白日夢的現實性，如果白日夢以真正發生過的素樸狀態現身，那麼就會具有所有現象學上的價值。但是這兩個動詞，「**如是**」（être）與「**寫下**」（écrire）

132

很難一致。

這份沙特摘引的文本確實珍貴，因為它在內與外的空間及經驗的層面上以「場所分析」的方式指明了兩種方向，即精神分析師所謂的內向與外向：先於生命，先於激情，在存在狀態的格局裡，小說家遭遇了這種雙重性。故事裡的小女孩在腦海中發現那突如其來的想法，是在她「從家裡」出來時發生的。我們在這裡有了一個關於出門的**我思**（cogito），而非存有者自我反思之我思，這種**我思**多少有點幽微不明，存有者在此先自我扮演笛卡兒的「有火爐的房間」，在一艘船的隱蔽角落裡幻想這樣的居所。孩子只是恰恰發現了她就是「**她**」，或許，就在她探索外在世界時，也許，就在她對著角落處的自己所具有的凝聚狀態做出的回應當中。因為船舶上的隱蔽角落同時也是一個存有的角落嗎？一旦她發現行於海中央的船所處的無垠天地，是否還會回到她的小小屋宇？如今她知道了**她**就是自己，她是否還會重新拾起「玩房子」這個遊戲，換言之，她是否還會返家，再度回歸於自身之中？藉著從空間中脫逃，一個人毫無疑問會意識到存在，然而，存有的故事在此與一種空間遊戲休戚相關。小說家因此給了我們一個夢想的反轉過程裡的種種細節，那是在追尋存有時，從「在家狀態」（chez soi）航向「天地」之夢。既然這是一個虛構的童年，小說化的形上學，作者於是同時掌握了兩個領域的關鍵鑰匙。他感應到了它們之間的關聯。他自然能夠以別種方式刻劃「存有」的

2．于葉（Hughes），《牙買加颶風》（*Un cyclone à la Jamaïque*），Plon 出版，一九三一年，頁一三三。

呈現，但是既然「在家」早於「天地」的出現，我們就該被告知這個孩子身處其中的日夢為何。是作者犧牲了——甚至可說是壓抑了——這些角落裡的日夢，並且把它們歸類於孩子的「遊戲」，當他這麼做時，他多多少少藉此承認了生命的真實事物是處於外在空間的。

但是關於角落裡的生命，以及與退居於自身的日夢者一起退居於角落裡的天地本身，詩人們有著更多故事要告訴我們。他們將毫不猶豫，賦予這個日夢全部的現實性。

133

III

在立陶宛詩人米沃希所著的小說《愛情啟蒙式》（*L'amoureuse initiation*）（頁二〇一）裡，有一段是這樣的，小說的主角，有著犬儒主義調性的真誠，從不曾忘記任何事物。他開始回憶生平種種。但是這些並非是童年回憶，相反地，整部作品設定於當下所經歷的現在。我們看見他身在自己的別墅裡，在那兒他活得充滿激情，他特別喜愛的角落，有一些他時常流連其中的角落。比如說，像是「火爐與橡木櫃間的陰暗角落，是你慣常蜷縮自己的地方，」當情婦經常不在身邊時。要注意的是，他不在寬廣的別墅廳堂裡等待不忠的她，而是把等待保留在灰暗的角落裡，在那兒，他可以咀嚼消化對她的不忠所生的憤怒。「坐在堅硬、冰冷的大理石地板上，你那空洞的目光轉向天花板上仿畫的天空，而你的手邊，是一本紙頁未裁的書，你度過了那麼多美好的悲傷等候時刻，喔！可憐的傻瓜，你在那兒可知道生活！」好一個悲喜交集的庇護所？歡悅於感傷的夢者，滿足於孤獨及等待。在他的角落裡，可以冥思默想著生與死，按理就像在激情的高峰：「在這個多愁善感的房間角落活著與死去，你這麼告訴自己，『是的，的確，在此活著並死去；為什麼不呢，皮納蒙特（Pinamonte）先生，你這個偏愛陰暗多塵角落的多情人？』」

所有活在角落裡的人們最終會將生命交付給意象，創生出多種存有的表象，塑造出角落居民獨特的形貌性格。因此，對於角落與孔洞的偉大夢者而言，沒有一處是空洞，滿與空的辯證只是對應於兩種幾何上的非真實（irréalités）。居住之用（fonction d'habiter）搭起了滿與空的接榫，一個活生生的存有者填滿一個空盪的庇護所。許多意象一旦住了進來，所有的角落都會有魅影走動，甚至有東西住定下來。米沃希的角落夢者，皮納蒙特先生，在他位於斗櫃與火爐間那完整而廣大的「小窩」空間裡，拾綴著他的追憶：「在此，沉思者活得體健且幸福，在此，『往昔』枯萎殆盡，消隱無蹤，像是一隻受驚竄動的老瓢蟲……一隻滑溜的老練瓢蟲；『往昔』在這裡雖然能被重新捕捉，但是從玩物收藏家那嫻熟的鑑賞眼光看來卻仍然隱晦不明。」在詩人的魔棒一揮之下，「往昔」無可抗拒地變成一隻瓢蟲，我們無可抗拒地要在這隻最為圓實的動物的鞘翅底下蒐集記憶與夢想。瞧，紅咚咚生物小小的球形身體把自己飛行的能力藏得多好啊！牠脫離自己的球體就像從一個孔穴離開。也許那高高在上的藍天裡，牠也能夠經驗突然的瞭悟，明白自己就是自己！像于葉的小說裡的那個女孩一樣！在這個突然間開始飛翔的硬殼小生物面前，如何去停止夢想呢？

動物與人類生命的互換，在米沃希的小說中出現得很頻繁。他那憤世嫉俗的夢者繼續夢著（頁二四二）：就在這兒，這個角落，在斗櫃與火爐之間，「你發現為了治癒無聊而配的無數良方，以

134

及在持續的永恆中佔據你心思的無數事件：三世紀前的光陰所堆聚的霉味；在蒼蠅糞便裡的象形文字中的神祕意義；老鼠洞口的凱旋門；鬆弛的地毯貼著你碩大骨骼的背，正自滑下；你的腳跟磨著大理石地板的擦滑噪音；噴嚏飛沫的嘶嘶聲響……最後，是被掃帚遺忘在角落的所有古老積塵（poussière）的魂魄。」

但是除了我們這種「角落讀者」，又有誰會繼續閱讀這些灰濛濛的巢居呢？也許有某個人，像是米歇．雷希，會說出他以一根別針從地板的裂縫中撿拾灰塵。[3] 但是容我再重複一遍，不是所有的人都會承認這些事情。

但在如是這般的日夢裡，「往昔」擁有的是怎麼樣的古老資歷啊。因為它們綿延到已遺忘時間的「過往」那巨大的領域中。藉著容許想像漫遊過記憶的地窖，我們毋須感知它，即能重新捕捉在家屋微渺的藏身處裡度過的怔忡生命，在那幾乎是夢中的動物獸窩（gîte）裡。

但是借助這個悠遠背景的烘托，童年去而復回。在米沃希的「冥想角落」（coin de méditation）裡，他的夢想者質問他的意識。過往昇起，到了眼下的現時，夢者在淚水交織中發現自己：「因為，孩子，你早已喜愛城堡的屋簷以及覆滿積塵的舊圖書室裡的角落，你貪婪地讀著，即使一個字也不懂，假裝學習著那些以艱澀的荷文寫就的磚頭書……啊！你這個頑皮鬼，在這些掘出鄉愁的藏身處與梅弘殿（palazzo Mérone）的角落裡玩耍淘氣，度過多少快樂的時刻！而你在那兒糟蹋時間來感染那些芳草已逝的事物靈魂！多大的喜悅心情，讓你在那兒化身成一雙從陰溝裡拾起、從清掃的垃圾中救回的拖鞋。」

研究到了這裡，我們應該要猝然停止，擱置日夢，並且放下捧讀的文字資料？在那兒的蜘蛛、瓢蟲與老鼠，有誰將會達到與角落裡那被遺忘的事物等同為一的狀態？但是何種日夢是能夠被終止的夢？又為何要為了遲疑與品味，或是透過對古老事物的鄙夷終止這個日夢。米沃希沒有停止做夢。透過他著作的引導，當我們在他的著作之外繼續做夢時，就能與他一同分享角落之夢，而夢裡有個墓碑，屬於一個「上個世紀就被某個小女孩遺忘在這個角落裡的木偶娃娃……」無疑地，我們必須直探日夢的根柢，以便被存放重要物蹟的巨大博物館所觸動。我們能夠夢到老家屋，它不是舊物儲藏室，不是個舊物管理處，更不是由於瑣物收藏家的單純瘋狂而填滿了舊物的家屋。為了喚回角落的靈魂，最好是有雙舊拖鞋或是一個洋娃娃的頭，就像勾引出米沃希書裡的夢者那些無盡遐想：「物件的神祕魔力，」詩人繼續吟唱：「時光帶來的小小傷感，永恆的無垠真空！所有的無限俱能容納在這個火爐與橡木櫃中間的石砌角落裡……它們如今安在，見鬼去吧！所有你那些奇幻莫測的、來往交織的歡悅，那些因為貧乏而死寂的瑣物所生的深深冥想到底去了何處？」

後來，從他的角落深淵中起行，這個夢者憶起所有與孤寂同調的物品，那些屬於孤寂記憶的物品，僅僅因為被遺忘、被棄置在角落而受到辜負。「想起一盞非常、非常古老的燈，它以往總是遠遠地迎接你歸來，穿過你腦海裡的窗戶，它的玻璃被舊日的陽光照亮，閃閃發光……」從他角落的

135

3．米歇．雷希（Michel Leiris），《刪痕》（*Biffures*），頁九。

深淵裡，夢者目睹一戶更加古遠的老家屋，一戶處於異鄉的家屋，因此創造出童年家屋與夢之家屋的混合物。舊時的物件質問他：「經過這些孤單的冬夜，溫煦的老燈會怎麼看你？其他的東西又會怎麼看你？它們以往對你如此仁慈，如此友愛？它們幽微的命運難道不是與你的宿命同氣連枝？……不動、不言的瑣碎物件從不曾遺忘：我們就像它們一樣憂鬱善感而飽受輕視，我們向它們傾吐心聲，在自我的深淵裡最能謙遜安詳進而疑慮漸去（頁二四四）。」在他的角落裡，夢者所聽到的是多麼誠懇謙虛的呼喚啊！因為角落否定了宮殿、灰塵否定了大理石、敝舊之物否定了優雅與奢華。角落裡的夢者一筆勾銷擺設精緻的日夢裡所呈現的世界，這樣的夢只會一個接一個地毀壞這個世界上所有的瑣碎用物。角落成了回憶的衣櫃。跨過無數個委諸塵土的零碎用物所搭就的、低微的紊亂門檻，這些具有紀念意義的瑣物安置了過往。使得這個凝煉的靜定感與朝向已消逝世界啟航的旅程相連結。在米沃希的詩中，這個夢如此深入過去，彷彿到達一個記憶所不及的領域：「所有這些物件如此悠遠，遠到不再存在，遠到從不曾存在，『昔日』遺失了它們自己的所有回憶……看望、尋覓，讓你震驚，顫抖著……你自己已經不再擁有一個過去（頁二四五）。」默想著這本書裡的如是篇章，可以感受到自己被飄送著進入一種先於存有的狀態，恍如進入超越了幻夢的彼岸。

IV

在所摘述米沃希寫就的片段裡，我們尋求的是呈現一個陰鬱日夢（rêverie maussade）那不尋常而完整的經驗，屬於一個在角落裡靜定不動的人類所做的白日夢。在那兒，他發現一個破毀耗盡的世界。順道一提，我們願意指出一個形容詞（adjectif）的力量，亦即這個形容詞一旦運用於形容生命時所獲取的力量。一個陰鬱的生命，或一個陰鬱的存有者標畫出一片天地。遠勝過那些只能大肆為物件渲染上色的世界，在此，即使是日用雜物也能成為悲傷、追悔與懷舊的結晶。當哲學家將目光朝向詩人，對準那些像米沃希的偉大詩人，等於受到了教導，知道世界的個體化過程（individualization）[4]，他很快就會相信，這個世界的秩序不是由名詞構成，而是由形容詞所構成的！

如果我們給予想像在天地宇宙的哲學系統中所應得的地位，在它們的源頭處發現到的就是一個形容詞。的確，對於那些想要找到一種世界之哲學本質為何的人，可以給他們如下的忠告——尋找它的形容詞吧。

V

但是讓我們重新接觸短一些的日夢吧，這種會受事物細節或是現實世界的特性所吸引的夢，在一開始時，它們看來似乎無關緊要。人們從不會厭倦於回想李奧納多．達文西忠告那些面對自然時

4．譯註：此概念出自榮格的分析心理學。

欠缺靈感的畫家所說的話，要他們帶著夢者的目光好好思索一堵古牆上的裂縫！在時光繪於這些老牆上的線條裡難道沒有一幅天地的地圖？誰曾經看過在天花板上的這些線條，它們的呈現勾勒出一片全新的大地？詩人完全知道這些。但是為了以他的方式描述這樣的一片天地，以速寫與夢想的興之所至來創作，他將會活在裡頭。他找到一個角落，自己能夠在裡頭流連於這個天花板上裂縫橫陳的世界。

如此這般，我們看見一個詩人選取線腳裝飾紋路（moulure）上所形成凹陷的路徑，取道於它，重新找到位於門楣畸角裡的隱身處。在他的《給另一個自我的詩》（*Poèmes à l'autre moi*）裡，皮耶・阿爾貝—畢侯就像有人說的，「擁抱氤氳生暖的弧曲」。很快地，它溫存的暖意囑咐我們在覆蓋下蜷曲起來。

首先，阿爾貝—畢侯滑溜進線腳裝飾紋路裡：

> ……我逕直跟隨著線腳紋飾的線條
> 它逕自跟隨著天花板前行

但是如果我們「聽從」物件的設計，會遇上一個畸角，一個勾留住夢者的陷阱：

> 但是這裡有些畸零角落，不再能從這兒逃脫

137

即使在這個囚牢之中也有平靜。在這些畸角與角落裡，夢者顯現出享受著分隔存有與非存有的恬靜和諧。他是一個非現實的存有者。必須要有一個事件才能將他拋出。就在這裡，詩人補充道：「但是一聲喇叭鳴響讓我從這個畸角中解放出來，我在這裡因為一個天使的夢而開始漸漸死去。」

對於一個修辭學家而言，批評這樣的文本是很容易的。的確，這樣的意象與空想，批判的心智有各式各樣的理由拒斥它們、使它們面目模糊。

首先，因為這些意象並不「合理」，因為我們在舒適的床上懶懶地躺著時，是不可能活在「天花板的角落裡」，因為一張蜘蛛的網不可能像詩人說的那樣，是床幔織錦，更私人一點的批評會說，因為針對一個尋求穿透存有，直達核心，並且可以從中找到時間、空間與活動之混同為一的哲學家而言，一個誇大的意象想必是微不足道的東西。

是的，但即使是理性的批評、哲學的鄙夷、與詩學的傳統聯合起來要我們從詩人迷宮般錯綜的夢裡轉開目光，詩人從自己的詩裡為眾多夢者創造的陷阱依然無比真實。

就像我，讓自己被擄獲。跟隨著這個天花板上的線腳紋飾。

在早先關於家屋的章節裡，我們說過一戶呈現在雕刻裡的家屋也許恰恰能勾引出進住的欲望。我們感受到想要生活在那兒，就住在雕刻紋路的線條間。偶爾，這個幻象也會誘惑我們住進角落裡，僅僅藉著一幅素描的優雅線條。但是一條雕刻曲線所展現的優雅不單純只是一種帶著良好折返作用的柏格森式的運動，也不是一種舒展開來的時間。它也是經和諧而譜成的可住居空間。我們再度受惠於皮耶・阿爾貝－畢侯，因為一處「角落木板畫」在文學層次上的美好刻劃。他在《給另一個自我的詩》中寫道（頁四八）：

因而現在，我化為一幅裝飾的圖案
纖細善感的渦紋
纏繞盤蜷的螺紋
一幅以黑及白搭配得宜的表象
然而我方才聽到自己的呼吸
這真是一幅畫
抑或這即是我自己。

似乎有螺旋紋對著我們鼓掌歡迎。無論如何，聚合環繞的圖紋比斑駁剝落的來得更生動。當詩人進住一個渦紋的迴圈尋找折曲迴彎裡溫暖、平靜的生命時，就感應到了這點。

意欲留存文字的精確意義，並將其做為用之不竭的工具以服役於清晰的思想，智性主義哲學家必然會因詩人的膽大妄為而受到驚嚇。但是，感應敏銳下的語詞交融，總能避免字詞流於完全僵化。出乎意料的形容詞聚集於名詞的核心意義四周。這個嶄新的語詞環境不僅允許字眼進入思想，也允

138

許它進入夢境。語言做著夢。

批判的思維對此無能為力。一個夢者能夠寫出一條「溫暖的」弧線，是這個詩意的事實才能做到。但是當柏格森將優雅歸於弧線的性質，而毫無疑問地將執著歸於直線時，可有任何人認為他錯失了意義？那麼為什麼對我們來說，認為角落冰冷而弧線溫暖有什麼不當之處呢？說弧形歡迎我們，而太過尖銳的角拒絕我們又有何不妥呢？畸角多麼的陽性，曲線又是多麼的陰性呢？一點點的質變影響全局。弧曲的優雅是種召喚駐留的邀約，若不渴於重返，我們便無法掙脫它。因為可愛的弧線有著窩巢的力量；它刺激著我們去佔有。這是一個彎曲的「角落」，一個居住的幾何。在這兒，我們得到最低限度的庇護，就在這個憩息日夢所有的，簡約非常的圖紋裡。但是只有在往而復返的沉思默想裡蜷縮起自己的夢者，才明瞭描繪中的休憩裡有這些簡單的喜樂。

當然，在一章的最後幾頁，一個作家堆積起不連貫的想法、只活在某個獨特細節的眾多意象、活在僅持續了一剎那但卻絕對真誠的信念中，這種作法確實極不明智。但是一個想要勇於面對想像的現象學家，還能怎麼做呢？對他來說，一個字詞經常即為一夢之芽。當我們讀到一個偉大的文辭夢者的著作，如米歇．雷希（特別是他的《刪痕》），會發現自己在字裡行間、在文字的內裡，經歷著私密的自我騷動。就像締結了友誼，文字有時會依著夢者的意願，在音韻的迴路裡膨脹。同時在別的字詞裡，每件事物冷凝而緊繃。即使如智者尤貝賀（Joubert）者[5]，當他提及十分奇特的某種理

5．譯註：約瑟夫．尤貝賀（Joseph Joubert），十八世紀法國倫理學者，Chaâeaubriand 的襄助者。

念，就如「茅屋」時，他不正是感受到了這個字詞裡私密的恬靜感。字詞——我時常這麼遐想——是一戶戶的家屋，每戶都有自己的地窖與閣樓。普通的常識住在地面樓（rez-de-chaussée），總是為了配合「對外交際」而準備，待在與其他人及過客同樣的層次，這過客不曾是夢想者。在文字家屋（maison du mot）裡，往上爬是一步步地退縮藏匿。往下到地窖，則是為了做夢，在朦朧曖昧的詞態轉變所織構的悠遠長廊裡，一個人漸漸地渾然忘我，尋覓著字詞裡無以尋獲的寶藏。在字詞本身裡昇與降——是詩人的生命。昇得太高及降得過低，在詩人的作為裡是被容許的，他們將天與地合而為一。難道只有哲學家被他的同儕被判定非得住在地面樓嗎？

CHAPTER

seven

第七章 微型

I

140

心理學家——哲學家更不用說了——很少關注童話故事裡經常出現的縮小微型（miniatures）。在心理學家的眼中，這類故事的作者創造出可以蓋在一顆鷹嘴豆上的房子，只是為了自娛。它是用來引發主題的荒謬，它把這樣的傳說故事置入最單純的幻想層次上。透過這樣的幻想，使得作家免於真的陷入空泛荒唐的領域。的確，當他發展這些通常極笨拙的虛構場景時，總會呈現出其實他自己並不相信對應於這些縮小微型狀態的心理真實。他缺乏一點點能夠從作者傳遞到讀者的夢之質素。要讓他人相信，我們必須自己先相信。因此，提出這些「文學上的」縮小型態，並透過文學手法就能輕易變小的物件相關的現象學問題，對一個哲學家而言難道不是值得的嗎？作者的意識與讀者的意識在尋找此類意象的源頭時，能否扮演一個真誠的角色？

141

但是從這些意象吸引並激發許多夢者的事實上看來，我們理當承認它們具有某種客觀性。也許可以這麼說，微型的家屋是虛幻之物，但是具有一個真實的心理活動上的客觀性。這裡的想像過程是很典型的一種。它呈現出一個問題，而這個問題必須與因為幾何形狀上的相近的一般提問有所區別。一個幾何學者會在兩個相似但卻劃歸不同尺度的形狀上看到完全相同的事物。以較小刻度繪成的家屋建造計畫與立意思索想像力的哲學問題完全沾不上邊，我們毋須把自己放入表象的一般建造藍圖裡，雖然對研究「近似」的現象學來說，這類建造藍圖仍然非常有趣，但我們的研究應該明確地隸屬於想像力的範圍。

事情其實很清楚，比方說，如果為了進入想像裡的地域，我們必然要跨過荒謬世界的門檻。就像在《豆子寶貝》（*Trésor des fèves*）的例子裡，夏賀勒．諾第葉（Charles Nodier）[1]那個進入豆子般大小的妖精馬車的主角米歇一樣。事實上，他扛著六升[2]豆子在肩膀上進入馬車裡。因此這是一個在數量上的矛盾，也是一個在空間尺寸上的矛盾；六千個豆子裝進一個豆子裡。當米歇——他顯然尺寸過大——大為驚詫地發現他自己身在乞丐妖精（la Fée aux Miettes）藏在一叢小草底下的屋子裡時，他在那兒像在自己家裡，並且定居下來。在小空間裡活得很快樂，他瞭解到了一種屬於場所癖好者的經驗。意即，一旦身處於微型室內空間，他見識到裡頭許許多多寬敞的房間，並從室內發掘內在的美感。我們在這裡有一種視線的倒轉，根據說故事者的才華與讀者對夢的包容度，這種倒轉如果不是短促易逝的，就是令人色授魂予。諾第葉經常過於想要在說故事時「討好」，同時他神遊太過以致不能完全駕馭他的想像，因此讓某種矯飾的合理化要求得以繼續存在。為了以心理學式的方法解釋何以能夠進入迷你屋，他召喚出孩子們玩的紙板小屋；換句話說，我們想像裡的「微型小世界」只能帶引我們直接回到童年，回到與玩具以及**玩具的真實性**（réalité du jouet）相伴的參與感。

但是想像的價值遠勝於此。事實上，對迷你世界的想像是自然的想像，它出現在天賦異稟的夢

1．譯註：夏賀勒．諾第葉（Charles Nodier），一七八〇—一八四四，法國奇幻故事作家。
2．升（litre），舊制，約為十六分之一蒲式耳。

者每個年紀所做的白日夢裡。更明確的說，其中的娛樂性質要素，在我們發覺到當中作用的心理根源後，就必須脫勾。比方說，赫曼．赫塞（Hermann Hesse）在評論雜誌《泉》（*Fontaine*，第五十七期，頁七二五）[3]當中的這段也許可以加以嚴肅地閱讀。一個囚犯在自己囚室的牢牆上繪出一幅景象：畫中有一列迷你火車進入一條隧道。當獄卒們前來帶走他時，他客氣地要求他們「多等一會兒，讓我進去我畫的小火車裡面，檢查一些東西。就像平常一樣，他們開始訕笑，因為他們認為我神智不清了。我把自己縮小，然後進入我的畫裡，攀上開始起動的火車，隨即消失在隧道的幽黯裡。就這樣幾秒鐘後，一縷輕煙從這個圓孔裡飄出。輕煙與畫一起消散，而畫與我這個人也一起消散……」有多少次，詩人畫家藉著一條隧道，在自己的囚室裡破壁而出！有多少次，當他們繪出自己的夢，他們就穿過牆上的縫隙逃脫了！為了逃獄，所有的方法都是好的。如果有必要，純然的荒謬就可以帶來自由。

如此一來，如果我們和迷你世界的詩人悲喜與共，如果我們搭上受囚禁的畫家的那列小火車，幾何上的矛盾可以挽回，表象（Représentation）被想像力（Imagination）所主宰。表象不再只是一種具體表達、不再只是藉以溝通我們與他人的意象。循著接受想像為一種基礎機能的哲學路線，以叔本華（Schopenhauer）的姿態，我們可以這麼說：「世界，就是我的想像。」在縮小這個世界一事上我越是聰靈，我越能佔有這個世界。但是在進行這件事時，必須充分瞭解到，在微型世界裡，所有價值變得凝煉而充盈。以柏拉圖式關於大小的辯證去認識微型世界裡的動態特性，在此不再適用。為了經驗在凡事皆微裡何者為巨，必須超越邏輯。

藉著分析幾個例子，我會顯示文學上的微縮——意即，文學上對尺寸觀點的倒轉多所析議的意象集合體——所激發出來的深刻價值。

II

首先，我提出西哈諾．德．貝傑哈（Cyrano de Bergerac）作品的一處段落，引自皮耶—馬克沁．舒爾（Pierre-Maxime Schuhl）題為〈格烈弗論題和拉普拉斯假說〉（Le thème de Gulliver et le postulat de Laplace）的精闢文章。作者在文章中意在強調西哈諾．德．貝傑哈書中趣味盎然的意象所具有的智性主義特色，將他們與天文數學家的概念意象做一比較。

西哈諾的文字如下：「這個蘋果在自身中是個小天地，當中的種子比其他部分來得火燙，發散出這個球體聚積已久的熱氣；而它的胚種，以我的看法，是這個小世界的小小太陽，溫暖與補充這個小果團裡的生長養分。」[4]

在這段文字裡，沒有任何東西是構思好的，每一件事都是想像出來的；而這個想像中的小世界

3．譯註：《泉》（*Fontaine*），法國文學評論，首度出版於阿爾及爾，二次大戰期間出版於法國。

4．《心理學刊》（*Journal de psychologie*），四—六月號，一九四七年，頁一六九。

企圖形成一種想像力所架構出的價值。中心處是種子，比整個蘋果來得炙熱；這種凝煉的熱度，人類所熱愛的溫暖幸福，讓人們可以將所看見的意象層轉化為可生活於其中的意象層。意象之想像因為這個以植物養分哺育而來的胚種而感到歡悅鼓舞。[5]蘋果本身，其果肉不再具有最基本的價值，具有真實動力價值的其實是種子。弔詭的是，是種子創造了蘋果，並傳遞給它自己的香氛汁液與積聚力量。種子不僅是降生在溫柔的搖籃裡，被果肉所保護，它也是生命熱力的創造者。

在這般想像裡，存在著對觀察精神的完全逆反狀態。屬於想像狀態的心智在這裡與進行觀察的心智背道而馳。意象之想像不願意在獲取知識的概括範式中結束，它尋找一個能夠增生出多樣意象的假借文本。很快地，一旦想像對一個意象感興趣，想像即增加了此意象的價值。當西哈諾想像出太陽種子（Pépin-Soleil）的那一刻起，他即宣告了種子是生命與熱力的源頭，簡單的說，種子就是一種價值。

我們自然是在面對一個誇大的意象。在西哈諾書中，就像在許多作家，比方說我們前幾頁提到的諸第葉書中出現的遊戲文字，對想像的冥想活動有害無益。因為意象走得太快，也太遠。但是一個緩緩閱讀並審查意象的心理學家，視其需要而盡可能長久地徘徊於每一個意象，他將會經驗到一種無限價值的聚合。價值湧進微型世界裡，而微型世界導引人們做夢。

皮耶—馬克沁．舒爾藉著強調這個特別的例子，來總結他的研究：意象之想像的諸多危險，是錯誤與虛假之源。我們同意他所說的，但我們夢想的方向卻有所不同，更精確的說，我們還是寧願以一個夢者的方式回應所閱讀的文本。我們在這裡有著對於以夢想態度來迎接夢想價值的根本問

143

題。當我們客觀地描述一個日夢時，就已經減弱與中斷了日夢。有多少個日夢能客觀地被描述，而不變成蒙塵積垢的妄想呢？在一個做著夢的意象現身時，它必須被當作一個邀請，將那個創造出它的日夢繼續下去。

研究想像的心理學家想藉著日夢的動力來定義意象的實證性，他必須為意象的創造活動找出正當理由。在我們研究的例子中，這樣的問題是荒謬的：蘋果的種子真是它的太陽嗎？因為我們做的夢已足夠——毫無疑問需要做很多很多夢——我們終於讓這個問題透過夢而有了價值。西哈諾・德・貝傑哈並沒等到超現實主義出現，以快樂地面對荒謬的問題。從想像的平面看來，他並沒有「錯」；因為想像從來就不會是錯的，它不需要以客觀的現實來質問意象。我們必須走得更遠些：西哈諾無意欺瞞他的讀者；他早已深知讀者不可能「會錯意」。他總在冀求發現到與他想像的高度處於同一平面的讀者。的確，在所有想像的作品中總有一種自然天成的樂觀主義。在《奧萊里亞》（*Aurélia*）中，傑哈・德・涅瓦爾（Gérard de Nerval）[6]寫道（頁四一）：「我相信人類的想像從不曾創造出任何不真實的東西，無論是在這個世界或是異世界。」

當我們在西哈諾的自發性中體驗到像他的蘋果那樣的天體意象時，我們就會瞭解，這意象並不

144

5．每當啃著一個蘋果，我們當中有多少人在攻擊種子！伴隨著的通常是，我們在社會上，會壓抑著自己想把種子抽筋剝皮好大口啖咬的純粹瘋狂。這是什麼樣的想法，什麼樣的白日夢啊，當我們吃下植物的胚種！

6．譯註：法國浪漫主義詩人（一八〇八－一八五五）。

是思考所能預先準備的。它與證明或支持某些科學概念的意象之間，完全沒有共通之處。例如波耳（Bohr）原子的天體意象——這是個科學思考中的意象，而不是指那些通俗哲學貧乏有害的評價——是個數學思考的純粹綜合圖式。在波耳的天體原子裡，中心的小太陽不是熱的。

這段簡短的評論，目的在廓清一個自我完成的純粹意象，與一個滿足於概括現存思想的後觀念意象之間的本質差異。

III

我們第二個不折不扣的微縮文學之例，是一個植物學家的白日夢。植物學家喜愛以花朵說明的迷你世界，他們甚至直接運用對應於正常尺寸事物的字眼，來描述花朵的私密狀態（intimité）。以下關於德國水蘇（stachys）的描述可以在《基督教植物辭典》（*Dictionnaire de botanique chrétienne*）裡「水蘇」[7]這個條目底下找到，這本辭典是《新神學百科全書》（*Nouvelle Encyclopédie théologique*）中篇幅龐大的一輯，出版於一八五一年：

「這些花朵，在棉花的搖籃裡成長，有著粉紅與白的顏色，嬌小細緻。我摘下覆蓋著芒尖網絡的小小花萼……花朵低些的唇瓣筆直而微有皺摺；內裡是深粉紅色，外表覆蓋著綿密厚毛。受到碰觸時，整株植物會顫動起來。它披著典型的北方外衣，有四叢像是小小黃色灌木的雄蕊。」從客觀的觀點來看，這段描述可以跳過，但它卻不失為某種心理描寫，並且在描述中逐漸伴以一個白日

145

蓼：「四枝雄蕊昂然直立，彼此稱兄道弟地立於底瓣所構成的小小基座上，在那兒他們舒適而溫暖地處於小巧鬆軟的托襯裡。而小雌蕊高貴地站在他們的腳邊，但是因為她非常地嬌小，為了和她說話，必須輪流彎下他們的膝蓋。這些小女人非常重要，那些舉止看來最謙卑的往往在自己的家中擁有最大的權威。有四顆種子一直待在萼的底部，他們在那兒長大，就像在印度，孩子們在吊床裡搖啊搖的。每一株雄蕊分辨得出自己的傑作，彼此之間沒有嫉妒。」

我們在這裡知道植物學家發現了在花朵裡，微型世界的婚姻生活是怎麼一回事；他感覺到柔軟細毛包覆下的輕柔溫暖，看見搖動著種子的吊床悠悠晃蕩。他從外表的和諧，推衍出家屋裡的幸福生活。是否還像在西哈諾的文本裡一樣，需要有人來指出四面圍裹的溫暖柔軟之地就是私密感發生的首要指標嗎？這溫暖的私密感是所有意象的源頭。顯然，意象在這裡不在呼應任何種類的現實。在放大鏡下，我們也許能夠辨認出雄蕊小小的黃色叢束，但是沒有一個觀察者能夠看到最細微的真實特質，以證實這本《基督教植物辭典》的敘述者所積累下的心理意象。我們不得不這麼認為，如果這位敘述者必須描述的是一般領域的物件，他也許會更加小心謹慎。但他「進入」的是一個微型世界，意象立刻開始充盈周遭，變大，脫逸。巨大源於微小，並非透過相反事物之間辯證關係的邏

7．譯註：以下為農委會「自然保育網」（http://wagner.zo.ntu.edu. tw/preserve/）資料庫中，對「水蘇屬」植物的科學說明。「草本植物。頂生或腋生總狀花序；花萼鐘形，五齒，約略相等，先端芒尖；花冠筒狀，筒內具毛環，二唇，上唇直立，下唇平伸，三裂，中裂片較大；雄蕊四，二強，花藥二室；子房深四裂，花柱基生。小堅果卵形，上端截平。」

輯法則，而是歸功於從所有空間向度上必然關係的解放，一種具有想像活動的特殊性格的解放。在同一本《基督教植物辭典》裡，「長春花」（Pervenche）這個條目底下，我們發現：「細細研究長春花的讀者，你將會發現多少細節擴大了事物的境界。」

以這短短的兩行，這個帶著放大鏡的人表達了一個重要的心理學定律。他將我們置放於對象性（objectivité）的敏感端點，就在我們必須感受未曾注意的細節並且必須支配它的時刻。在這個經驗裡的放大鏡是通往世界的入口，而這個拿著放大鏡的人不是個不顧自己的眼睛已經不堪使用，還想試著讀報紙的老頭子。這個人看待「世界」像是第一次看見它般清新。如果他告訴了我們他所覓得的發現，將提供給我們的就是純然屬於現象學的材料，在這當中，「對世界的發現」，「進入世界的入口」，將不再是個已陳腐的語詞，不再是個因為哲學上使用過度而晦暗蒙塵的用語。哲學家時常使用一個習以為常的事物當作象徵，透過現象學的方式，來描述他「進入世界的入口」，以及他「在世界中的存有」。他會以現象學的方式來描述自己的墨水瓶。一個瑣碎的事物，於是會成為廣大世界的守門者。

這個帶著放大鏡的人——非常純真地——守著習以為常的世界。在一件新事物的面前，他是全新的目光。植物學家的放大鏡是重現的童年。放大鏡還給植物學家赤子般的廣闊視野。取鏡在手，他重回花園，在花園中，

> 孩子目光所及之處，率皆盛大莊嚴[8]

146

極小的事物，無異於窄狹的大門，開啟整個世界。一件事物的細節可以是一個新世界的信號，這個世界就像所有的世界一樣，含納著巨大感（grandeur）的質素。

微型世界是「巨大感」的庇護所之一。

IV

當然，在描述這個帶著放大鏡之人的現象學時，我的腦海中沒有想過實驗室裡的研究員。一個科學研究員有著拒斥所有想像日夢的客觀守則。他看到的是在顯微鏡下所觀察到的東西，可以這麼弔詭地說，他從未以「第一次」的眼光看過任何東西。在任何狀況下，講究絕對客觀的科學觀察領域裡，「第一次」是不算數的。因為觀察屬於「多次」的領域。在科學工作中，我們首先必須忍受心理上的驚奇。學者們所觀察到的是在思考與實驗的整體架構中被確切界定的東西。因此當我們研究想像時，我做出的評論不會是在科學實驗問題的層次上。如同我們在〈導論〉裡所說的，當我們完全忘卻自己科學客觀性的習性時，才能尋找「第一次的意象」。如果我們求教於科學傳統下的心理學資料——既然歷史上反對意見也許相當程度地曾被提及，應該有一定數量的「第一次」紀錄會

147

8．布瓦西（P. de Boissy），《熟手》（Main première），頁二一。

被保留下來——我們會發現，第一次的顯微鏡觀察紀錄是些關於微小事物的傳奇，是在這些微物得以生氣盎然，成為生命傳奇的時候。的確，一個仍舊處於純真狀態的觀察者，難道沒有在「生氣勃發的精子群」中看見人類的身形！9

我於此再次複述「第一次」層面上之想像力的問題。它為我在擁有最誇大幻想的領地裡所揀選的例子提供了明證。做為驚喜的主題變奏：透過這個帶著放大鏡的人，我們將細細考究安德烈·皮耶·德·蒙地牙哥（André Pieyre de Mandiargues）所做的一首散文詩，題為〈景觀裡的蛋〉。10

就像無數其他的詩人，這個詩人坐在玻璃窗後神遊於夢中。但是他就在玻璃裡頭發現了一個微小的形變，它將變形流佈天地。蒙地牙哥告訴他的讀者，「來，再貼近窗戶些，此際你正強迫自己別讓注意力因戶外種種而分散，直到你看見這些視像裡的核心之一，它們像是玻璃裡的囊腫，有時如小小的骨節般透明，但是大多數的時候是霧濛一片，或者是捉摸不定的半透明，這樣的形狀總讓你想到貓咪眼睛裡的瞳仁。」但是，穿過這透明玻璃的小紡綞，透過這道貓咪的眸光，外在世界成了什麼？「世界的本質是否有所改變？（頁一〇六）克服了表象的是真實的本質嗎？無論如何，經實驗檢驗的事實是，視像核心的介入足以使整個眼前所見的景象看來虛軟無力……圍牆、岩石、樹幹、金屬構造物，在變動核心的周遭區域裡喪失了所有的僵硬特性。」詩人以此讓意象如波峰般傲然於一切之上，將一個在多元繁衍的原子天地呈現在我們眼前。在他的導引之下，夢者只要轉動他的臉孔，就能夠更新自己的世界。從玻璃氣泡囊腫的微縮世界中，他能夠召喚一整個不同的世界，並迫使它「做最不尋常的爬行」（頁一〇七）。這個夢者推送出非現實的浪潮，覆蓋於之前那個現實世界之上。「在這個獨特、堅硬而具穿透性的物體面前，你臉上的細微眨動，來回在空間中穿梭，成為真正的哲學之卵，藉著它的出現，那個了無生氣的外在世界，可以隨心所欲地轉化為不同的環境。」

詩人在這裡並沒有跑遠，去尋找遨遊夢境的工具。但是他用來深入景象的是什麼樣不尋常的技藝啊！他以之扭轉空間，賦予其千姿百態的又是什麼樣的狂想！這正是狂想的黎曼理論曲線空間！[11]因為每個宇宙都在自身的環繞裡自成天地，每個宇宙都集中於一個核心、一個胚胎、一個動態平衡的中心；這個中心強而有力，正因為它是一個想像的核心。只要朝著皮耶·德·蒙地牙哥提供給我們的意象世界再進一步，我們就會看到正在想像著的核心，然後便能讀到玻璃氣泡裡的景象。我們不會再以穿透的方式對之凝目而望。這個深入的核心就是一個世界。微縮而成的變形向著一個宇宙的各種向度四散而去。再一次，巨大感容納於微小之中。

運用一副放大鏡目的在集中注意力，但是集中注意力不正是運用一副放大鏡嗎？注意力本身就

148

9.參見巴舍拉的《科學精神的形成》（*La formation de l'esprit scientifique*）。
10.《變形集》（*Métamorphoses*），Gallimard 出版，頁一〇五。
11.譯註：黎曼（Georg Friedrich Bernhard Riemann, 1826-1866），德國數學家，發展了非歐幾何學。

是一副放大世界的鏡片。在別處的文字裡，皮耶・德・蒙地牙哥想著大戟屬植物（Euphorbia）[12]的花朵冥想著：「就像檢驗一片在顯微鏡下的跳蚤切片，在他過於小心在意的檢視底下，大戟屬植物突然神祕、變大起來；它現在是一座五邊形的碉堡，以驚人的雄偉姿態轟然呈現在他面前，在白石遍地的荒漠裡，五座粉紅色的螺旋高塔矗立於城堡上，形成一道旱地荒野裡的植物防線，看來難以越雷池一步。」[13]

一個講求理性的哲學家——這種人並非不常見——也許將會大力反對，認為這些文字資料荒唐誇大，甚至認為以文字寓巨大於微小之中過於無謂。對他而言，這些語句除了玩弄文字遊戲外，一無是處；與真正魔術師所變，能從一個頂針裡變出一具鬧鐘的戲法相比之下，不過是雕蟲小技。然而我仍然必須為「文學」的戲法辯護；這些把戲令我們感到驚奇，也令我們感到愉快，同時詩人的所作所為引動我們做夢。我不可能活在或重新經歷第一次的狀態，但是只要我願意做白日夢，詩人的創造就完完全全是屬於我的。

這個理性的哲學家會辯稱，如果我們的意象出現，不過是像仙人掌鹼（Mescaline）一樣的迷幻藥在藥物作用下的效果罷了。因此對他而言，它們不過是生理反應層面上的現實，哲學家也許可以用此來闡釋靈魂與肉體的統合問題。至於我們，我們將文學材料視為意象想像的現實，視為想像的純粹產物。想像的活動為何不能說是如同知覺活動般真實呢？

或者是否有任何理由，讓這些我們自己不能創造，而做為讀者的我們卻能真正從詩人那兒感受到的「極端」意象，不能是某種為我們繁殖出白日夢種子的虛擬「迷藥」——如果我們保留「迷藥」

這個概念？此外，這種虛擬迷藥擁有非常純粹的效果，因為伴隨著「誇大」的意象，我們必然身處於自發想像的軸向上。

V

在前幾頁裡，當我們引介在《新神學百科全書》裡由植物學家所寫的長篇描述中，並不是沒有疑慮。這則段落太快地拋棄了日夢的種子。它在閒談，當我們有時間找樂子時會歡迎它。然而在試圖發現足以誕生想像產物的活種子時，我們就會攆走它。容我們大膽的說，這是種以巨大的片段製造出的迷你作品。我們應該尋找一個與這微縮想像更緊密的接觸。不幸的是，做為一個像我們這樣紙上談兵的哲學家，無法從沉思這些中世紀微縮工藝的匠人所創的作品中得益，中世紀真是個擁有忍受孤寂之能耐的偉大時代。但是我們仔細地想像這種耐性。它帶給匠人手指的是平靜。只有在想

12・譯註：以下為農委會「自然保育網」（http://wagnerzo.ntu.edu.tw/preserve/）資料庫中，對「大戟屬」植物的科學說明。「草本或灌木，具乳汁。單葉，互生；托葉腺體狀或無。花成大戟花序（一杯狀或鐘狀苞，頂端四至五裂，裂片常具色彩，裂片間有腺體，雄花生於苞之內壁上，雌花單生，由苞內中央伸出苞外）。雄花僅為一有柄之雄蕊。雌花子房三室。蒴果。」

13・皮耶・德・蒙地牙哥（Pieyre de Mandiargues），《大理石》（*Marbre*），Laffont 出版，頁六三。

像中，平靜才會佔滿靈魂。所有的微小事物必須慢慢生長。為了縮小世界，自然需要一段相當長的閒暇時光待在安靜的房間裡。還有，一個人也必須喜愛空間，以便經常將之刻劃為彷若有這樣一個自成一寰的微世界，以便在繪製成的微世界裡織繞出一個整體的景觀。在這種成就裡存有一種直覺式的辯證，這種直覺辯證總能見物之大，而製作工作卻摒斥胡思亂想的翱翔。事實上，隨著靈慧的微縮藝匠散逸的淘氣巧思，當細節暴露出自己的模樣，並一樣挨著一樣地慢慢發展出來，直覺論者卻在此際冀望於一瞥眼間就能深入每件事物的核心。這彷彿像是微縮藝匠挑戰直覺論哲學家貪懶的冥想，他不會對他說：「你看不到這個！要看盡所有這些小事物是需要時間的，不可能一目盡覽。」冥想著一件微縮作品，需要不屈不撓的注意力來整合所有的細節。

自然地，述說微型比創造它來得容易，蒐集那些化世界於微小之中的文學述說亦自非難事。但因為這些述說總以瑣瑣細細的方式描寫事物，所以它們當然顯得冗長繁瑣。以下摘出維克多．雨果所著的段落就可證其為真（我們已節縮了這段文字），在此，我們請求讀者們注意一種看來似乎不重要的日夢類型。

雖然雨果通常被視為有龐然巨大的視野，但是他也知道如何刻劃細小微型的事物，就像在《萊茵河》（*Le Rhin*）裡頭的文字：「在弗萊堡，我專注於所坐著的那塊草地時，很長一段時間，我忘卻了綿亙在我眼前的廣闊景觀。我身處於小山頂上的一個小小野地圓丘。然而這裡也有一個完整的世界。甲蟲在層疊植被的覆蓋下緩緩地前進著；傘狀的毒芹花模仿義大利松樹的姿態……，一隻可憐、濕透、黑黃相間的大黃蜂努力地攀上一枝多刺的樹枝，此時蚊蚋織成的厚雲遮住了他的光線；

150

一枝藍色鐘形花在風中輕顫著，蚜蟲王國整個托庇在它巨大的覆蓋之下……我看著一條煞像史前巨蟒的蚯蚓，從泥濘裡鑽出，並且朝著天際扭動身軀，呼吸著空氣，誰知道呢，也許在這個微小的宇宙，會有一個赫克力斯（Hercule）出來消滅牠，而居維葉（Cuvier）[14]會下筆描寫牠。總而言之，這個宇宙與其他的一般廣大。」[15]這段描述因為詩人明顯的興致而繼續進行，他提到微型大千世界（Micromégas），領會到一個通俗單純的理論。但是從容悠閒的讀者——也就是我們唯一能夠指望的讀者——無所置疑地進入了這個正自縮小中的白日夢。這樣游手好閒的讀者經常就這樣陷入白日夢之中，但是他從來沒有勇氣把這些夢寫下。而剛才，詩人賦予了這些日夢以文學上的尊嚴，我們希望——多大的野心！——賦予它們哲學上的尊嚴。因為事實上，詩人是對的，他剛剛發現了一個世界。「這兒也是一個世界。」為什麼一個形上學家就不能與這個世界迎面遭逢呢？它會允許他以小小的代價讓他的經驗再活過一遍，重新「打開世界」，再次「進入世界」。這個世界太常被哲學指稱為僅僅是一個非我（non-moi）。它的廣大只是一堆否定性的累積。但是哲學家太快進入所謂肯定性的事物，以提供這個大世界，這個獨一無二的世界。像這樣的公式：在世存有（être au monde）與世界的存有（être du monde）對我來說太高不可攀，我沒有辦法體驗到它們。事實上，我在微型世界裡

14．維克多．雨果，《萊茵河》，Hezel輯，輯之三，頁九八。
15．譯註：喬治．居維葉男爵（Baron Georges Cuvier），十八世紀動物學家，古生物學之父。

更感覺到自在，對我來說，這是可支配的世界。體驗它們之際，我感受到從做夢的自我裡發散出來那讓世界化現（mondifier）的浪潮。對我而言，世界的廣袤只是阻滯了這些讓世界化現的浪潮。真切體驗中的微型世界，讓我從周遭的世界中切分而出，幫助我抵擋四周氣息的消融。

微型世界是種擁有形上學新意的操練；它在小小的風險中讓世界化現。在這個操練中，已被決定的世界得到的是怎樣的鬆解啊！微型世界放鬆、休息，卻從未入眠。想像力在那兒保持警醒且感到幸福。

但是為了讓我自己帶著清晰的意識獻給這個微縮形上學，我們需要蒐集另一些文本、需要更多樣化的支援。除此之外，既已坦承我對微型世界的熱愛，我應該戒慎恐懼於確認大約在二十五年前由我的老友法維—布通妮葉夫人（Mme Favez-Boutonier）所做的診斷：發生在你身上的小人國幻覺是酗酒的癥狀。

在無數的文本裡頭，一片草地是一座森林，一簇草是一片樹林。在一本湯瑪士．哈代（Thomas Hardy）的小說中，一握青苔是一株松木。而雅各森（J.P. Jocobsen）暗藏激情的小說《尼爾．黎納》（*Niels Lyne*）[16]裡，描述覆滿秋葉與樹林被沉甸甸的紅葡萄壓彎了的幸福之森（la Forêt du bonheur），作者以「看來像是松樹或棕櫚，鮮嗆而厚實的青苔」完成他的畫。同時，「除此之外，還有一層薄苔敷蓋著樹幹，讓人想起精靈的麥田。」（法譯本，頁二五五）因為一個這樣的作家，他的任務是追隨著一個張力極高的人類戲劇——就像是雅各森的狀況所示，斷絕激情的敘事，目的在「寫出這個微型世界」。他呈現出一種弔詭，如若我們想要對當中的文學旨趣做出正確的評價時，將會需要闡明這種弔詭。

151

更密切經歷著這個文本，似乎像是為了努力看見這座纖巧的巨林中之森林，而人類因此變得纖細敏銳。從一個森林到另一個，從舒張的森林到收縮的森林，裡面都有著一個宇宙感在呼吸。弔詭地，似乎藉著活在微型世界裡，人在小空間裡放鬆下來。

這是許多白日夢的其中之一，這些夢帶引我們離開這個世界進入另一個世界，而小說家需要它，藉此渡送我們到達這個世界之外的彼岸，一個有著全新愛戀的世界。為塵世瑣事而奔忙的人們無法進入那兒。一本跟隨著巨大激情之漣漪而起伏的書，它的讀者確實會因為宇宙感的中斷而感到驚訝。他只能**線性地**隨著人間情事的線索而讀，如此一來，對這個讀者來說，種種情事是不需要插圖的。而線性閱讀會剝奪我們多少的白日夢啊！

152

這樣的日夢在召喚著縱深感（verticalité）。它們是在連綿敘事中的停頓，在此逗留之時，讀者受邀做著夢。這些日夢非常純淨，正因它們一無所用。它們不同於侏儒藏在一棵萵苣裡為主角設陷阱的妖精故事，這種故事可以在多努娃夫人（Mme d'Aulnoy）[17]所著的《黃矮人》（*Le nain jaune*）[18]裡看到。歌吟宇宙的詩篇獨立於為孩童們說故事的情節之外，在舉出的例子中，它需要投身於一種真正的私

16．《尼爾．黎納》（*Niels Lyne*）是一本里爾克一讀再讀的著作。譯註：揚．彼得．雅各森（Jens Peter Jacobsen），丹麥植物學家、文學家，他的作品對詩人里爾克、小說家喬哀斯、音樂家荀白克都有重要影響。

17．多努娃男爵夫人（Mme d'Aulnoy, 1650-1705），十七世紀法國作家，創造許多成為經典的妖精故事。

18．譯註：此標題 nain jaune 亦有某種紙牌戲的意思。

密植物世界裡，在這個植物世界裡頭，沒有柏格森式的哲學所譴責的呆板遲鈍。透過與微縮力量的連結，植物世界的確在微小裡顯得巨大，在溫和中顯得敏銳，在自己的綠意一片裡生氣勃勃。

有時，一個詩人攫住某個細微的戲劇性事件，比如說，賈克．歐第貝帝（Jacques Audiberti）在他令人驚訝的《阿布拉煞斯》（*Abraxas*）裡[19]，讓我們感受到那戲劇性的瞬間，在蕁麻與石牆的戰爭中，「攀爬中的蕁麻捲起了灰色的斑駁」。好一張植物的地圖！在《阿布拉煞斯》中，歐第貝帝織造一個夢境與現實緊密相繫的網。他知道將直觀置於最貼近處的日夢為何；人們會喜愛助蕁麻一臂之力，在老牆上再戳出一個洞。

但是我們在這個世界裡，有什麼時間在事物自得其趣的微小世界裡，愛上它們並在近距離裡觀看呢。只在生命裡有那麼一遭，我看見一片鮮嫩的青苔從牆間冒出來。它給這面牆增添了什麼樣的光彩青春與活力啊！

當然，如果從大與小單純相對的觀點來詮釋微型世界，我們就會失去所有現實世界裡的價值感覺。一小片苔蘚也許可以是一棵松樹，但是一棵松樹卻永遠不可能是一片苔蘚。想像不會以同一信念在兩個不同意義上發生作用。

在萬物皆微的花園裡，詩人瞭解了花朵的萌芽。我願意我能與安德烈．布荷東一起說：「我有雙手可以擷取你，我夢中纖細微小的百里香，我那極度失血蒼白的迷迭香。」[20]

VI

童話故事是一個推理思考的意象。故事連結了許多奇特的意象，彷彿它們本來就具有一致性，因此，故事將藉主要意象的信賴傳遞到衍生意象的整體系統之中。但是這種連結如此輕易，推論也過於流動易變，以至於我們很快地便無從得知故事之芽源自何處。

在一個述說微型世界的故事，像是「拇指仙童普塞」（Petit Poucet）的童話中，我們似乎毫無困難地發現了主要意象的原則：只有微小才能鋪設讓故事得以發生的路徑。但是，當我們更加詳細地檢查它，這種被敘事架設出來的微型世界，其現象學的處境並不穩定。事實是，這個處境受到讚嘆（émerveillement）與嘲笑（plaisanterie）間的辯證所左右。單單一個過於渲染的質素就足以打斷對讚嘆的

153

19．譯註：賈克．歐第貝帝（Jacques Audiberti, 1899-1965），法國劇作家。"Abraxas" 是一個巫術用語，相當於希臘字的 "365"，也就是一年當中日子的數目。神祕學家及巫師、祭師等等，都將這個字彫刻在寶石上面，以形成一個強而有力的護身符。猶如 "Abracadabra" 在西方拼音語言中也是特有的一個「魔術字」，有重複的母音，通常是用在一段咒語的最後面，相當於中國字的「急急如律令」；這個字一說出來，表示咒語的命令下完了，也表示接受到命令的眾鬼神，要開始去執行了。也就是，咒語要發生功效了的意思。（引自 http://www.blancoage.com/ 之「西洋神祕學」條目）

20．安德烈．布荷東（André Breton, 1896-1966），《白髮左輪槍》（*La révolver aux cheveux blancs*），Cahiers Libres 出版，一九三二年，頁一二二。譯註：布荷東為法國超現實主義詩人，超現實主義運動重要發起人，曾發表《超現實主義宣言》，主張透過行動、革命，結合生活與美學。

忘我投入。對一幅畫，我們也許會讚嘆不已，但是對一幅畫的評論卻超出了這個範圍；在加斯東・巴黎（Gaston Paris）[21]所引用一種版本裡，仙童普塞如此地小「以至於他可以用自己的頭顱分開一粒塵沙，並且以整個身體穿過去。」在另外的版本裡，他死於一隻螞蟻的一踹。但是在這種版本裡並沒有什麼夢境的意味在其中。我們以動物化的夢境想像之強大力量，僅止於化身為大型動物，而不會化身為微小動物的所作所為與動作姿態。事實上，在微物的王國裡，化身為動物的夢境想像比化身為植物的來得少見。[22]

在仙童普塞被螞蟻一踹而亡的故事裡，加斯東・巴黎注意到故事朝向嘲諷寓言的方向發展，並且產生某種透過意象而來的汙衊，表達了對微小生物的鄙夷。我們在這裡面對的是反投入（contre-participation）。「這些智巧的遊戲在羅馬人當中才找得到，」他寫道：「他們在那個墮落的時代，藉著以下的諷刺短句對矮子發話：一張跳蚤皮給你做一條裙子還嫌大。」加斯東・巴黎補充道：直至今日，同樣的玩笑還是可以在有關「小丈夫」（Petit Mari）[23]的歌謠中找到。加斯東・巴黎並且描述這種歌謠為一首「兒歌」，必定會使我們的精神分析師感到訝異的那種兒歌。幸運的是，在近七十五年以來，我們已經找出更多新的心理學闡釋途徑。

無論如何，加斯東・巴黎清楚地指出這種傳說故事的弱點（同上揭書，頁一三）：嘲弄微瑣事物的文字扭曲了原本的故事，那個純粹的微型世界。在那個現象學家必須還其本來面目的原始傳說裡，「微小非為荒謬可笑，反而絕妙之至。事實上，故事裡最有趣的部分是那些歸因於仙童普塞縮小的身體而完成的不尋常之事；他在所有的場合機智而靈活，而且總是從偶然陷入的糟糕情況中讓自己成功脫困。」

但是為了真正地投入故事，這種機智的微妙之處也需要物質層面的細緻來配合。故事邀請我們「悠游於」種種難關之間。換句話說，除了圖像以外，我們必須捕捉住微型世界的動態機能，以做為現象學之例的補充。如果我們追索微小性質的因果網絡，找出在巨大之物上發揮其影響的微物一開始時的驅動力，我們會從故事得到怎麼樣的興奮震顫啊！例如，微型的驅動機能時常被故事所證實，在故事裡，坐在一隻馬耳朵裡的仙童普塞控制了拉動犁耙的力量。加斯東·巴黎寫道（頁二三）：「我的看法是，這才是原始故事的基底；因為這個特性在所有民族裡都可以發現，但是其他被狂想創作而附麗於此的故事，一度受這個令人驚奇的微小生物所觸動而生，到最後常令在不同民族間產生了不同的敘說面貌。」

很自然地，當他坐在馬耳朵裡，仙童普塞對馬說：右轉、左轉。他是**指揮中樞**，我們的日夢意志會讓我們在每一個小空間裡都努力設立這樣一個指揮中樞。稍早我說過，微小世界是巨大的棲息

154

21．加斯東·巴黎（Gaston Paris），《拇指仙童普塞與大熊星座》（*Le Petit Poucet et la Grande Ourse*），巴黎，一八七五年，頁二二。

22．然而該注意的是，某些神經疾病的患者堅稱，他們可以看見微生物正在啃齧消耗他們的器官。

23．譯註：Mon père m'a donné un mari, mon Dieu quel petit homme！「我爹為我找了個丈夫，天曉得他是個多麼矮的人！」法國通俗民謠。

地。但是如果我們興致勃勃地和這個活生生的小普塞共進退，微小很快地會顯現成為原始力量的棲止處。一個笛卡兒式的哲學家——如果一個笛卡兒門徒也能開玩笑——會這麼說，仙童普塞是犁頭的松果腺。不管怎麼說，極限之微小掌控了力量，是微小在號令巨大。當普塞說話時，馬兒、犁頭與農人都只能聽命。這三個附庸越順從，越能把犁溝犁直。

仙童普塞在一只耳朵的空間裡等於安坐家中，身處於自然聲音進出的入口處。他是一只耳朵中的耳朵。因此由視覺表象所形構的傳說，被我在下一段稱之為聲音的微型（miniature du son）產生了二度折疊。事實上，當我們跟隨著傳說故事，就被邀請跨越了聽覺的門檻，和我們的想像一起聆聽。仙童普塞爬進這只馬耳朵是為了輕聲說話，也就是說，以除了應該「聽」的那人之外沒有人能聽得到的聲音，強而有力地發出命令。在這裡，這個字「聽」具有「聽見」與「聽命」的雙關意義。此外，在聲音的細微狀態裡，也就是在這樣一個闡釋傳說的聲音微型中，這種雙關折疊寓意的擺弄是最需精雕細琢的，不是嗎？

這個以自己的聰明才智引導農夫耕作的仙童普塞，似乎相當偏離了我年少時聽過的仙童普塞。但是它與加斯東·巴黎一步步帶領我們回到原始傳說的寓言一致，加斯東·巴黎是原始傳說之原初意境的偉大推度者。

對加斯東·巴黎來說，「拇指仙童普塞」故事的關鍵之鑰——就像在其他許多傳說中一樣——在天空裡：驅策大熊星座的是仙童普塞。[24]事實上，加斯東·巴黎提醒我們，在許多國家，在這輛馬車上方的小星星，恰恰以普塞為名。

155

我們不需要逐一追索所有讀者會在加斯東・巴黎的這本著作中將發現到匯而為一的例證。我們只強調一則瑞士的傳說，這則傳說告訴我們如何判斷懂得做夢的耳朵。同樣也是由加斯東・巴黎重新述說的故事裡（頁一二），馬車在半夜翻覆，發出一聲刺耳的撞擊聲。像這樣的傳說不是在教導我們聆聽夜晚嗎？夜晚的時刻？星子布滿夜空的時刻？我在哪裡讀到，一個在不祈禱的時候就持續凝視著沙漏的隱士，聽到穿裂耳鼓的噪音！在這瞬間，他聽見沙漏裡時間的終結。我們手錶發出的滴答聲是那麼粗糙，那麼具有機械的急促感，以至於我們不再有足夠敏銳的耳朵去聆聽時間的流逝。

VII

仙童普塞飛昇到天空裡的傳說故事，顯現出意象可以輕易地從小到大、從大到小來回移動。格列佛式（Gulliverien）的日夢是自然的，而一個偉大的夢者同時在地上與天空看見自己擁有的意象。但是在這種意象的詩意生命裡，擁有的不僅只是更多空間向度的遊戲。白日夢不屬於幾何學性質，而是夢者將自己全然交出，投入其中。在阿凱特（C. A. Hackett）〈韓波的抒情詩〉（Le lyrisme de Rimbaud）

24・譯註：「大熊星座」在法文中可表為 Grand Chariot，亦即「大馬車」。

的論文附錄裡，在「韓波與格列弗」（Rimbaud et Gulliver）的標題之下有一段絕好的文字，韓波在裡頭像是依偎著母親的孩童般幼小，在被支配的世界裡卻是巨大的。他的母親出現時，他就只是「一個在大人國（Brobdingnag）的小人兒，」在學校，小「亞瑟想像他是身在小人國的格列佛。」[25]阿凱特引用維克多．雨果寫在詩集《沉思》（*Les contemplations*）「父親的回憶」裡，描寫孩童發笑著：

> 看著可怕而愚蠢非常的巨人們
> 被充滿機智的侏儒所制伏。

在這裡，阿凱特指出了可用於韓波之精神分析的所有要素。但就像我們經常觀察到的，如果精神分析師能夠提供有價值的看法，讓我們對一個作家的深刻本質有更深入的瞭解，它有時便能移轉我們對一個意象直接效果的研究。有這麼廣闊浩大的意象，它們所具有的交流力量召喚我們離開自己的生活，關於這種他方生活，精神分析式的評論只能在社會道德標準之外發展。下面兩行韓波的詩句裡，有著多麼廣闊浩大的白日夢：

> 夢遊的仙童普塞，在路途上，我遺落了
> 詩韻。我的旅棧在大熊星座。

我們當然得承認，對於韓波而言，大熊星座是一個「韓波夫人的意象」（阿凱特，頁六九）。但是這個心理學的深入研究，並沒有提供我們自然萌發的意象所具有的驅動力量，讓我們在詩人身上重新捕捉瓦隆尼地區（比利時南方）的普塞傳說。事實上，如果想要被夢者意象裡的現象學意境，以及這個十五歲先知的意象所觸動，我必須把精神分析的知識放入括弧。如果大熊座旅棧只是一間由愛促狹的少年所蓋的粗糙家屋，它不會削弱我任何正面的記憶，也不會消滅我具有活力的日夢。在這裡我只能夢想在韓波的那片天空裡。精神分析師在作家生命中發現的獨特因緣，雖然在心理學上可能是正確的，但這些發現只有極微的機會重新發揮對他人的影響。然而，我接收到這個特出意象的訊息，感應到其中的交流。在短暫的一瞬間，它作用在我身上，讓我從我的生命中脫身而出，轉生成一個想像著的存有者。在這種閱讀的時刻，一點一滴地，我開始不只懷疑起對意象因果關係的精神分析，也同樣懷疑所有心理學上對詩意象的因果剖析。詩，在其弔詭中，即使違反因果，卻也是這個世界存有的一種方式，是投身於激情之辯證的存有方式。但是當詩到達了它的自發狀態時，我們就可以這麼說，它是「非因果的」（acausale）。為了「直接」感應到一個孤立意象的特點——意象在孤立時顯現自己所有的特點——現象學在此似乎遠比精神分析來得討我偏愛，最直接的理由

25．譯註：《格列佛遊記》這本書包含四大遊記：1. Lilliput（小人國）；2. Brobdingnag（大人國）；3. Laputa and other islands（天空之城和其他國家）；4. Land of Houyhnhnm（馬人國）。

是，現象學讓我們自己不帶批判、滿腔熱情地接納意象。

因此在它直捷的幻想層次上，「大熊座旅棧」不再是一戶母性囚牢，更不是一個村莊地標，而是一戶「天空裡的家屋」。如果我們熱切夢想著看到一塊讓我們感到堅定不移的方陣，我們會知道，這是一處非常安全的庇護所。在大熊座的四顆星子之間，一個偉大的夢者可以進住。也許他正飛離地面的同時，一個精神分析師就能夠列表清數他離地飛昇的理由，但是夢者首先肯定能依據自己的夢找到一個適合休憩的地方。這夜空裡的家屋持續不斷地繞啊繞！而其他迷失在天際浪潮裡的星子，笨拙地轉著。但是「大馬車」（le Grand Chariot，即大熊座）不會迷途，看著它悠轉著，就已經完全掌握了旅途的航向。做著夢，詩人切身體驗眾多傳奇的聚合為一，透過意象，傳奇重獲活力。它們不是老舊陳腐的知識。詩人不複述老太太的口耳傳說。他沒有過往。他活在一個全新的世界。至於對過往與這個紅塵裡的事情，他所瞭解的是純粹的昇華。現象學家跟隨著詩人。精神分析師只對昇華的消極面感興趣。

VIII

在「拇指仙童普塞」的主題上，在民間傳說裡就像在詩人之間，我們剛才目擊的是給予詩意空間雙重生命的大小尺寸換位。兩行詩句便能道盡這種顛倒換位，比如說諾艾勒·畢宇侯（Noël Bureau）所作的這兩行：

157

在這株青草後頭，他躺下
為了放大天空

但是有時這種大與小之間的置換會自我增生、相互迴響。當一個習以為常的意象發展到了天空的領地，我們會突然受到情感上的衝擊，相互關聯的日常物件成了縮小世界裡一件件的微物。大宇宙與小宇宙相互交關。

這種令人側目的相互關聯，可以在構成尤勒・舒貝維葉詩作基礎的兩種方向上有效運作，特別是那些匯集於這個昭然若揭的標題《萬有引力》（*Gravitations*）之下的詩作。詩趣的整個詩意重心，無論是在天空抑或在地面，都是活躍的引力活動的重心。容我們這麼說，對於詩人來說，這個詩意引力的重心很快會同時在天空和地上。舉例而言，借力於意象上的自由自在，家居的桌子會變成空中的桌子，前者有桌燈，而後者有陽光：

男人、女人、孩子
圍在這張空中的桌子邊
靠在一張奇蹟上
一張尋找自我界定的桌子。

然後，經過這種「非現實的爆炸」後，詩人回到地面：

我又回到我慣用的桌子邊
在開墾過的土地上
生產出玉米與牲畜的那一片土地
⋯⋯
我辨認出環繞著我的臉孔
透過真理的虛實圓缺。[26]

這種意象為這個形變轉化的白日夢提供一個支點，白日夢交替為土地與空氣的、家常與宇宙的，而意象則交替於桌燈／陽光、陽光／桌燈之間。在這個古老意象的主題上，可以發現無數的文學材料。但是藉著讓它在兩種方向上都栩栩如生，尤勒・舒貝維葉貢獻了一個重要的變奏。他藉此還給想像本來的完整韌性，一種如是神奇的韌性，讓意象可以說是放大與聚縮兩種方向的總合。詩人讓意象免於靜定不動。

如果我們感受到舒貝維葉式的「宇宙感」，在這個標題《萬有引力》底下——這個標題對這個時代的精神而言充滿科學意義，也許某些擁有偉大過往的思想會被發現。當科學史不是那麼過於現代化，當我們瞭解哥白尼——打個比方——就如他所具有的自己的夢與想法，那麼以下的事就變得

158

清晰明白：星子繞著光芒運行，而太陽本來就是巨大的世界之光。數學家接著才將引力之源說成是一方磁塊。高高在上的光，做為向心活動的法則，在意象的階層體系裡，它具有多麼重要的價值啊！因此，對想像而言，這個世界繞著一種價值的牽引而運轉。

傍晚在家中餐桌上的燈也是一個世界的中心。事實上，燈光亮著的餐桌是一個在自身當中的小小世界。而一個夢的哲學家不會擔心間接照射的光線會讓我們錯失晚上房間裡的重心處。記憶將會留得住舊日的臉孔，

透過真理的虛實圓缺。

當我們跟隨著舒貝維葉的整首詩，隨著它的星宿高升，也隨之回到人類的世界，我們會察覺到，習以為常的世界獲得一種經過目眩的宇宙微縮後所帶來的清新輪廓。我們從不知道家常世界是那麼廣大。詩人顯示給我們的是，巨大不必然與微小不容。並且我們也因此被點醒，想到波特萊爾對某些哥雅（Goya）的版畫所做的評論，那些他稱之為「在微型之中的廣袤之畫。」[27]他也評論過馬克．

26．尤勒．舒貝維葉，《萬有引力》，頁一八三—一八五。

27．波特萊爾，《審美的好奇》（*Curiosités esthetiques*），頁四二九。

波（Marc Baud），一位瓷釉藝術家，「他知道如何在微小裡創造巨大。」[28]

事實上，如我們稍後所見，特別是當我們細察浩瀚感的意象時，精微與浩瀚是相容的。詩人總是準備好要在微小處讀出廣大。比方說，歸功於像保羅．克勞岱在自己的宇宙演化學裡生成的意象，它們迅速吸收了現代的科學辭彙——如果談不上吸收其思想的話。克勞岱在他的《五大頌歌》（*Cinq Grandes odes*）寫道（頁一八〇）：

「正如我們所見，小蜘蛛與某些昆蟲的幼蟲會像寶石般被藏在舒適的皮囊之中。同樣的，我眼前有一整團在星雲冷冷的包圍中仍舊羞澀臉紅的太陽。」

一個詩人不論是透過顯微鏡或望遠鏡，他看到的永遠都是相同的事物。

IX

對於視野中的所有視點，距離也創造出微型世界。面對這些帶有遠距性質的自然景象，夢者揀選這些微型，做為他夢想著生活在裡頭的如許孤寂之巢。

在這種連結上，喬耶．布斯奎寫道：「我鑽進遠距離所賦予的微空間裡，渴望探測在裡頭受限於縮小的靜定感。」[29]由於待在床上，這個偉大的夢者為了「鑽進」微物世界而跨足於這個中介空間。在遠眺景觀裡的偏遠村莊，成了雙眸中的故鄉。距離不會驅散任何東西，相反的，它會重新形成一個我們願意入住的微型家鄉。在遠方的微型世界裡，各色相異的事物「趨於一致」。它們帶給我們「擁有」之實感，而任我們否認它們是由距離所創造。我們站在遠方佔有，並且如此平和！

這些視野裡的微型畫面，也許可以用來與描繪鐘樓日夢的景象相比。這類鐘樓日夢數量眾多，以致我們視為稀鬆平常。作家往往一筆帶過，卻很少讓它們呈現各種不同的變貌。然而這是孤寂中一道多棒的課題！從一座鐘塔的孤寂裡，獨自一人看著其他在遠處廣場上「遊走躁動」的人們，夏陽照耀著廣場，將它染得白花花一片。這些人看來「身小如蠅」，並且毫無理性地「像螞蟻般」竄動。這種因為過於陳腐，不再有人敢於運用的對比，似乎是在描述一個鐘塔日夢的文字裡不經意地出現的。但是無論如何，一個研究意象的現象學家必須關注某些沉思活動所具有的極端樸直（simplicité），這些沉思能夠輕易地讓夢者脫離躁動的世界。白日夢者給予他一個唾手可得的印象：他支配著世界。但是這樣一種白日夢的通俗特性一旦被指出，我們才瞭解到，它說明高處的孤寂中特有的夢。自我圈禁的孤寂會有不一樣的想法。除了否認有不一樣的世界外，為了支配世界，它不會有具體的意象。從他的塔頂，想支配世界的哲學家將天地微型化了。因為他在高處，所以每件事物顯得渺小。既然他在高處，於是他顯得巨大。他居高的棲息地是他的龐然巨大的證明。

場所分析必須闡釋多少定理，才足以判斷空間對我們發生的作用。意象不願讓自己被測量，意

160

28．波特萊爾，同上揭書，頁三一六。

29．喬耶．布斯奎，《引領月亮的人》（*Le meneur de lune*），頁一六二。

象很適切地說明空間時，連尺寸大小都能加以改變。最微小的意涵讓意象得以延展、增高、姿態萬千。夢者變成自己意象的存有者。因為他消融在自身意象的整體空間中，或者將自己幽禁於意象所造出的微型世界裡。就如同形上學家所說的，透過每個必須釐清的意象，我們的「此在」（être-là）得冒個險，有時候，我們在自己身上除了存有的微型世界外，一無所獲。至此，我應該回到上一章討論這個問題的相關層面上。

X

既然我們集中所有的關注焦點在體驗中的空間，對我們而言，微型特別突顯了視覺的意象。但是，微物的**因果網絡**（causalité du petit）刺激我們的所有感官，而對於每種感官，應該都有其「微型世界」可供研究。對於味覺與嗅覺感官來說，其所涉及的問題或許會比視覺來得更有趣。視覺總是截短其戲劇長度。但是一縷香氣，甚至是微不足道的氣味，也能夠在想像世界中創造出一整個情境。

微物的因果網絡的問題自然已被感覺心理學加以檢視過。透過實證的方式，心理學家小心翼翼地判斷不同的感覺器官進入活動中的**門檻**為何。這些門檻也許因人而異，但是在他們的現實世界裡卻彼此無所扞格。事實上，門檻的想法在現代心理學中是最為清晰的客觀概念。

在本段中我寧願去瞭解，想像是否不會將我們勾引到超越這些門檻的領域；是否一個對內在話語高度警醒的詩人，在讓形狀與色彩自己發聲之餘，在超出可感覺的範圍外就聽不見了。在這方面有太多弔詭的隱喻，然而我們無法系統性地檢查它們。它們必定遮蔽某種現實，某種想像力的實情。為了簡潔有力，我們將呈現某些我稱之為聲音微型（miniatures sonores）的例子。

首先，我們必須先排除對幻覺問題的一般認識。這些認識通常求教於現實行為裡可加以明察的客觀現象，這些現象藉由想像的聲音拍下那些苦於幻聽的面孔加以記錄，因此，它們使我們無法真正地進入純粹想像的領域。我也不相信透過真實感知與幻覺或虛或實的混合情狀，可以瞭解創造性想像的自發活動。我重複一次，對我來說，問題不是細審人類本身，應細察的其實是意象。唯一能以現象學方法考察的意象是具有傳遞性的，是那些經過順利傳輸，讓我們接收到的意象。雖然一個意象的創造者會有幻覺，但是做為一個不受幻覺所擾的讀者，這個意象仍然能夠相當程度地滿足我們的想像欲望。

當一個精神科醫生指稱為幻聽狀態，被像是愛倫坡這樣一個偉大的作者賦予了文學上的尊嚴時，存有學上的真正轉變就此發生。圍繞在藝術作品作者身上的心理學或精神分析解釋，因而可能傾向於錯置了創造性想像的問題，或者對之完全略而不談。一般而言，事實之實然（faits）無法解釋價值意涵之應然（valeurs）。在詩意想像的作品裡，價值意涵讓了無生氣的過去烙印著全然清新的感受。所有記憶必須重新經過想像。只有當我們記憶裡的微縮膠捲被想像之光照亮時，它們才能被讀取。

162 即使愛倫坡寫出《灰燼之屋的塌陷》（*La chute de la maison Usher*）是因為他「苦於」幻聽，上述的說法自然仍應堅持。但是「受苦」與「創作」處於對立狀態。我們也許可以肯定，他寫出這個故事之際並非他正在受苦的時候。在寫作期間，意象耀目地相互締結，暗影與沉默則微妙地與之相互呼應。在黑夜裡，塵間俗物「在黑暗中正自閃爍」，語詞則低語喃喃。一只敏銳的耳朵知道這是一個寫作中的詩人，在某個頂點上，詩句支配著意義。總而言之，在聽覺的範圍裡，我們這裡有一個浩瀚的聲音微型，整個宇宙都在低柔說著話的聲音微型。

面對這樣充滿世界聲音的微型，一個現象學家必須有系統、有組織、客觀地指出這類超越可感覺事物之秩序。這非關耳鳴，也不是壁虎變大之類的事。有一個在地窖裡的死者，她不想死。在圖書館的書架上有些非常古老的書籍，裡頭說著那個夢者不曾經歷過的另一個前世。一個遠古的記憶在後世發生了作用。夢、思想與回憶編織出一張網絡。靈魂做夢與思考，然後想像。詩人帶我們到達一個我們懼於超越的界限處境，一個處於心智失序與理智、在活人與死者之間的界限處境。最微弱的聲音預藏一場災難、結局。瘋狂的暴風預藏著席捲一切的混亂。低喃細語及鏗鏘作響攜手並進。我們受教於預感的存有學，我們學會聽見預知之聲，我們被催逼著警覺到最微弱的暗示。在界限狀態的宇宙裡，事物在呈現為現象之前都是徵兆；徵兆越微弱，越見其重要，因為它暗指著一個源頭。做為源頭，所有這些徵兆彷彿一再發生，故事永無結束之日。天賦靈感在這裡教導我們某些非常根本的事物。藉著誕生於我們的意識中，故事才得以結束，這正是為何它會成為現象學家的事業的理由。

在此，意識得到開展，但不是在人類彼此間的關係裡，雖然精神分析的觀察普遍以此關係為基礎。如何關懷著面對著一個處於危殆之宇宙的人類呢？每樣事物在一種預震（pré-tremblement）的狀態裡活著，活在一戶行將崩壞於圍牆重壓下的家屋裡，當它們崩壞殆盡之時，終於完成了對已死者的埋葬。

但是這個宇宙不是真實的。一如愛倫坡所說的，這是一個「硫化」（sulfureuse）所生的理念世界，由夢者帶著每紋新的意象漣漪所推造的世界。人類與世界，人與他的世界，彼此會更為貼近，因為詩人會向我們指出兩者最緊密相依的時刻。人與世界俱存於一個危難的共同體之中，它們對彼此而言具有危險性。所有這一切洶然有聲，而在詩隱隱作響的呢喃之中可以預先聽聞。

163

XI

但如果我們採用一些構造並不那麼複雜的微型世界，毫無疑問，我們對存於聲音之詩意微型世界裡的現實所做的闡述就會單純些。因此，我們選擇了只有數行的作品為例。

詩人時常帶引我們進入一個世界，裡頭有著不可能存在的聲音，因其聲之不可能，使得人們會質疑它們是無益的幻想。人們微笑以對，無視其存在而自行其路。但是大多數時候，詩人不會對自己的詩輕率從事，因為我知道某種柔和細膩揮引著這些意象。

住在快樂家屋之鄉村裡的何內—居義．卡都（René-Guy Cadou），受到觸動而寫下：

你能聽見屏風上花朵在啁啾鳴囀[30]

所有的花朵都會說話與歌唱，甚至是那些我們畫出來的也會。當我們繪出一朵花或一隻鳥時，是不可能不與她們說話的。

另一個詩人說：

他的祕密是

……

聆聽花朵

披染上她的色彩[31]

就像許多詩人一樣，克羅德·維傑（Claude Vigee）聽見了葉子成長並寫下：

我聽見

一株青鮮的榛果樹

綠了。[32]

像這樣的意象，至少必須將其存有視為是一個表達上的實存。它們將自己整個的存在，交託於詩意的表達。如果我們試圖將之參照於現實世界，甚至是指涉為心理上的現實，都會減損了它們的存有。在表達的純粹需求之外，在存有的閒暇時光裡，當我們聆聽自然裡不能言語的事物時，這類意象就支配著心理學，完全無涉於任何所謂的心理衝動。

如此這般的意象沒有必要與真實相干。它們存在。它們擁有意象的純粹性，超越了分別純粹之昇華與被制約之昇華的界線。

甚至當它們從心理學起始，因為心理上的概念轉向詩意的表達有時是如此隱微巧妙，以至於人們樂於給純粹表達所展現的事物一個心理現實的基礎。作家莫侯〔Moreau（de Tours）〕「無從抵抗引用帖歐菲勒・高提葉（Théophile Gautier）時的愉悅，每當大麻煙霧裊裊之際，他總會給眼前的景象某些詩意的型態。」「我的聽覺，」帖歐菲勒・高提葉說道：「變得非常敏銳；我聽見色彩的吵雜聲；綠、紅、藍、黃的聲音以不相混雜的清晰浪潮迎向我。」但是莫侯沒有取信於這種說法，他強

164

30・何內—居義・卡都（René-Guy Cadou），《海倫與植物世界》（*Hélène ou le règne vegetal*），Seghers 出版，頁一三。
31・諾艾勒・畢宇侯（Noël Bureau），《伸出的手》（*Les mains tendues*），頁二九。
32・克羅德・維傑，同上揭書，頁六八。

調引用的這個詩人的文字「不論詩意的誇飾如何鮮明，其所指陳皆為無用。」[33]但是這樣的文字是給誰的？心理學家，還是對懷著詩意的人類感興趣的哲學家？換言之，「誇大」的是大麻抑或詩人？大麻不能獨自在誇張的效果上這麼成功。而我們這些沉默的讀者，我們的「大麻經驗」是在文字的代勞下獲取的，如果詩人不曉得如何讓我們聆聽、超聆聽（sur-écouter），我們是不會聆聽到色彩的顫動的。

至此，我們怎能如何不聽而看？複雜的形狀與形體，即使在休憩時，也會發出雜音。彎曲的事物，在吱吱嘎嘎的雜音中，持續其扭轉變形。而韓波對此深知，當

> 他一直聽到處處節痂的樓梯滿是鑽動的聲音。
> （Il écoutait grouiller les galeux escaliers.）
> ——〈七歲詩人〉（les poétes de sept ans）

曼陀羅花（mandragore）的形狀自有傳說，當它從土壤中被拔出時，它具有人類外型的根部想必會叫出哭喊。對於夢想著的耳朵來說，這花的名字裡，傳出什麼樣聒聒騷吵的音節啊！字詞是充塞嗡嗡作響之聲的貝殼。單在一個字詞的微型表現裡，就有許多的故事！

也有寂靜之聲的騷潮拍擊在詩裡。像是貝利哥・巴托齊（Pericle Patocchi）由馬塞爾・雷蒙（Marcel Raymond）作序的詩選裡那樣，巴托齊在這一行詩裡，凝聚了遙遠世界傳來的寂靜：

165

遙遙地，我聽見大地祝禱中的泉水

——〈二十首詩〉（Vingt poémes）

有些詩朝著寂靜，移動了我們降落在記憶的路徑。比方說像是米沃希這首偉大的詩：

當天風高喊著眾多逝者之名
或是酸苦的雨水落在路上的嘈雜聲
……
聽—此外無他—只有大規模的寂靜—聽。

——米沃希，摘自《文學》（*Les Lettres*），第二年，第八期

在維克多．雨果的偉大戲劇如此出名及美麗，《靈魔》裡沒有什麼其他的東西能達成這種詩意的擬仿；是寂靜，促使詩人去聽，並且賦予夢想更多的親密感。我們很難知道這樣的寂靜在哪裡：

33．莫侯〔J. Moreau（de Tours）〕，〈印度大麻與心理解離〉（Du haschisch et de l'alienation mentale），《心理學研究》（*Etudes psychologiques*），巴黎，一八四五年，頁七一。

在廣大的世界或是在無垠的過往裡？它來自消逝的風聲，或是漸漸微弱的一場雨。在另外一首詩裡（同上揭書，頁三七二），我們發現米沃希這令人不能忘懷的詩行：

寂靜的氣息如此古老……

啊！漸漸老去的生命，不該想起許多如斯的寂靜！

XI

要安置存有與非存有的價值感受是多麼困難！哪裡會是寂靜的根源？它究竟是非存有的燦爛光輝，還是存有的籠罩？它如斯之「深」。但是何處是這般深淵的根柢？是在天地裡，即將形成的源頭在彼處喃喃頌禱著，還是在一個受苦的人的心中？要在多高的存有裡，應該聆聽的耳朵才會開敞？

自己做為一個研究形容詞的哲學家，我們陷在深度與巨大兩者令人尷尬的辯證之間；是讓無止境的減低縮小造成深度，還是讓巨大的無盡綿延於所有界線之外。

在克勞岱的《瑪麗的告示》（*L'annonce faite à Marie*）裡，維歐蘭與瑪拉的對話中，朝向的是多麼不可測的存有深淵探底。它帶給我們某些語句，是屬於不可見與不可聽的存有學。

維歐蘭（盲人）：我聽見……

瑪拉：妳聽見什麼？

維歐蘭：與我同在的事物。

這裡的觸動如此之深，以至於我們必須藉著世界之聲響，長期冥思處於深淵裡的世界，這個世界的整個存在是聲音的存在。這脆弱、短暫的事物，一縷聲音，能夠證明最有力的真實世界。在克勞岱的對話裡，這樣豐富的證明應該很容易在當中找到，聲音，取得了連結人與世界為單一現實所具有的確切條件。然而在說出話語之前，必須諦聽。克勞岱就是個偉大的傾聽者。

XII

我們剛才已一併看過，在存有的巨大莊嚴狀態裡，吾人「所視」與「所聽」的超越性。為了指出這種雙重超越更為單純的特徵，我們可以大膽迴響詩人在下面所寫的詩句：

> 我聽見自己閉上雙眼，然後張開它們。[34]

34・盧瓦・馬松（Loys Masson），《伊卡洛斯或旅行者》（*Icare ou le voyageur*），Segher 出版，頁一五。

所有孤獨的夢者都知道，閉上眼睛時所聽到的聲音是很不同的。當我們思考，努力地想聆聽內在的聲音，或是構思緊密架構的關鍵句，以表達自己思想的「深處」時，我們哪一個人不是把拇指與食指緊緊地靠在眼瞼上？耳朵知道當雙眸閉上之後，它對正在構思與寫作的存在務須負責。當眼睛再次張開時，才能鬆懈下來。

但是誰能告訴我們，緊閉、半閉與完全張開的眼眸所做的日夢是什麼。所謂的必須不離開這個世界才能進入超越之境究竟是什麼意思？上頭提過莫侯所寫，成書時間超過一個世紀的書中（頁二四七），我們可以讀到：「對於某些病患而言，僅僅只是在清醒時垂下他們的眼瞼，就足以產生幻視。」莫侯引用貝拉傑（Baillarger）的話補充道：「低垂眼瞼不僅只會產生幻視，也同時會產生幻聽。」

結合這些優秀的老醫師和一個溫和如盧瓦．馬松（Loys Masson）的詩人的觀察，帶給我多少白日夢啊！這個詩人有多麼絕妙的耳朵啊！他有多麼熟練的技巧，帶領著夢想機械的遊戲：看與聽、超常的看（ultra-voir）與超常的聽（ultra-entendre）、聽見自己的看！

另一個詩人教導我們，容我們這麼說，聽見我們自己在聽：

「但是細細聆聽。不是我的話語，而是每當你聆聽自己時，激動在你自己體內的那份騷亂。」[35]何內．多馬勒（René Daumal）為研究「聆聽」的動詞所發展的一種現象學，捕捉到了一個起點。

在接受的所有喜與文字、最短促易逝的印象戲耍的幻想與白日夢所織構的文字資料時，我們不止一次承認，我們流連於表面的企圖。我們只著意於探索初初萌芽的意象的那層淺表狀態。無庸置疑地，最脆弱易摧、最不具連貫性的意象能夠展露深度的震顫感應。但是要確切引出完全處於感覺生命另一面的形上學，卻需要一種不同風格的研究方式。特別是如果我們真要說明寂靜如何不僅影響一個人的時間感與言說方式，也影響了其存有本身，將需要一部長篇巨著。幸運地是，這樣的傑作已經寫出來了。我推薦馬克斯・皮卡爾（Max Picard）的《寂靜世界》（*Le monde du silence*）。[36]

35・何內・多馬勒，《黑詩，白詩》（*Poésie noire, poésie blanche*），Gallimard 出版，頁四二。

36・馬克斯・皮卡爾（Max Picard），《寂靜世界》（*Die Welt des Schweigens*），Rentsch Verlag 出版，一九四八年，法譯本：Le monde du silence，安斯德（J.J. Anstett）譯，巴黎，P.U.F. 出版，一九五四年，英譯版，倫敦，Harvill Press 出版，一九五二年。

CHAPTER

eight

第八章 私密的浩瀚感

世界是廣大的，在我們體內
它卻深如汪洋。

——里爾克

空間總讓我靜默。

——朱爾・瓦勒斯（Jules Valles），
《孩子》（*L'enfant*），頁 238。

I

也許有人會說，浩瀚感（immensité）是個屬於白日夢的哲學範疇。白日夢無疑地以各色各樣的景象為資糧，但是透過一種自然的趨向，它更能冥想其龐然巨大（grandeur）。這種對龐然巨大的思忖形成一種十分特殊的態度，一種異於其他的靈魂狀態，白日夢將夢者送到切近的世界之外，將之置於一個烙印著無限（infini）的世界之前。

雖然遠離海洋與陸地的浩瀚，僅僅透過回憶，我們就能夠以沉思冥想的方式重新捕捉這種龐然巨大的思忖所具有的共鳴反響。但是這真的與某個回憶有關嗎？想像力難道不能僅憑一己之力無限擴大浩瀚感的意象嗎？早在冥思之始，想像力不是已經充滿主動性了嗎？事實上，在一開始的剎那，日夢就是一個業已構作完全的情境。我們不知其始，但是它總是以同樣的方式開始。意即，它逃離左近的物件，並立刻遠逝於他方，處於他方（ailleurs）空間中。[1]

當這個他方在自然環境裡，也就是當它不是座落於往昔之屋，它就是廣闊浩瀚的。也許有人會說，日夢是太初的冥想。

如果我們能夠分析浩瀚感的印象與意象，或是浩瀚感帶給一個意象的貢獻時，我們就會迅速地進入一種最純粹的現象學領域——沒有現象的現象學，若是不要說得那麼弔詭的話，就是為了要瞭解意象的汩汩之流，這種現象學並不需要等待想像的現象成形並在完整的意象裡穩定下來。換言之，既然浩瀚感並不是一個對象，浩瀚感的現象學就能夠直接地將我們託付給想像之意識。在分析

168

169

浩瀚感意象的過程裡，我們會瞭解在自身體內即具有純粹想像的純粹存有。至此，藝術作品很清楚的是源於這種想像之存有所具備的存在本性，是它的副產品。在這個浩瀚感向日夢的道路上，真正的產物是生長變大的意識（consciense d'agrandissement）。我們感受到自己被提升，擁有了令人讚嘆的存有所具有的尊嚴。

自此，在這種冥想中，由於在我們尚未開始夢想前，超越了世界現在與以往的樣貌，因而開啟了某種冥想中的世界，使我們不再是「被拋於世」（jetés dans le monde）[2]的。甚而，透過嚴謹的辯證效果，如果我們真的意識到微不足道的自我，我們就會產生龐然巨大感的意識。於是，我們就被帶回到我們浩然擴充中的存有的自然活動裡。

浩瀚感就在我們自身體內。它與一種存有的擴張狀態緊密關聯，這種狀態總被生活所箝制，被謹小慎微所侷限，但是當我們孤獨一人時，它又再度復甦。一旦我們靜止不動，我們就身在他方，並且在一個浩瀚無垠的世界裡做著好夢。浩瀚感是靜止不動之人的運動；浩瀚感是靜謐白日夢所具有的動態特質之一。

既然我們完全從詩人那兒學習哲學教誨，在皮耶・阿爾貝—畢侯的這三行詩中有這麼一課：

1・「距離把我拉向它漂流的放逐之路。」參見舒貝維葉，《樓梯》，頁一二四。

2・譯註：關於這個詞的哲學脈絡，可參見海德格哲學中關於「此在」（Dasein）之存有學結構，「被拋於世」乃「此在」的重要存有學特徵之一。

以一觸筆尖的輕劃，我自任為
世界之主，
無限之人。[3]

II

然而，弔詭的也許是通常是這個「內在浩瀚感」，給了我們某些關於可見世界的表達所具有的真正意義。舉一個直接的例子，我們也許可以進行一種詳細的審查，知道「森林的浩瀚感」意在何指。因為這種「浩瀚感」起於一種表達的體例，而並不是真的關聯於地理上的教誨。我們毋須長期待在森林裡，體驗「深入地走進」一個無邊無際的世界，這種感受在印象上總是令人有點焦慮。如果我們不知道自己欲往何處，很快地也就不再知道自己身在何方。如此一來，它很輕易地就能帶給我們在漫無邊際世界這個主題上多所變奏的文學材料，這是森林意象的首要特質。但是接下來從馬賀果（Marcault）及戴黑斯·布羅斯（Thérèse Brosse）的絕妙作品裡摘引出的簡短段落，卻呈現出少見的心理深度，有助於我們確認主要的論題。它們寫道：[4]「森林首先帶著神祕，其空間無限延伸於樹幹與葉片織成的遮蓋中，使得空間對雙眼來說是遮蔽的，但活動起來卻能通行無阻，森林因而擁有具體心理上的超越性。」[5]我本身對於使用「心理上的超越性」（transcendant psychologique）這個詞有所猶疑，但是至少它是一個很好的指標，指引現象學的研究朝向超越當前心理學的格局。很難有一個較佳的表達，說明此間的描述功能——不論是心理學式的還是客觀性的描述——均屬罔效。我們可以感覺到，除了客觀地表達所提供的，有些別的東西需要呈現出來。應該被呈現的是潛藏的龐然巨大、深度（profondeur）。不耽溺於長篇大論，不在光與影的細節裡忘我，我們感受到一種尋求表達的「關於本質的」印象，總之就是與上文的作者所稱的「心理上的超越性」相一致。如果我們想要「體驗森林」，絕佳的表達方式就是處在「現場之浩瀚感」（immensité sur place）的臨現之中，意即，處於「就地浩瀚感」的深度之臨現當中。詩人感覺到古森林的這種現場浩瀚感：

虔默的森林，破碎的森林，逝者被棄諸於此長眠
永恆地四面合圍，桃紅筆直的老樹叢集
永恆地層層疊疊，越見老耄，並鬱鬱蒼蒼
在綿亙、深軟的苔床上，發出絲絨般的嗚咽。6

3．皮耶．阿爾貝—畢侯（Pierre Albert-Birot），《自然記趣》（*Les amusements naturels*），頁一九二。
4．馬賀果（Marcault）、戴黑斯．布羅斯（Thérèse Brosse），《明日教育》（*L'éducation de demain*），頁二五五。
5．「森林的特質即形成封閉狀態，卻同時又是四通八達的。」皮耶．德．蒙第牙哥（A. Pieyre de Mandiarques），《海百合》（*Le lis de mer*），一九五六年，頁五七。
6．皮耶—尚．尤夫（Pierre-Jean Jouve），《抒情詩》（*Lyrique*），Mercure de France 出版，頁一三。

詩人在這裡並沒有描述什麼；他知道自己所做的是一個更偉大的任務。虔敬肅穆的森林是破碎、封閉與緊密層疊的，它就地累積著自己的無限性。在這首詩裡，他將會進一步地訴說活在樹梢搖動間的「永恆」之風所發出的天籟和聲。

因此皮耶─尚．尤夫的「森林」是「**當下見神聖的**」（immédiatement sacrée），倚靠自然本身古老的傳襲而神聖，遠超出所有人類的歷史。在神祇存在之前，森林就是神聖的，神祇降居在這些神聖的森林裡，他們真正做的，只是為森林日夢的偉大律則增添上人類的特性，竟至太過人性。

甚至當一個詩人提供一個地理學者的向度，他憑直覺知道，這個自行就地顯現的向度，因為此向度根植於一個獨特的夢幻價值感裡。因此，當皮耶．葛光（Pierre Gueguen）提及「深邃的森林」〔位於布列塔尼的波色良（Broceliande）森林，見《布列塔尼》（*La Bretagne*），頁七一〕，他補足了一個空間維度（dimension）；但這個維度卻不是讓意象張力顯現出來的那種。當他說，深邃的森林也可以稱之為「平靜的地球，因為它異常的寂靜凝結於三十團綠意裡，」葛光召喚我們投入「超越的」寧謐與寂靜裡。因為森林瑟瑟作響，「凝結的」謐靜震顫而抖動著，它因無數的生命而活力十足。但是這些聲響與活動不曾打擾森林的寂靜與寧謐。當我們讀到葛光書中的段落時，感覺到這個詩人沉澱了所有的焦躁；森林的平和對他來說是內在的祥和，是一個靈魂的狀態。

詩人明瞭，而某些人以一行詩透露；比如說尤勒．舒貝維葉，他知道在平靜的時刻裡，我們是

> 自我之森那敏銳善感的居民。

其他較具邏輯性的人，如何內・梅納（René Ménard）以一本獻給樹木的美妙文集呈現給我們，在集子裡，每棵樹木被聯想成一位詩人。此處是梅納的私密森林（fôret intime）：「此際，陽光照在我身上，在陽光與庇蔭的交織封印下……我活在巨大的濃密裡……隱蔽處誘引我。我墜進厚厚的層葉堆裡……在森林中，我是自己的全部。每件事都可能容納在我心裡，像是藏於幽谷深壑之中。林木叢疊的距離將我隔離於人性與城市之外。」[7]但是就像詩人所說的，讀者應該完全把這首散文詩集視為「對創世想像（Imagination de la Création）的虔敬瞭悟」。

在我們研究的詩意現象學領域裡，有一個研究想像的形上學家必須警覺到的形容詞，就是「祖先的」（ancestral）。這個形容詞被對應於一種過急的價值化，經常只給予其字面的意涵，而且從未被加以審查約制；造成的結果是，對深度的想像，甚至關於深度的心理學的直接性質通常付之闕如。「祖先的」森林，很廉價地代表一種「心理上的超越性」，是一個適合兒童讀物的意象。如果有什麼關注於此意象的現象學問題可提出，此問題也必須要透過某種想像的實際意涵，來發現某個實質上的理由，解釋像這樣的意象為何是引人入迷的，並且對著我們訴說些什麼。森林的魔魅是由於不知起自何年何月的疏荒迷離，這種假設在心理上實屬無謂。如果一位現象學家對此加以考慮，像這樣的假設對貪懶的思索的確是種邀請。對我們來說，我們感到有這個義務建立原型的實感

172

7・何內・梅納（René Ménard），《樹之書》（*Le livre des arbres*），Arts et Métiers graphiques 出版，巴黎，一九五六年，頁六—七。

（actualités das archétypes）。總之，「祖先的」這個字眼，在想像意涵的支配下，是需要予以詮解的；它並不是一個解釋性的字詞。

但是誰能告訴我們森林的時間向度？歷史不足以得知。我們必須知道森林如何度過它那久遠的時間，在想像的領土裡，為何沒有年輕的森林？對我來說，我只能冥思故鄉的事物。從令人永誌不忘的老友加斯東・胡內爾（Gaston Roupnel）那兒學習田野與森林的辯證關係。[8]在「非我」（non-moi）的廣大世界裡，田野的非我不同於森林的非我。森林是個「前我」（avant-moi），「前於我們」（avant-nous）的存在。對田野與草地而言，我的夢想與回憶則伴隨著所有耕作與收穫的不同時節而同時發生。當「我」與「非我」間的辯證更具有彈性時，我感受到田野與草地在「與我同在」（avec-moi）、「與我們同在」（avec-nous）裡相伴於我。但森林君臨的是過往。比如說，我知道祖父曾經迷失在那座森林裡；我被告知這事，並且永不忘卻。那是發生在我誕生之前的過往。我最古遠的回憶因此壽算一百，也許更老一些。

此後，這是我「祖先的」森林。所有其他一切，盡屬空話。

III

當這般的白日夢攫住了冥想的人，細節變得模糊，所有的畫面消逝，光陰不覺流走，空間漫無止境地延伸。這種白日夢也許可以稱為「無窮的日夢」（rêveries d'infini）。以這些「深邃」森林的意象，

173

我業已描繪出浩瀚感的力量所具有的輪廓，如何展露在一種特定的意涵裡。但是也可以經由相反的路途：夜晚的浩瀚感，詩人在面對這種鮮明的浩瀚感時，能夠指點出到達私密深淵的路徑。米沃希的一段文章將成為我們的軸心，讓我們體驗到世界之浩瀚感與私密存有之深度感的合鳴。

米沃希在《愛情啟蒙》（*Amoureuse initiation*）（頁六四）裡寫道：「我帶著探看著終極的深淵、探看我自身存有的最後祕境的心情，冥想著四處充滿驚奇空間的花園裡；而我微笑，因為這夢從來不曾如此純真、偉大與美麗地發生在我身上！我的心歡躍著，與天地美妙之歌一同合唱。所有這些薈萃之物都屬於你，它們就存在你的體內；除去你的摯愛之外，它們沒有真實可言！唉！這個世界從那些對自身一無所知的人們看來是多麼令人懼怖！當你面對海洋時感到孤單與被棄，想像一下，水滴在夜裡感覺到的孤寂會是怎麼樣的，或是夜晚在一個沒有窮盡的宇宙裡所感覺到的孤寂！」詩人繼續彈唱著這曲在夢者與世界間的愛之重奏，讓人與世界弔詭地成為在自身孤寂的對話裡結合，兩種相互為伴的生靈。

在同一部作品的他處（頁一五一），朝著這兩種同時集聚與擴展的運動所發的一種沉思／雀躍裡，米沃希寫道：「空間，空間，你分疏了水；我欣悅的友伴，以何等摯愛，我感覺到你！我在這兒，

8．加斯東．胡內爾（Gaston Roupnel），《法國鄉村》（*La campagne française*），參見〈森林〉一章，Club des Libraires de France 出版，頁七五及其後的章節。

像在毀滅的溫煦陽光裡盛開中的蕁麻，像是泉水畔的碎石，或者是在溫暖草堆裡的蟒蛇！這一瞬間真的是永恆？永恆真的就是這一瞬間？」文字持續下去，將極大繫於極微，白色蕁麻接於藍色晴空。所有這些銳利的矛盾，碎石與澄澈泉水的細細邊緣，現在都被消融與摧毀了，做夢的生靈已經超越了小與大的矛盾。這種歡躍的空間超出所有疆界之外（頁一五五）：「倒下吧，視野中無情無愛的高牆與邊界！現身吧，真切的遠景！」更進一步地（頁一六八）：「每樁事物都沐浴在光線、溫煦與智慧之中；在非現實的氛圍裡，遠景向著遠景招手。我的愛圍裹起宇宙。」

當然，如果客觀地研究浩瀚感之意象是我的目的，我應該必須著手於一大疊的檔案，因為浩瀚感一向是個永不枯竭的詩意題材。我在稍早的作品中提到這點[9]，強調沉思中的人在面對無窮之天地時，與之相抗的意志。我也提到了「視象情結」（complexe spectaculaire），在那當中視覺的傲慢是一個沉思之存有者所具有的意識核心。但是眼前考慮的作品中所呈現的問題是，一個在浩瀚感的意象裡更為舒緩的投入，一個在大與小之間更為密合的關係。可以說，我意欲消解視象的情結，它足以僵化了某些詩意冥想的價值。

IV

當一個舒緩的靈魂冥思與做夢時，浩瀚感似乎期待浩瀚感的意象。心智看著，並且持續看著萬事萬物。靈魂卻在當中選一件事物，發現浩瀚感所棲身的窩巢。如果我們追索「**遼闊**」（vaste）這個

174

單字在波特萊爾靈魂中所啟發的日夢，我們會得到多種例證。的確，遼闊是最波特萊爾的詞語之一，對這位詩人而言，這個字能夠最自然地強調私密空間的無限感。

毫無疑問地，我們在他的作品中可以發現，「遼闊」這個詞也有只用於貧乏的客觀幾何學意義：「一張遼闊的卵形圓桌四周……」是取自於《審美的好奇》（頁三九〇）裡的描述。但是當一個讀者對這個詞變得高度敏感時，就可以看出它切近的是一種幸福的遼闊感（heureuse ampleur）。除此之外，如果我們真的去數算在波特萊爾的作品裡，「**遼闊**」這個詞不同的處理方法，會驚訝於這個事實，對這個詞以實證的、客觀的運用之例與那些在其中運用得更具私密反響意味的實例比較起來，顯得罕見。[10]不管事實上，波特萊爾是有意識地避免讓字詞的運用出於慣性，特別努力不讓他所用的形容詞受名詞所支配，不忘對自己運用「**遼闊**」這個詞保持警覺。只要受到龐然巨大感所觸動的一件事物、一種想法或是一場白日夢，「**遼闊**」對他來說就變得絕不可少。我想要提供數例，說明他運用這個詞的驚人變化。

9．參見《土地與意志的夢想》（La terre et les reveries de la volonte），第十二章，第七節，「浩瀚之地」（La terre immense）。

10．但是「遼闊」這個詞卻沒有囊括在《私密的噴發與日記》（*Fusées et journaux intimes*）的優秀索引中，賈克·克列培（Jacques Crépet）輯，Mercure de France 出版。

抽鴉片的人必定要有「遼闊的閒暇時光」[11]，以便從他鎮靜劑的白日夢中汲取甜頭。做白日夢是受到「鄉間的遼闊寂靜」[12]所激發。這個「人性的世界開啟遼闊的視野，充滿了清新的澄澈。」[13]某些夢安置在「記憶的遼闊畫布上。」波特萊爾還提到一個「男人，他是偉大計畫的獵物，被遼闊的思想所佔據。」

描述一個國家呢？他寫道：「國家……遼闊龐大的野獸們，牠們的組織配上自己的環境」；稍後回到相同的主題，「國家是集體性的遼闊龐大生物」。[14]這裡無庸置疑的是，**遼闊**增加了隱喻的濃烈；事實上，沒有了這個詞，沒有了它帶出的意涵，波特萊爾也許會因為意象的貧乏而猶疑。但是這個詞挽救了一切，而波特萊爾補上一句，認為讀者如果熟悉於「這些個遼闊的沉思」，就將會瞭解上述的比較。

對波特萊爾而言，這一點也不誇張；「遼闊」這個詞是一個遼闊世界與遼闊思想得以藉此結合起來的形上學真實論點。但是實際上，這種龐大感在私密空間的領域裡已經是最為鮮活的了嗎？因為龐大感並非來自眼見的景觀，而是來自遼闊思想那不可測的深度。在他的《私密日記》（同上揭書，頁二九）裡，波特萊爾寫道：「在某個近乎超自然的心靈狀態，生命的深度完全顯露在視象裡，然而我們眼前所有的通常是平凡的，於是深度變成了象徵。」我們在這裡引用的這段文字，指明了我們本身所追逐的現象學方向；外在的視象有助於私密龐大感的揭露。

對波特萊爾而言，「**遼闊**」這個詞也是表達事物相互綜合（synthèse）的最高程度。為了知曉心智的推論活動與靈魂力量之間的差別，我們必須細思以下的想法，「抒情的靈魂邁開遼闊步幅，形同綜合；小說家的心智卻喜於步步為營的分析」。[15]

因此在「**遼闊**」這個詞的旗幟底下，靈魂發現自身綜合式的存有。「**遼闊**」這個詞弭合了對立。「如夜與光般遼闊。」在一首有關印度大麻的詩裡，我們發現這一縈繞著所有波特萊爾的讚賞者記憶的著名詩行裡，所包含的某些元素：「人性世界開啟了遼闊的視野，充滿了清新的澄澈。」[16]因此這就是「人性」的本質，「人性」神殿在其初始特質中所帶有的龐然巨大感。透過這位詩人的作品，讀者可以追隨著一個「遼闊整合體」（vaste unité）的活動，它總是準備好將奔放不羈的瑰麗多采整合為一體。哲學的思維總在一與多的關係上進行無止境的討論，此時，不同的感官印象透過混合的力量進入了彼此感通的境界，波特萊爾那非常典型的詩意冥想在這個綜合力量裡，覓得一個深刻而幽冥的整合體。通常，這種「**感通**」（correspondances）被以過於強調實證經驗的方法加以檢驗，視為感性運作下的效果。然而，從一個夢者到另一個夢者的感性音域很少湊巧重合。除了為每位讀者的耳朵提供歡愉，珍貴的安息香不會供應給所有的讀者。但是就從十四行詩《感通》的頭幾行裡，

176

11．波特萊爾，《抽鴉片的人》（*Le mangeur d'opium*），頁一八一。
12．波特萊爾，《人造天堂》（*Les paradis artificiels*），頁三二五。
13．同上揭書，頁一六九、一七二、一八三。
14．波特萊爾，《審美的好奇》，頁二二一。
15．波特萊爾，《浪漫藝術》（*L'art romantique*），頁三六九。
16．波特萊爾，《人造天堂》，頁一六九。

抒情靈魂的混合動作正自運轉。即使詩意的感性在「感通」的主題上享有無數的變奏，我們也必須切知，這個主題的本身就有絕妙的樂趣。更確切地說，波特萊爾認為它發生在這種「存在感受正在浩然擴張」之時[17]。我們在這裡發現私密領域裡的浩瀚感是一種**高張感**（intensité），一種存有的高張狀態，是一個存有在一片私密之浩瀚感的遼闊景觀裡醞釀發展的高張狀態。這就是「感通」的原則，感通接收到了世界的浩瀚感，並將它轉化為我們私密存有之高張感。感通在兩種龐然巨量之間建立了和解。我們不能忘卻波特萊爾體驗過這些和解。

可以這麼說，移動本身就擁有一個幸福的容積，並且因為它的和諧，波特萊爾將它囊括在遼闊之下的美學範疇裡。關於一艘船的移動，波特萊爾說，「擺脫在航線間移動之運作方式的詩意念頭，乃是假設它是一個遼闊、浩瀚、複雜卻又音律協調的存有者，是一隻充滿天才的獸，牠忍受與感嘆的每一絲嘆息與每一吋人類的野心。」因此，這艘船，美麗的船身棲息在水上，容納了「遼闊」這個詞的無限無窮，這是個並不描述什麼，但卻提供每件需要描述的事物之根本存有的詞。因為波特萊爾，「遼闊」這個詞涵納了一個眾多意象的叢結，意象因為在一個遼闊的存有裡發展，加深了彼此的深度。

冒著讓我的論述逐漸變得分散的風險，我試圖指出在波特萊爾的作品中這個奇異的形容詞現身之處；奇異是因為這個詞將彼此毫無共通處的印象，冠以龐然巨大之姿。

但是為了給予我們的論述更廣大的整體性，我們更應該追隨著一條意象或意涵的蹤跡，它們會顯示因為波特萊爾之故，浩瀚感是個私密空間的向度。

在波特萊爾獻給華格納（Richard Wagner）[18]的作品中，對於浩瀚感這個私密特質的闡述，無人能出其右。可以發現，他在當中陳列出三種浩瀚感的表現情狀。首先，他引用演奏《羅亨格林》（*Lohengrin*）[19]序曲的音樂會曲目（同上揭書，頁二一二）。「從開始幾小節起，等待著聖杯（vase sacré）的虔誠孤獨者，他的靈魂**陷入了無限空間**（espaces infinis）。他看見一個奇怪的幻影漸漸顯現，有了軀體，成了形。這個幻影更加清晰後，才發現原來是一列天使顯聖的行伍從他面前經過，而聖杯載運於行伍之中。神聖的隊伍走近了，上帝選民的心漸漸高拔昇揚；它擴大、膨脹、充盈，無可言喻的熾望在他身上甦醒了；他感到一陣不斷增長的喜樂，同時也越來越靠近這光芒輝映的幻影，終於，聖杯在這支神聖的行伍中出現了，這時，他**陷入在狂喜神迷的崇拜讚嘆之中，整個世界彷彿在一瞬間消失了**。」在這段文字裡所有的黑體字是波特萊爾自己加上去的。當誕生於私密中的浩瀚感在一種狂喜的感受裡，消融並吞併了感覺世界時，這段文字讓我們清楚地感受到日夢循序擴大、膨脹，直到終極的頂峰。

17．波特萊爾，《私密日記》（*Journaux intimes*），頁二八。
18．波特萊爾，《浪漫藝術》，8X。
19．譯註：故事內容是描述一位中世紀的天鵝騎士羅思格林的生平事蹟。他化身為愛爾莎公主夢中的天鵝騎士，在與心懷不軌的伯爵決鬥之後，取愛爾莎為妻。後來公主被挑撥追問出其真實身分，他其實是聖杯之王帕西法爾之子羅亨格林，因祕密已揭露，必須回去守護聖杯，公主因其離去傷心而亡。

第二種情狀，我們也許可以稱之為存有的擴增（accroissement d'être），李斯特（Liszt）所做的幾行詩裡可以給我們提示。這幾句詩使我們投入源自音樂之冥想的神祕空間（頁二一三）。「整個天空朦朧迷離……伸展於一整片廣闊而靜止的旋律之上。」在李斯特隨後的詩句裡，光的隱喻幫助我們捕捉這個顯而易見的音樂世界之延展。

但是這些文字只預先為波特萊爾在這個主題上的發揮鋪路，在「感通」展現為各個不同感官的強化狀態時，一個意象的每一次擴張加強了另一個意象的龐然巨大感。浩瀚感自此擴大發展。波特萊爾在此深深浸淫於音樂的夢境裡，就如同他所說的，他見識了「一種所有具想像力的人類曾在眠夢中體驗過的幸福感。我感受到脫離地心引力，透過回憶，成功地捕捉了迴旋於高處的那份令人感到異樣的肉身快感（volupté）。在絕對純粹的孤寂裡，在這個帶有一種浩瀚視野與四面輝散之光的孤寂裡，我情不自禁，對著自己描繪出一個人在巨大的日夢籠罩中所感到的微妙敏銳狀態；浩瀚感除自身外，沒有其他背景（décor）。」

在波特萊爾接下來的文本中，我們發現了延展、擴張與狂喜的現象學的諸多要素，對於一種關於前綴詞「超」（ex）的現象學這些要素可稱簡潔有力；但是在經過波特萊爾的長久準備後，我們現今有了一條必須置於現象學觀察之軸心的律則：浩瀚感除自身外，沒有其他背景。關於這個浩瀚感，波特萊爾剛剛鉅細靡遺地告訴了我們，它是私密感的一項全面征服。巨大感在世界裡持續進展，與私密感的次第加深同時俱增。波特萊爾的白日夢並沒有畫出對天地所進行的冥想其形若何。他告訴我們，他以緊閉的雙眸追逐著白日夢。他並不靠回憶生活。詩意的狂喜，一步一步地，變成了一個沒有結局的生命。天使一度顯現為天藍的翅膀，已沾染為宇宙蒼穹的深藍。慢慢地，浩瀚感成為根本的感受，一個根本、私密的意涵。當夢者真正體驗到「浩瀚」這個詞，他就會看見自己從所憂慮的、思索的，甚至從自己所夢到的一切之中解脫。他不再禁錮在自己的重擔當中，不再做為自身存有的囚徒。

如果我們當真根據正統的心理學方法，研究這些波特萊爾所做的段落，也許會做出這樣的結論，當詩人將世界的背景棄諸腦後，只活在浩瀚感的單純「背景」中，不能用早期心理學所謂的「抽象空想成真」（abstraction réalisée）來看待。藉由詩人之手所化現的私密空間，與幾何學家所稱的外在空間是成對的，這些幾何學家也想要只透過無限的符號本身來尋找無限空間。但是這樣的結論，卻不解於上述的悠長白日夢所採取的具體步驟。在此，日夢每放棄了一個過於形象化的性質，就多取得一點私密存有的補償性綿延。即使沒有這個榮幸聽到《湯豪瑟》（*Tannhauser*），每逢讀者回憶起波特萊爾所做的日夢裡漸次而生的情狀，沉思這個詩人所寫的這些文字，不可能不瞭解在拒斥流於俗濫的隱喻時，他就是在召喚一種人性深度的存有學。對波特萊爾而言，人類的詩意宿命就是做為浩瀚感的鏡子；更正確地說，透過人，浩瀚感（immensité）變得可以意識到自身。波特萊爾的眼中。人是一種遼闊（vaste）的存有者。

因此，我相信在眾多層面上皆已證實了在波特萊爾的詩學裡，「遼闊」這個詞並不真正屬於客觀世界。我們願意多提出一點現象學上的細微差異，然而，這差異隸屬於話語的現象學（phénoménologie de la parole）。

我認為對波特萊爾來說，「遼闊」這個詞具備的是一種聲音的價值。這是一個需要發音的詞，從不僅僅只是閱讀，也從不是只能在與其相涉的事物表象上看到的那樣。這是那些作者書寫之際總會輕聲唸出的字詞之一。無論是在韻文或散文裡，它都有一種詩意作用，一種發音上的詩意作用。從鄰近它的話語叢，從眾多意象，甚至也許從思想之中，這個詞立刻脫穎而出。它擁有一種「話語的力量」（puissance de la parole）。[20] 的確，每當我們在波特萊爾某首韻詩的詩節裡，或是在他的散文詩的詩句裡讀到這個詞，都會有這種他迫使我們唸出它來的印象。「遼闊」這個詞於焉是一縷聲息的語詞；它被放置在我們的呼吸（souffle）中，使得呼吸必須舒緩而平靜。[21] 事實上，在波特萊爾的詩中，「遼闊」這個詞總是召喚平靜、安詳與寧謐。它表達一種屬於生命的、私密的信念，並帶來那種從我們自身存有裡的幽蔽處響起的迴聲。因為這個詞十分莊重，是騷亂的敵手，對立於滔滔雄辯在語音上的張揚。在嚴格控制的發音裡，雄辯的語音必定會支離破碎。「遼闊」這個詞必然統治著存有那平和的寂靜。

如果我是個精神科醫師，我會勸告苦於焦慮的病患，每當下一波危機似乎山雨欲來時，去讀一讀波特萊爾的這首詩，很輕很輕地，他們應該唸出波特萊爾的關鍵詞，「遼闊」，因為這是一個帶來平靜與一體感的詞；它開啟了一片空間，一片無界限的空間。這個詞教導我們深深呼吸著棲息在遙遠地平線的空氣，那端的氣息遠離引人焦慮的幻想牢獄。這個詞有種發音上的特質，作用在我們發音力量的門檻自身上。對詩歌十分敏銳的法國男中音邦惹哈（Charles Panzera），他有一天告訴我，根據某個實證主義的心理學家所說，不繃緊聲帶根本無從想像母音「a」的聲音。一想到「a」這個字母，這個聲音已經準備要吟唱了。字母「a」，是 vaste 這個詞的主要組成部分，帶著敏銳孑然獨立，是感性在說話時的錯格（anacoluthe）。

許多針對波特萊爾的感通所做的評論似乎都忘了這個尋求塑造並調整聲音的第六感官。這個第六感官，隨著其他感官出現、超越於其他感官之上、這個小巧的風吹琴（harpe éolienne），所有感官中最稱精細敏銳，大自然早已將它安置在我們一呼一吸的出入口上。只要隱喻稍微動作，這張琴就低聲顫動著；人類的思想透過它得以歌唱。當我讓自己這個屬於反抗性格的哲學家所做的白日夢不受羈縶地四面遊走時，終於想到母音「a」是屬於浩瀚感的母音。這是一個開始於一聲嘆息，卻往四面八方無限延展的聲音空間。

在 vaste 這個詞裡，母音「a」保留了一個擴大中的發音中介（vocalité）的所有優點。從發音層次來看，vaste 這個詞因此不再僅僅是立體空間的。就像某些溫潤的物質，它吸收了平靜無界限感的芬芳力量。我們藉此將無限感（illimité）吸進我們的肺裡，並使之穿過肺葉，我們胸懷宇宙地呼吸著，遠離所有人間的苦痛懊惱。我們為何忽略了在這些詩意感受節拍中的最微弱因子？每一件將自己關

20・參見愛倫坡（Edgar Allan Poe），〈話語的力量〉（La puissance de la parole），收錄於《離奇新故事集》（*Nouvelles histoires extraordinaires*）。法文翻譯，波特萊爾，頁二三八。

21・對維克多・雨果來說，風是遼闊的。風說：「我是偉大的過客，遼闊、無從抵擋與虛空。」（*Je suis ce grand passant, vaste, invincible et vain.*）《上帝》（*Dieu*），頁五。到了最後三個詞，我們的嘴唇發出這些V音時幾乎不必動。

鍵性的心理活動貢獻給了詩歌的事物，應該被包括在動態想像的哲學當中。有時，最多音異質的、最細緻善感的意涵相互接替，以推動並放大出一首詩。對波特萊爾的感通所做的長期研究，應該闡釋話語與每一種感官彼此之間的感通。

偶爾，一個單字的聲音，或是一個字母的力量可以打開或固定住黏附於此語詞的深刻思想。我們在馬克斯．皮卡爾才華橫溢的傑作《人類與語詞》（*Der Mensch und das Wort*）：「Das W in Welle bewegt die Welle im Wort mit, das H in Haych lässt den Hauch aufsteigen, das t in fest und hart, macht fest und hart.」[22]透過這些評論，《沉默世界》（*Monde du silence*）的哲學家帶領我們到達極致感性的頂點，當語言擁有其全幅莊嚴之時，語音現象與道說現象於焉和諧一致。但是我們必須學習如何徐徐思索、體驗語詞的內在之詩，一個字裡的內在浩瀚感。所有重要的字詞，所有被詩人標註為龐然偉岸的字詞都是進入天地（univer）之鑰，進入大宇宙（Cosmos）與人類靈性深淵的雙重天地之鑰。

V

因此對我而言，業已證實了在偉大詩人如波特萊爾的作品裡，可以聽見浩瀚感的私密召喚，甚於外在世界的回聲。用哲學的方式來說，我們可以說浩瀚感是詩意想像的一個「範疇」（catégorie），而不僅僅只是面對宏偉景象時的沉思所設想出的普遍觀念。透過對比的途徑，也為了提供一個「實證經驗的」浩瀚感，以下我們將評論泰納（Hippolyte Taine）[23]的一段文章。我們在當中應該可以在詩以外見識到何謂劣質的文學，這種作品費盡一切努力，意在呈現圖象化的表達，甚至犧牲了基礎意象也在所不惜。

泰納在所著的《庇里牛斯山之旅》（*Voyage aux Pyrénées*，頁九六）中寫道：「第一次，我看見海，我感受到最令人不快的幻滅……我彷彿看見了那些在巴黎近郊綿延的甜菜園的其中一座，綠色的包心菜園與褐色的大麥田埂間或點綴、穿插其中。遠處的帆看來像是歸巢的鴿子，整個遠景在我看來甚至顯得狹窄；畫家們所繪的海看來更巨大些。必須要花三天，我才能重新捕捉到這種浩瀚感。」

甜菜、大麥、包心菜與鴿子，多麼人工的聯想！將它們一起併入同一個「意象」，幾乎只能夠算是一個試圖「反璞歸真」的人在談話裡說溜了一次嘴。很難相信在大海的面前，還有人的腦海能深深地被阿登省（ardennaise）平原的甜菜園所盤據？

現象學家很想知道的是，在因幻滅而感到不滿的三天後，這個哲學家如何又能重新獲得他所謂的「浩瀚感受」，又是如何在他返回先前看來如此稚氣的海洋時，最後終於看見了它的龐然巨大。

▌

22．馬克斯．皮卡爾，《人類與語詞》（*Der Mensch und das Wort*），Eugen Rentsch Verlag 出版，瑞士，一九五五年，頁一四。不用說，這樣的句子不應該翻譯，因為它要求我們聆聽德語的發音。每種語言都有極具發音價值的字詞。譯註：本句意譯為：「『波浪』（Welle）裡的 W 與『波浪』一起在這個字裡湧動，『咳嘻』（Haych）裡的 H 讓呼嘆提高，『固定』（fest）與『堅硬』（hart）裡的 t 則造成固定與堅硬。」此處意譯文要感謝楊植勝博士的幫忙。

23．譯註：伊波力特．泰納（Hippolyte Taine, 1828-1893），法國哲學家、歷史學家與評論家。

在中場插曲後，回到我們偉大的詩人罷。

VI

詩人幫助我們在自身之內發現一種如此龐然之喜悅，讓我們冥思，有時候，在一件如此熟稔的事物上，我們體驗到自身私密空間正在長大。比方說，讓我們聆聽里爾克將浩瀚感之存在賦予一株正在沉思的樹木。

182

空間，在我們自身之外，取得事物、示現事物：
若想抵達一株樹的存在，
披覆它以內在空間罷，這個空間
就在你體內擁有其自身的存有。用種種約束圍繞著它。
它是沒有疆界的，並且只是真正成為一株樹
假如它在你棄絕塵世的深心中安排著自己。[24]

在末後兩行，一種馬拉美式的晦澀迫使讀者停下來，並加以思索。他感受到詩人給了他一個關於想像的絕好問題。這個「用種種約束圍繞著樹」的勸告首先是一種必須描繪它的義務，要在外在空間裡以某種限制加諸於它。在這個例子裡，我們應該遵從感知的簡單規則，理當「客觀」，並且停止想像活動。但是這株樹，就像每一個真實的存有者，強烈感受到自身那「沒有疆界」的存有。它的限制只不過是些偶然。對抗於有所設限的偶然，這株樹需要你奉獻自己極具豐美的意象，在你的私密空間裡遍霑滋養，在「這個於你體內就擁有其自身存有的空間」裡。此後，樹木與它的夢者一同安坐著自身的位置，抽長著。在夢的世界裡，從未有一株樹自立為一個已完成的存有。它尋尋覓覓著自己的靈魂，尤勒．舒貝維葉在一首詩裡說：

空間裡躍動的藍
每株樹在裡頭朝著
棕櫚樹的結局抽長
尋覓自己的靈魂。[25]

但是當一個詩人知道世界裡有個存有者正自尋覓靈魂，那就意味著他在尋覓自己的靈魂。「一

24.《詩篇》（*Poème*），一九二四年六月，由克羅德．維傑譯為法文，出版在《書信集》（*Les Lettres*），第四年，第十四、十五、十六號，頁一三。
25.尤勒．舒貝維葉，《樓梯》，頁一〇六。

株高聳而微微搖曳的樹，總是觸動靈魂。」[26]

恢復想像的力量，將我們的內在空間披覆其上，樹木在巨大的仿擬裡與我們相伴。在另一首日期為一九一四年八月的詩裡，里爾克寫道：

……鳥兒們靜靜地
飛掠我們。唉，我，渴望生長，
我往外邊看著，而體內的樹正自滋長。（同上揭書，頁一一）

因此一株樹的命運就是長大（grandeur）。它傳衍著這個命運。樹木使每一件環繞在四周的事物長大（agrandit）。在克萊兒・高爾（Claire Goll）一本非常具有情味的小書裡引用的一封信中，里爾克寫信給她說：「這些樹木是壯麗動人的，但是更加壯麗的是它們之間那崇高與感人的空間，彷彿隨著樹的成長，它也同時擴增了。」[27]

這兩種空間，私密的與外在的，彷彿在它們的滋長中持續激勵著對方。就如心理學家們正確指出的，將生活空間（espace vécu）指認為情感空間（espace affectif），並沒有深入空間之夢的根源。當詩人揭露了沒有將我們囿限於所謂情感作用的詩意空間時，他所探索的更為深入。的確，不論情感作用如何為一個既定的空間上色，無論是悲傷或沉重，一旦經過詩意的表達，悲傷就被轉弱，沉重變得輕盈。因為被表達了出來，詩意空間於是進用了擴張（expansion）所具有的才幹。它屬於研究那些

183

以「超」（ex）為前綴詞的現象學家。至少，這是一個無論如何我們都想再提出的論題，我們會在接下來的著作中重新回到這個論題。我只在這裡稍稍提一下某個例證：當一位詩人告訴我，

「我知道一種味道仿若鳳梨的悲傷時，我自己覺得悲傷稍抑，感到一種淡淡的感傷」。[28]

這個起於深切的私密感，邁向無疆界的延展，並在同一個開展中整合而成的詩意空間，在它的交流過程中，可以感覺到巨大感正自湧現。就如里爾克所說：

「透過每個生靈，獨特的空間、私密的空間向著世界開放……」

對詩人而言，空間在這裡似乎是動詞「開放」（se déployer）或「長大」（grandir）的主詞。每當空間成為一種實感——有什麼其他的實感比私密感來得巨大？——它就會長大。有了實感（valorisé）的空間是個動詞，不論是內在或外在於我們，「長大感」（grandeur）從來就不會是個「受詞」（objet）。

將詩意空間賦給一個受詞，就是賦予它更多的空間性而不是客觀性；或者，更好的說法是讓它仍然隨著自身的私密空間而擴展。為了保持同質性，我們再度回溯喬耶．布斯奎如何表達一株樹的私密空間：「空間無處可容身。空間在自己內部，像是蜂蜜在蜂巢裡。」[29]在意象的領域裡，蜂巢

■

26．昂利．博斯科，《安東尼》（*Antonin*），頁一三。

27．克萊兒．高爾，《里爾克與女人》，頁六三。

28．尤勒．舒貝維葉，《樓梯》，頁一二三。

29．喬耶．布斯奎，《另一個年代的雪》（*La neige d'un autre âge*），頁九二。

裡的蜜並不遵從內容物與容器之間的基本辯證關係。隱喻之蜜將不會被關蓋密封，在一株樹的內私密空間裡，蜂蜜可以是任何事物，但不會是樹的精華。這是「樹之蜜汁」，會賦花朵以香氛；也是樹木的內在暖陽。夢到蜂蜜的夢者知道這是一種輪流聚集與散射的力量。如果一株樹木的內在空間是某種蜂蜜的模樣，它就會賦予樹木那「無窮無盡事物的擴張性」。

當然，不在意象上多所逗留，我們仍然能夠展讀喬耶·布斯奎所寫的這段文章。但是如果一個人喜於到達一個意象的極致深淵，它能夠激起的是什麼樣的夢境啊！甚至是一個鑽研空間的哲學家也開始做起夢來。如果我們偏愛組裝式的形上學語彙，也許可以說喬耶·布斯奎顯現給我們一種實體空間（espace-substance）、空間蜜汁（miel-espace）或蜜汁空間（espace-miel）。也許所有的物質都有其空間定位，所有的實體都有其實存。或許所有的物質終將征服自己所處的空間，獲致自己的擴張之力，漫過與超越一個幾何學家總想藉以界定它的表層界面。

接著似乎可以這麼說，透過私密空間與世界空間的「浩瀚感」，這兩種空間相互和諧共鳴。當人類巨大的孤寂越趨加深，這兩種浩瀚感便相互接觸、變得相似。在一封里爾克的書信裡，我們看到他全心全意走向「這種無邊界的孤寂，它令每一日的生命時光與天地聲息相通，用一個詞來說就是空間，那種人類總能活在裡頭的不可見空間（espace invisible），此空間以數不盡的化現（présences）圍繞著人。」

這種事物在空間中的共存是多麼的具體，在空間中，我們將我們存在的意識打了一個折疊（doubler）。萊布尼茲（Leibniz）將空間視為共存之物的場所，這種論點可以以里爾克這個詩人為其例證。在這種共存論（coexistentialisme）裡，每件被私密空間所披覆的事物會成為所有空間的中心。對每樣事物來說，遠方就是現場，視域與中心具有同等的存在。

VII

在意象的領域裡不能有矛盾；兩種同樣敏感的靈魂能夠用不同的方式感應到中心與視域間的辯證。在這個方面，一種**曠野測試**（test de la plaine）也許能夠加以運用，也許會藉此反響出對無限所抱持的不同反應類型。

在測試的一端，我們應該放上里爾克簡潔有力的浩然說法：「曠野是讓我們感到偉大的心情。」這個美學人類學的定理被陳述得非常清楚，它顯示了另一個相關的定理，也許可以用以下的說法來表達：所有讓我們感到偉大的心情，都規劃了我們在世界裡的處境。

之後，在「曠野測試」的另一端，我們應該放上從昂利．博斯科的《風信子》（*Hyacinthe*）摘錄出來的這段文字：在曠野中，「我總在他處，在一個漂浮、流動中的他處。很長一段時間從自己身上脫離，無處可以容身；我的確太易於陷溺在自己難以連貫、朝向無邊界空間的日夢裡，這些無邊無際的空間助長了日夢。」[30]

30．昂利．博斯科，《風信子》（*Hyacinthe*），頁一八。

如果連夢者的情緒、季節與風向都納入考慮之中的話，有太多這樣的細微差異可以在這支配與流離的兩極上發現。也總是會有細微差異發生在兩種不同的夢者之間，一種被曠野鄉景所撫慰，而另一種卻因它而感到不自在，細微之差會因為曠野時常被視為呈現出一個單純化的世界，而更加具有引人加以研究的興味。研究詩意想像的現象學所具有的魅力之一，就是它在帶著單調感、被歸結為單一觀念的視象面前，能夠去體驗一種全新的細微差異。如果此細微差異真切無隱地被詩人所體驗到了，現象學家必定能掌握到一個意象的發韌端倪。

在一個細緻程度更勝於此的詰問裡，提問者應該顯示所有的這些微差是如何被整合於曠野或高原的壯闊裡，比方說，為何關於一座高原的日夢從來就不會是一場關於曠野的日夢。這種研究有其難處，因為一位身在廣達數十平方公里的作家，有時想要描述，卻已經事先就對其所處的孤寂之巨大感了然於胸。在這個例子裡，我們在一幅地圖上做著夢，像是個地理學家。以下的例子是洛帝（Pierre Loti）於他的家鄉達卡（Daker），在一棵樹的蔭影下寫成的：「我們的眼睛轉向家鄉的內部，我們探問沙礫浩瀚的視域。」[31]這沙礫浩瀚的視域，不是個學校的沙漠，是學校掛圖上的撒哈拉沙漠嗎？

在菲力普·狄歐累（Philippe Diolé）的傑作《世上最美的沙漠》（*Le plus beau désert du monde*）裡，對一個現象學家來說，其沙漠的意象更具有多麼珍貴的價值啊！因為一片人類體驗過的沙漠所具有的浩瀚感，透過私密存有的高張狀態而產生迴盪反響。就如菲力普·狄歐累這個夢境纏身的旅人[32]所說的，必須要「如其反映在漫遊者內心的那般」來從生活體驗沙漠。狄歐累邀約我們進入一種冥想，透過對立的混合，在冥想中我們能夠經歷**漫遊的凝神狀態**（con-centration de l'errance）。對狄歐累而言，「這些零散破碎的山脈，這些沙丘與死寂的河水，這些磧石與這個無情的烈陽」，所有烙印著沙漠跡痕的天地萬物，都「被併入內部的空間」。透過這種併入，意象的千變萬化在「內部空間」的深度感中得以整合為一。[33]這就是我想要對世界空間的浩瀚感與「內部空間」的深度感之間所具有的感通所做出的總結性論式。

然而在狄歐累的作品中，沙漠的內在化對他而言並非對應於私密空洞的意識。相反地，狄歐累讓我們體驗了一種意象織構的劇碼，水與旱的物質意象所組成的原始戲劇。事實上，他的「內部空間」黏附於一種私密實體；這發生於他體驗漫長而美妙的深海沉潛時，對他而言，海洋成為一種「空間」形式。在四十公尺的海面下，他發現「深度的純粹感」，這個深度已超乎測度，如果將它變為

186

31．皮耶．洛帝（Pierre Loti），《一個貧窮的年輕警察》（*Un jeune officier pauvre*），頁八五。

32．菲力普．狄歐累（Philippe Diolé），《世上最美的沙漠》（*Le plus beau désert du monde*），Albin Michel 出版，頁一七八。

33．昂利．博斯科在這個主題上也曾著墨（《古董商》（*L'antiquaire*），頁二二八）：「在我們擔在自己身上的隱祕沙漠中，裡面是漫漫的沙礫與磧石之漠，靈魂的疆域迷失在這片無限、渺無人居的廣延之地，它讓大地的孤寂憂傷不已。」同時參見頁二二七。遙遙他方，在一座寸草不生的高原，在碰觸天空的曠野，這個偉大的夢者寫作了《風信子》，將深刻的表達貢獻給了「世間的沙漠」與「靈魂裡的沙漠」之間的類比。「空無在我之內蔓延開來，我是一片沙漠中的沙漠。」這樣的冥思姿態以此告終：「我失去了靈魂。」（昂利．博斯科，《風信子》，頁三三、三四）

兩倍甚至是三倍深時，它也無法再釋出不同的夢想與思索的力量。藉著他的潛水經驗，狄歐累真真切切地進入了水的容積之中。當我們閱讀他早先的著作，分享他對水之私密感的取得，我們來到了一處節點，此處，我們在這個實體空間之內認識到空間的維度；一種實體，即有一種維度。我們於是遠離了土地與在地上的生活，這個水之維度烙著無邊際感（illimité）之印記。試圖在一個世界裡找出是高、是低、是右還是左，在這個已被其實體全然統合的水世界中，只是思考，而不是體驗；這種思考還像是我們先前居留於大地時那樣，但卻沒有體驗存活在經由潛水所獲得的新世界裡。對我來說，在閱讀狄歐累的著作之前，我從未能想像無邊際感可以如此輕易地抵達。它滿足了朝向純粹深度的夢，這個深度的存在毋須測度。

但是狄歐累，這個心理學家，這個做為海中子民的存有學者，為何會進入沙漠？他最後做出什麼樣殘酷的辯證，以至於離棄無邊際的海水，而選擇了無界限的沙漠？狄歐累以一個詩人的口吻回答了這些疑問。他知曉，每一個清新的宇宙感都會更新我們的內在存有，當我們從一種舊時感性的綁縛裡解脫自己時，每一個新的宇宙就會朝向我們開放。在他書裡的一開始（同上揭書，頁一二），狄歐累就告訴我們他已經想要「在沙漠裡讓深海裡那神奇的運作臻於盡善盡美，它讓潛者掙脫時間與空間的慣常紐帶，讓生命組成一首朦朧曖昧的內在詩篇」。

在本書的最末，狄歐累總結到（頁一七八）：「沉潛入水中，或是漫遊於沙漠，就是改變空間，」而藉著改變空間，離開感性通常習慣的空間，一個人就會進入與一個具心靈新意的空間相流通的狀態。「在沙漠中和深海底，一個人的小小靈魂不再能夠灌鉛與固著。」具體空間的改變不再能夠僅僅是心智上的簡單運作，就像幾何學相對論意識那樣的運作，它不變更地點，而變更性質。

但這一類問題——關於存有者交融於高度均質且具體的空間裡的問題，對鑽研想像的現象學家是饒有興味的，因為他必須勤於想像，以此「體會」清新的空間，就讓我們看看根柢意象何以能支配這個作者。身處沙漠之際，狄歐累並沒有把自己從海洋中抽離，事實上，與深海空間根本並行不悖的沙漠空間，在狄歐累關於水的夢境裡，在水的語言之中表現了出來。我們在這裡有了一個名符其實的物質想像劇碼，誕生於兩種如此敵對的元素之間所發生的爭鬥，一是乾旱的沙漠礫粒，一為固定團塊的水，它們之間沒有任何和稀泥式的調和。的確，狄歐累所寫的這段文字顯現如此有想像誠意，我們不加裁減，悉錄如下（同上揭書，頁一一八）。

> 狄歐累說：「我曾寫過，一個與深海熟稔的人，再也無法再變回一個與其他人一樣的人。就是在這些時刻，如同此刻（在沙漠的中央），我體驗到了我上面所說的感受。因為我瞭解到，一路走來，我的思緒盈滿了遍佈著水的沙漠背景！在想像裡，每當走過，我就在我的四周空間裡注滿了水。我活在一種隨念頭而來的浸潤裡，在裡頭，我在一種流動的、閃耀的、有助於人的、濃稠的物質之核心四面游動，這是海水，或者倒不如說是海水的回憶。這種妙計滿足了我對這個令人氣沮膽喪的荒旱世界加以人性化的需要，讓我與它的磧石、寂靜、孤寂，與高掛天際的那一片金色炙陽和解。我的疲憊甚至可以藉此減輕。我夢見自己肉身的沉重休憩在這想像的水。
>
> 我想到這不是第一次在無意識間，我求助於這種心理防衛。我在撒哈拉裡所感受到的寂靜與所

行進的緩慢路程，喚醒了我關於潛水的回憶。我內在的意象至此沐浴在一種柔和裡，因此透過夢境反映出來的過程中，水的出現就顯得如此自然。當我前行時，體內載著光影粼粼，一種微光隱隱的稠密感，它們無非是深海的回憶。」

菲力普・狄歐累在這裡貢獻給我們一種心理上的技藝，讓我們在絕對的異鄉裡可以身在他方，藉此阻隔那將會禁錮我們於「此處」的力量。這不僅僅只是逃進一個開放給所有探險的空間。在沒有任何屏幕與鏡子等機件的幫助下——它們裝設於帶著西哈諾（Cyrano）到達太陽帝國的箱盒裡，狄歐累渡送我們到達另一個世界裡的他方。也許可以這麼說，他只藉著最為確切、最為有力的心理機件運作之下，就辦到了這點。事實上，他唯一可用的就是這些做為根柢的物質意象所形成的強大而穩定的現實，這些意象深植於所有想像的基底。換言之，此中沒有任何事物是空想與虛妄的。

在這裡，時間與空間同在意象的支配之下，他方的與從前的比**此時此刻**來得有力。**此在**（être-là）受他方之存有（être de l'ailleurs）所支撐。空間，廣闊的空間乃存有之友。

啊！如果哲學家同意來閱讀這些詩人，他們將會從中學習到多少教益啊！

VIII

既然我們方才對兩種傳奇性的意象加以討論，潛水的意象與沙漠的意象，這兩種我都只能在想

188

像中體驗，從未能以任何具體的經驗豐富它們，那麼我該以一個較為接近於我的意象結束這一章，提供我自己所有對曠野的回憶。我們可以見識到，一個特殊非凡的意象如何能夠命令空間，並將自己的律則賦予空間。

在一片平緩的曠野上，面對一個寂靜的世界，人類能夠享受平和與休憩。但是在一個想像世界裡，曠野的景象通常只能製造出最平凡無奇的效果。為了將鮮活還給這些景象，因此提供一種新的意象是必要的。透過文學之賜，一種出乎意料的文學意象可以如此觸動靈魂，讓它追隨著靜謐的導引。事實上，文學意象能讓靈魂變得具有充分的可感度，足以接納荒謬的精巧印象。因此在一段令人讚嘆的文字裡，達南齊歐（Gabriel d'Annunzio）[34]讓我看到在一隻顫抖的野獸眼裡所看到的景象，這是一隻野兔的眼神，牠在無憂無慮的那一瞬間，將平靜投射在遍地秋意的天地裡。他寫道：「你可曾見過清晨時分，一隻野兔離開了新近犁出的犁溝，在銀白的濃霧裡四處跳跳蹦蹦了幾秒，然後突然間靜止不動，後腿著地坐著，豎起牠那雙耳朵，並且凝目注視著地平線？牠的目光像是要將所有的平靜遍灑整個天地（Univers）。很難想像會有其他比這隻端坐不動的野兔更確切的平靜徵象，牠宣告與自己的恆久躁動達成休戰協議，坐著觀察白霧茫茫的鄉間。在這種時刻，這是一隻神聖之獸，該受頂禮膜拜。」這種將會覆蓋整片曠野的寧靜投射軸線被清楚地指向：「牠的目光像是將平靜遍

34．達南齊歐（Gabriel d'Annunzio），《火》（*Le feu*），法文譯版，頁二六一。

灑整個天地。」這個讓自己的夢想跟隨著視象而走的夢者，將以更高的調子來體驗無際田野的浩瀚感。

這種文字的本身就是對辭藻感性能力的一個絕佳檢驗。它面對非詩意的心智，以冷靜的態度加以批判。這也是一種非常達南齊歐典型的文字，可視為這位義大利作家使用大量隱喻的例證。實證式的心智認為，直接描述鄉村的寧靜不就簡單明瞭了嘛！為什麼要選擇一隻冥想的野兔做為中介？但是一位詩人對這種理性思維不予理會。他要揭露出冥想生長的所有階段、意象的所有瞬間，並且首先是針對這個動物的平靜與世界的平靜交融為一的瞬間。我們在這裡變得能意識到一種無所為的注視機能（fonction d'un regard qui n'a rien à faire），一種不再只注視某樣特定事物的注視機能，轉而注目著世界。如果詩人已經告訴我們某些他所擁有的冥思，我們就不該再這麼執意退回到原初狀態。詩人只是針對一個哲學主題反覆思索。因而有一個瞬間之久，達南齊歐的動物從其本能反射裡超脫了：眼睛不再警戒，眼睛不再只是動物整體機能的一個鉚釘，眼睛不再要求逃避。是的，的確，這樣的注視，在一隻充滿恐懼的動物體內，是種沉思冥想的神聖瞬間。

在稍早幾行裡，追尋著表達觀察者／被觀者二元論的一種反轉，這個詩人在野兔澄澈、圓碩與寧靜的雙眸裡，已經看見了一隻草食動物目光裡的水樣本質：「這些大而水潤的眸子……像夏日傍晚的池塘般美麗，池中沐浴著燈芯草，整片天空映照在池中，並在池中變化萬千。」在我題為《水與夢想》（*L'eau et les rêves*）的書中，蒐羅了許多其他文學作品裡的意象，它們告訴我們，池塘是風景中的眸子，水裡的倒影是天地看到自己的第一瞥，而映照中之風景所加深的美麗，成了宇宙對自身

190

的迷戀（narcissisme）之源。在《湖濱散記》（法譯本，頁五八）裡，梭羅自然而然地追隨著種種意象的成長擴大。「一座湖是地景上最美麗與最具風貌的特色。它是大地的眸子；往它的深處望去，探視者測度著自己內在本質的深淺。」

再一次地，浩瀚感與深度感的辯證復甦。很難說這兩種文辭上的誇飾起自何處；一個是太過銳利的眼睛，另一個是在滯留不動的水面下，一如被厚重的眼瞼遮掩著，模模糊糊地看到自己面貌的景觀。但是任何一種想像世界的看法必然是一種過度的哲學。所有的意象注定是要生長的（grandissement）。

一位當今的詩人會比較審慎些，但是尚・萊斯居爾在這幾行裡同樣這麼寫：

我棲居在綠葉的靜謐裡，夏季正自生長著。

一片當真可以入住的寧靜葉子，一瞥在雙眸最幽微處突然閃現的平靜眼神，都是浩瀚感的巧妙推手。這些意象讓世界生長，讓夏季茂盛。在某些辰光裡，詩歌推送出平靜的波紋。一旦被想像，這種平靜逐漸成為存有的浮現處，這就像是個君臨一切的意涵，不論存有之態多麼次要，也不論外在世界多麼騷動。浩瀚感透過沉思冥想被擴大助長，而沉思的態度是這樣一種重大的人類價值，它將浩瀚感給了一種心理學家很有理由稱其為轉瞬即逝與特殊個別的印象。但是詩歌是人性的真實；只為了解釋它們而引用「印象」來參考是不夠的。我們必須在意象的詩意浩瀚感裡體驗它們。

CHAPTER

nine

第九章 內與外的辯證

人類極限的莊嚴地理學……

——保羅・艾呂雅（Paul Eluard），

《豐盈之眼》（*Les yeux fertiles*），頁 42。

因為我們活在我們不在的地方。

——皮耶－尚・尤夫（Pierre-Jean Jouve），

《抒情詩》（*Lyrique*），頁 59。

主導我童年時期生活教育的格言之一：

「吃東西時嘴巴不要開著。」

——柯萊特（Colette），

《牢獄與天堂》（*Prisons et paradis*），頁 79。

I

191 內（dehors）與外（dedans），形成了區分上的辯證，一旦我們將這個辯證上清晰無比的幾何學用到隱喻世界中，它就會矇蔽我們。這種辯證之尖銳，不輸「是」與「否」間的辯證，所有的事情因之而決定。除非我們很小心，否則它會被弄成一套意象基礎，主導所有肯定或否定的思想。邏輯家會畫一些圓，彼此交疊或互不相容，它們的一切規則很快就變得清晰明白。而哲學家在面對「內部」或「外部」的問題時，會以存有者或非存有者來進行思考。因此，不論我們願不願接受，最深奧的形上學，其實根植於一套隱而不現的幾何學，它把思想加以空間化。如果一位形上學家不會作圖，他會思考嗎？開和關，都是思想，它們是他附加給所有事物，甚至附加在其思想體系上的隱喻。尚・
192 伊波利特（Jean Hyppolite）在一場關於「否認」（dénégation）之精妙結構〔它與「否定」（négation）的單純結構大大不同〕的研討會中很恰當地談到一種「內與外的首要迷思。」他又說：「你會感受到在這個內與外所形構出來的迷思裡意味著什麼：它意味著建立在這兩個語彙之上的異化作用。它除了表現在兩者形式上的對立之外，更進一步在兩者間形成了異化與敵意。」[1]緣此之故，原本單純幾何學上的對立，漸漸染上了挑釁的色彩。形式上的對立無法保持平靜，為此迷思所困擾。不過，這個迷思的作用雖然遍及想像和表達的浩瀚界域裡，在研究時，卻不應被視為幾何學直觀的誤推。[2]

「這一邊」（en-deçà）和「那一邊」（au-delà）乃是內部與外部辯證上的沉重反覆：每個事物都有形狀邊界，連「無限」（infini）也不例外。我們企圖為存有者劃定界限，而在界定它的時候，我們又想超越所有的情境變化，我們企圖提供一個情境，來搞定所有的情境。於是，我們將人類的存在與世界的存在相對照，就好像我們可以輕易接觸到原初狀況。在此，「這邊」（ici）與「那邊」（là）的辯證，已被推至絕對的程度，這些不幸的地方副詞，被授予了存有學上確切不移的、無限上綱的權限。許多形上學系統會需要繪圖術。但就哲學而言，任何捷徑都造成損失不貲，而哲學知識不可能從圖式化的經驗裡得到進展。

II

我想進一步檢查當代哲學語言編裝時的這種幾何癌變現象。

因為，當代哲學的語言編裝，似乎的確像是一套人造句法結構，像搞出腫瘤那樣，把動詞和副詞焊接在一起。藉由各式各樣的連接號，這套句法結構把本來是句子的東西當作語詞來用，這樣一來，語詞的外部（dehors）便自我建立成為在其內部（en-dedans）。哲學語言變成了黏接語言。

有時候，這樣焊接卻適得其反，語詞的私密聯繫鬆脫了。字首（特別是字首）和字尾變得無所接

1．尚．伊波利特（Jean Hyppolite），弗洛依德的「否認」（Verneinung）概念的口頭評論，參見《精神分析》（*La Psychanalyse*），第一期，一九五六年，頁三五。

2．伊波利特闡明了「否認」中「否定」所代表的深層心理倒轉。稍後，我將舉例說明這種倒轉在單純意象層面的發用狀況。

榫：它們想要自己跳出來思考。這樣一來，語詞不免偶爾失去平衡。譬如：「此在」（être-là）[3]究竟在強調什麼地方？是強調「在」（être），還是強調「此」（là）？就「此」（là）而言——稱之為「這邊」（ici）會更恰當些——我是否要先看看我「在」哪裡？反過來說，就我的所「在」而言，我是否要先找到我固著於某個確切的「此」（là）才行？無論如何，這些語詞通常會讓彼此變得貧弱無力。一般在說出「此」的時候總是那麼義正辭嚴，把尚在斟酌的問題的存有學面向粗糙地總結在一個固定幾何圖象中。結果，哲學語素（philosophèmes）才剛剛被表達出來，就馬上被教條化。依法語的語調性質來說，là是如此強而有力，他藉由「此在」（être-là）命名了存有（l'être），也就是伸出一隻充滿活力的食指，便可能輕易把私密的存有指派到另一個化外的所在。

但是，為何要如此匆忙做出這些根本的指稱呢？我們有這種印象，形上學家如今已不再多花時間思考了。依我之見，要研究存有（l'être），最好能跟隨著存有者各種體驗的存有學迴圈一道悠遊。因為實際上，存有者的體驗很可能證明，「幾何學式的」表達方法赫然居於最貧乏的表達方法之列……我們在用法語說出「être-là」之前，應該三思。當我們陷在存有之內，我們應該不斷努力走出去；而當我們努力自外於存有時，我們又應該不斷努力走進它內部。這樣，就存有而言，所有的情況不過是迂迴反復、循環不已、來來回回的迴圈，不過是一連串的旅居、是歌曲中無窮反覆的副歌。

人的存有，是怎麼樣的一條螺旋線啊！[4]而這條螺旋線，又蘊含了多少峰迴路轉的動力！我們不再能當下明白，自己究竟是正在往軸心跑，還是正在逃離。對於這種存有狀態的猶豫不定，詩人知之甚篤。尚·塔第約（Jean Tardieu）的這首詩就是一個例子：

193

為了前進，我兀自兜著自個兒轉
旋風藉著靜止的中心推進
——尚．塔第約，《不可見的證人》（*Les témoins invisibles*），頁三六

在另外一首詩中，塔第約曾寫道（同上揭書，頁三四）：

然而在內部，不再有邊界！

因此，螺旋型的存有，自己從外部選定了一個充分投射能量的軸心，其實卻從不曾企及其軸心。人的存有是一種變動不居的存有，任何表達方式都抓不住它，在想像力的支配之下，雖然某一種表達方式已然進駐，但它需要另一種方式的表達，存有必然會是需要另一種表達方式的存有。

依我之見，應該避免言語上的固著團塊。把形上學思想灌注在語言化石的模子裡，對形上學沒

3．譯註：être-là 直譯為「在—那兒」，但這個詞目前已成為海德格現象學「Dasein」的標準法文譯詞，故按照德文原意譯為「此在」（Da-sein），不從法譯文。顯然巴舍拉在這兒是依據法譯文的意味進行討論，這個詞的討論，又涉及全書對「être」這個詞的種種歧義用法：東西、生物、生靈、存有者、存有、存在等，其中關聯錯綜複雜，必須另文討論。

4．螺旋線？我們如果把幾何學排除在哲學直觀之外，它幾乎會在轉眼之間又再出現。

什麼好處，相反地，透過現代語言的高度機動性，同時還能保持在同一種母語的均質裡面，我們才能真正受益，這正是詩人一直在做的事。

有鑑於現代心理學的種種教益，有鑑於精神分析告訴我們關於人類存有的種種樣貌，形上學實在應該毅然決然放手推論（discursive）。形上學應該要懷疑幾何學直觀之中，證據所享有的特權。視覺一次告訴我們太多事情了。存有看不見它自身，或許它聽得見自身。存有並非顯而易見，它不會被虛無劃出邊界，當我們想逼近存有者的軸心時，我們永遠無法確切發現它，無法發現它的純然完整狀態。而我們若想判定人的存有，而「隱退」回我們的內在、朝向螺旋線的軸心移動時，我們其實永遠無法確定我們是否與自己更接近，因為，在存有者的最核心處，通常是一場錯誤。有時候，存有會透過處於自身之外，來體會自己的穩定性，有時候，我們卻可以說，它被困在外面了。稍後我會舉出一段詩文，說明這種處於外部的監獄。

我們如果廣納意象，從冷暖聲光的領域多方採擷，我們就應該對一種慢速存有學（ontologie lente）有所準備，當然，這種存有學遠比依賴幾何意象的存有學來得可靠。

我之所以要提出這些概說，無非是因為從幾何學表達形式的觀點來看，內部與外部的辯證乃是被強化後的幾何主義所支撐，在這種幾何主義中，界限即是障壁。如果我們要追隨詩人的肆無忌憚（如我們稍後要做的），接受他們的邀引，進入私密感體驗（expérience d'intimité）的纖細妙境中，進入想像力的「空隙」（échapées）中，那麼，我們在看待所有「確切不移的」（définitive）直觀經驗時——幾何主義立意標明這些最確切不移的直觀——就必須保持開放。

首先，我們必須注意，「內部」和「外部」這兩個詞之間，蘊含著不對稱的形而上的人類學問題。第一要務，就是把「內部」變得具體一點，把「外部」變得遼闊一些。這樣一來，根本問題似乎變成想像力的人類學問題。但是，在具體與遼闊之間，其實並不真的存在著對立。只消輕輕一碰，不對稱的狀況便出現了。事情總是如此：內部與外部並沒有獲得我們一視同仁的看待，成為我們同等依賴的判斷尺度，我們沒有辦法不偏不倚，用平等的態度來看待內部與外部。凡此種種，甚至是大小尺寸，莫不賦有人類的意涵，而我們在前面的章節已經闡明，微型（miniature）能夠匯聚大小於方寸之間，而自有其**遼闊**（vaste）之道。

無論如何，就想像力的體驗而言，內部與外部至此不能再以它們單純的相互作用來理解，這樣一來，當我們談到存有的初始表達方式時，由於刪除了幾何學的參考架構，選擇了更具體、更現象學式的確切起始點，我們將會得到一種領悟，內部與外部的辯證有無數微妙歧異的多重面貌。

遵循著我的一貫方法，我想以具體詩學的一個例子為本，來討論我的論題，為此之故，我將懇請一位詩人，提供一個具有充分清新的存有微妙歧異意象，以便在存有學的放大中揭露其中教訓。透過這個意象的清新感和放大作用，我們便一定能在理性確定性的邊緣地帶上，或超然於其上，給予迴盪反響（retentir）。

195

III

昂利．米秀（Henri Michaux）在一首題名為〈陰影籠罩的空間〉（L'espace aux ombres）的散文詩裡寫道：

「空間，然而你只感受到真實空間裡這種可怕的既在它裡面又在它外面。

某些（陰影）終於最後一次撐起來，拚命努力要『以單一整體之姿存在』。但它們後悔了。我碰見了它們其中一個。

它在懲罰中被摧毀，化為一聲雜音，一個如雷貫耳的雜音。

遼闊的世間仍聽見它的聲響，但它已不復存在，兀自化為一個雜音，持續迴盪縈繞數百年，而注定全數灰飛煙滅，如同不曾存在過。」[5]

斟酌一下這位詩人所帶給我們的哲學教誨，他在這一頁詩篇中，究竟要講什麼？一顆失去了自己「此在」（être-là）的靈魂，一顆正在喪失「它的陰影之存有」的靈魂，變成了一個空洞的雜音，變成了存有中人云亦云、無所寄寓的一陣嘈雜之聲。它存在過嗎？它的存在，不就只是它後來所變成的雜音嗎？它的報應，不就是它只能成為空洞、無用之雜音的迴響嗎？它的過去不正等於它的現在：地獄的穹窿所發出的一個回聲？它注定要重複其邪惡念頭的字眼，一個銘刻於存有者、造成存有者動盪不安的字眼。[6]由於昂利．米秀所談的存有者，乃是有罪過的存有者，存有上的罪過。而我們其實身處地獄，我們有一部分一直身陷地獄，封砌於邪惡念頭的世界之中。我們是藉由什麼樣素樸的直觀，確切捕捉到地獄中不受節制的邪惡？這位詩人告訴我們，這個靈魂，這個陰影，這種欲求自身整體感的陰影所發出的雜音，可以在外面聽到，卻不能確定它是否存於內裡。在這種說不出口、欲求不滿的意向所形成的「可怕的既在它裡面又在它外面」（horrible en dedans-en dehors）當中，存有者正在自其內在緩慢地消化它的虛無。這種虛無化的過程，將會持續千百年。這種人云亦云的存有者的種種雜音，將會同時在時間與空間中蔓延持續。靈魂想要撐起它剩餘的力量，但其實是徒勞的，它已經變成了正在完結的存有者所吐出的殘渣。存有是一種間隔的壓縮作用，在壓縮當中會產生往外散放的爆發，在散放當中又會回流到一個軸心來，又會往中心回流。在內部與在外部都是我們私密感受所生，它們總是隨時準備要被反轉，隨時準備要交換它們的交戰狀態。如果在這樣子的內部與外部之間，存在著一個劃清邊界的介面，這個介面在面對兩邊時，都會吃力不討好。當我們體會昂利・米秀所寫的這段散文詩時，我們正在吸收一種存有與虛無的混和體，「此在」的軸心正在搖擺，正在顫動。私密空間失去了它的明晰性，而外在的空間，失去了它的空隙，而空隙正是存有者的各種可能性的原料！我們從可能性的領域中被流放出來。

5．昂利・米秀，《異國消息》（*Nouvelles de l'étranger*），Mercure de France 出版，一九五二年，頁九一。

6．另一位詩人不是說過：「只消想到一個字眼、一個名字，就足以讓你築起的銅牆鐵壁動搖不已。」皮耶・賀維第（Pierre Reverdy），《冒險與犯難》（*Risques et périls*），頁二三。

在這一齣私密幾何的劇碼當中，我們應該住在什麼地方？當「此在」的最溫柔意象，已經被這位詩人體會為一種存有學夢魘之後，哲學家原本所建議的隱退到自己當中，以便讓自己居存於存在當中，這個建議並沒有失去價值、沒有失去其意義。讓我們好好地看著它，這個夢魘就不會借助恐懼大肆發展。恐懼並非來自外在世界，亦非來自古老的記憶。它並不是由過往的記憶所形成，亦與生理無關，更與讓人喘不過氣來的哲學不相干。這兒的恐懼，其實就是存有本身。我們誰能逃脫，誰又能找到藏身之處呢？而我們又能躲到什麼樣的庇護所裡面呢？所以，空間不過只是一個「可怕的既在它裡面又在它外面」。

這個夢魘非常單純，只因為它非常根本。如果我們想要說，這個夢魘，其實只是一個偶然的懷疑的結果，這個夢魘只是我們突然懷疑在內部的確定性與在外部的顯明性造成的結果，那麼，我們就把這種經驗變得理智化了。米秀告訴我們的，其實是存有的先天條件，是模稜兩可存有的整體時空條件。這個模稜兩可的空間裡，心智（esprit）失去了它的幾何學母土，而靈魂（âme）開始流浪四方。

當然，我們並不需要穿越這樣一首詩的窄門。焦慮的哲學（philosophie de l'angoisse），想要的是一些不那麼簡化的學說。由於早在意象在存有的核心產生活動之前，這些焦慮的哲學，就把焦慮銘刻到存有的核心裡去了，所以，這些焦慮的哲學從不把注意力轉移到稍縱即逝的意象想像活動上。哲學家讓自己為焦慮服務，而他們在種種意象中所看到的，就只有焦慮的因果循環所造成的種種現象。他們一點都不關心如何讓意象的存有活躍起來。想像力的現象學，必須將其工作設定在掌握這種稍縱即逝的存有者。事實上，現象學可以從意象的簡潔性學到很多東西。在這兒，讓我們驚訝的是從意象層面中所源生的形上學面向，在這樣的意象層面中，我們一般所以為的空間理念被搞亂了，但形上學能夠化解掉這些混亂，讓我們的心智還原到一種對空間冷漠的狀態裡，讓我們不在意要把戲劇性事件做出空間定位。

我個人很歡迎這種詩人的意象，它好比是小小的古怪念頭實驗，又像是虛幻的印度大麻結晶顆粒，沒有它，就不可能進入想像力的世界。而如果我們平常在感受一個意象時，不是多多少少都會透過我們的個性加以誇張的話，那我們憑什麼會接受一個被誇大的意象呢？在這兒，現象學的教益立刻出現了：透過持續的誇大（exagéré），我們才有可能有那份幸運去避免「化約」（réduction）的習慣。在運用空間意象時，我們所現身的領域，會經常讓我們不由自主地進行化約的動作。總會有某個人出現，他會想要把所有複雜的頭緒統統處理掉，然後，只要一提起空間，不管是具象的空間，還是非具象的空間，我們就會被強迫從內部與外部的對立開始。可是從現象學的觀點來看，如果簡化是那麼容易，那麼，誇大也就更加吸引我們。而對我來說，似乎要在指出反思化約和純粹想像力之間的對立，是一個非常好玩的問題。然而，精神分析詮釋的方向，雖然比古典的文學評論要自由些，卻遵循化約式的圖解法。只有現象學會強調，在任何的化約之前，去檢查一個意象的心理存有狀態，應該做為一種根本原則。化約與誇張在動力上的辯證，可以對精神分析和現象學之間的辯證，提供一些啟發。當然，為我們提供意象的心理實證性的，還是現象學。所以就讓我們把我們的驚訝，改變成讚嘆（admiration），甚至我們就可以從讚嘆做開始。那麼，我們稍後將會看到，是否有必要把我們在批判和化約中所形成的欺瞞組織起來。如果要從這個主動而直接的讚嘆之中受益的話，我們

198

只需要跟著誇張、誇大作用的積極衝動走就可以了。就這樣，我一遍又一遍地讀著昂利・米秀的詩句，我把它視為一種內在空間的恐懼症，就好像在私密空間所呈現的幽閉密室裡，不友善的遠方，已經在產生某種壓迫性。透過這首詩，昂利・米秀已經為我們並置了幽閉恐懼症（claustrophobia）和廣場恐懼症（agoraphobia），他已經把內部與外部之間的分界線搞得面目全非了。但從心理學的觀點來看，他在這樣做的同時，也撤銷了幾何直觀那種不用大腦的確定性，心理學家通常會利用這種不用大腦的確定性，來宰制私密感的空間。說得更具象一點，只要與私密感有關的東西，就不可能被圍起來，不可能為了要指涉突然浮現之種種印象的確切深度，而把它們彼此套用。現象學標記法的一個範例，可以在下面這一位象徵主義詩人的簡單一筆當中看見：「當三色紫羅蘭（pensée）[7]突然冒出花冠的時候，它就擁有了新生命……」[8]

所以一個想像力的哲學家，應該追隨詩人，跟著他的意象，走到極端狀態，而不做任何簡化這種極端主義的動作，因為這種極端狀態，正是詩意衝動的特有現象。里爾克在一封寫給克拉拉・里爾克（Clara Rilke）的信中寫道：「藝術作品都是從那些正在面對危難的人身上噴湧而出的，他們跟著某種體驗一直走到盡頭，走到了一片無人到達之境。一個人越勇往直前，走得越遠，他的生命就越顯親切，越切身，也越獨特。」[9]然而，除了面對書寫的危險，表達自身的危機之外，還有什麼「危險」值得讓我們前去尋求的呢？這位詩人，難道不是把語言搞得很危險嗎？難道他所說出的話語，不就是帶有危險性的嗎？長久以來，詩歌成為私密之戲劇性事件的回音存有，這樣的一個事實，不是已經讓詩歌擁有一種純粹戲劇性的調性嗎？當我們真的活在一個詩意意象當中，我們會漸漸明白，透過這個意象其中一種幽微的情感，一種存有的成形，其實就是意識到這種「存有的困擾」。在此，存有者是如此的敏感，甚至他會被一個字詞所困擾。里爾克在同一封信中，又補充道：「這種我們所特有的騷動，必須走進我們的作品當中。」

其實，意象的誇張是非常自然的事情，不論一個詩人多麼有原創性，我們都可以在另一個詩人的身上發現相同的衝動。譬如尤勒・舒貝維葉所用的某些意象，就可以和我們剛才研究過的米秀的意象做一個對比。舒貝維葉也把幽閉恐懼症和廣場恐懼症並置在一起，他寫道：

「與空間不夠比起來，太多空間更令我們窒息。」[10]

舒貝維葉也很熟悉「外在的暈眩」（vertige extérieur）。他在另外一個地方也提到「內在的浩瀚感」（immensité intérieure），在此，內部與外部這兩種空間，交換了它們的暈眩。[11]

克里斯提安・賽內夏爾（Christian Sénéchal）在討論舒貝維葉的一本好書裡面指出，舒貝維葉在另一段文本裡面提到，「**監獄是在外在世界裡**」。在南美彭巴草原經過了無數騎乘車馬的勞頓之後，

199

■

7・譯註：pensée 同時有「思考、思想」之意。

8・安德烈・豐登那（André Fontainas），《孤寂的裝飾音》（*L'ornement de la solitude*），Mercure de France 出版，一八九九年，頁二二。

9・《書信集》，Stock 出版，頁一六七。

10・尤勒・舒貝維葉，《萬有引力》，頁一九。

11・同上揭書，頁二一。

舒貝維葉寫道：「正因為太多的騎乘和太多的自由，正因為視野毫無改變，雖然我們極度渴望奔馳，但彭巴草原卻變成了我的監獄，這個監獄要比其他的監獄來得大。」

IV

透過詩歌，如果我們保留了語言自由表達的活動場域，那麼，我們就有責任監督一下已經僵化的隱喻的使用。例如，當開啟（ouvert）和關閉（fermé）變成了一套隱喻龍套，我們究竟要讓隱喻更堅硬還是鬆脫呢？我們要重複邏輯家的說法，認定一扇門不是開著，就是關著的嗎？而我們能夠在這樣的邏輯準則當中，找到一種真正能夠用來分析人類激情的有效工具嗎？無論如何，這類分析的工具，越用會變得越尖銳。每一個隱喻都必須保留最表面的特性，它在用於實際表達的時候，必須要能夠將表達上的慣用法提振為表達上貼合現實的用法。畢竟在表達自身的時候，想要變得「直指根本」，是很危險的。

說得明確一點，詩意想像的現象學，允許我們探索被視為在「表面」存有的人類存有，這樣一種表面，它讓自身的領域與他者的領域有所區分。我們不要忘記，在這樣一個容易感知的表面世界當中，在存有之前，如果我們不是要對他人講出來，就至少要對我們自己講清楚。而且總是往前推進。在這樣的一種傾向當中，話語的世界宰制了所有的存有現象，而所有清新的現象就不言可喻了。透過詩的語言，存有的清新感之流，流溢在存有的表面上。而語言在自己身上，背負著開啟和關閉的辯證。透過意義，它關圍起某些事態；而透過詩意表達，它開啟某些事態。

如果把它們總結為根本的公式，譬如說，把人的存有界定為模稜兩可的存有，這正好違反了我研究的本意。我們只知道要演練出一種著重細節的哲學（philosophie du détail）。因此，在存有的表面上，在存有既想被看見、又想隱藏起來的界域當中，敞開與關閉的運動是如此難以數計，如此經常發生翻轉，如此充滿著延宕未決，於是，我們用下面這個說法來總結：人是半開半闔的存有。（L'homme est l'être entr'ouvert.）

200

V

但是，我們會需要分析多少的白日夢，來面對這樣一個簡單的標題：門戶！因為門戶就是半開半闔的宇宙。事實上，門戶的基本意象之一，正是白日夢的根源，匯聚了欲望和誘惑：誘惑我們打開存有的終極深度，欲望著征服所有遲疑不決的存有者。門戶讓兩種強烈的可能性圖式化，而讓兩類白日夢形成尖銳的對比。有時候，它被關著、拴著、鎖著；另一些時候，它則是開著，換句話說，大大敞開著。

可是，接下來我們面對了更巨大的想像狀態的感性。在五月的夜晚，當這麼多的門戶緊緊深鎖，有一扇門卻微微半掩著。我們只消輕輕推它一下！門樞好好的上過油。於是，命運變得清晰可見。

而又有多少的門，是延宕、是遲疑不決的門！尚・佩勒航（Jean Pellerin）所寫的《回程的浪漫曲》

（*La romance du retour*）之中，這位溫柔纖細的詩人寫道：

這扇門嗅出了我的味道，它遲疑著。[12]

在這首詩句當中，這麼多的心靈意義被轉移到客體當中，讓重視客觀性的讀者只要在腦海裡面演練一番，就能夠看得清清楚楚。如果這樣一個文獻，是根據某個古老神話的典故而來，我們就會更輕易地接受它。與其如此，我們為什麼不把詩人的詩句，當作自發神話的小型要素呢？我們為什麼感覺不到，就在門的身上，已經存在著一位看守門檻的小神呢。哪還需要回到遙遠的過去，回到一個根本不屬於我們自己的過去，去尋找門檻的神聖歸屬。新柏拉圖主義哲學家波菲力（Porphyrus），在第三世紀時寫道：「門檻乃神聖之物。」[13]但是，如果我們的博學不足以讓我們找到這樣一種神聖化的說法，我們為什麼不透過我們自己當代的詩歌，來對這種神聖化的舉動，做出迴盪反響，這些詩歌或許帶點幻想的性質，但其實是與原初的價值和諧相應的。

201

另外一位詩人，雖然根本沒有提到宙斯，卻在自己內心中，找到了門檻的莊嚴性，而寫下了如下的詩句：

我無意中發現我自己把門檻
界定為幾何場所

以供來來去去

在天父的家屋中。[14]

那麼那些代表純粹好奇的門——它們白費工夫，只冀求著空洞、冀求著從未被想像過的未知物，它們又當如何呢！

在我們當中，有誰在他的記憶中，不曾出現過一間藍鬍子的房間，一間不應該被打開，甚至半開半掩的房間呢？這與相信想像力優先的哲學，是一樣的道理，是不是它甚至不應該在想像中被打開，或者被半開半掩著？

在靈魂的世界中，萬事萬物變得多麼具體，雖然只是一道門、一個客體，都能夠提供遲疑不決、誘惑、欲望、安全、歡迎、與尊重的意象！如果我們想要描述我們所有曾經關上與打開過的門，描述所有我們想要再開啟的門，我們會不得不說出自己一生的故事來。

然而，打開門的那個人，與關上門的那個人，是同一個人嗎？什麼樣的存有的深層底部，是那些讓我們意識到安全與自由的肢體動作無法往下探觸到的？事實上，不正就是因為這個「深度」，

■

12．尚．佩勒航（Jean Pellerin），《回程的浪漫曲》（*La romance du retour*），N.R.F. 出版，一九二一年，頁一八。

13．波菲力（Porphyrus），《仙女寧芙之穴》（*L'antre des nymphes*），第二十七節。

14．米歇．巴侯爾（Michel Barrault），《住所》（*Dominicale*），第一卷，頁一一。

才讓這些身體姿勢變得那麼象徵性嗎？在這裡，何內・夏爾將亞爾伯親王（Albert the Great）[15]的語句做為他一首詩的主題：「從前，在德國住著一對孿生子，其中一個人開門的時候是用他的右手臂碰門，而另外一人在關門的時候，是用他的左手臂碰門。」透過詩人的處理，這樣的一則傳奇，自然不只是拿來參考而已。它幫助詩人把世間變得觸手可感，也將日常生活中的象徵加以提煉出來。這則古老的傳奇，在詩人的妙筆點化之下，泛出了清新的意味。他知道在一扇門裡面，有兩個「存有者」，一扇門在我們內心喚醒了一個雙向的夢，它具有雙重的象徵性。

那麼，門到底是向著什麼東西，朝著什麼東西而開呢？它們是為了人的世界而開啟，還是為了孤寂的世界而開啟？賽爾那（Serna）的哈蒙・郭眉（Ramon Gomez）這樣子寫道：「向著鄉間所開啟的門，似乎在世界的背後給出自由。」[16]

VI

每當「在……裡面」（dans）這個詞出現在一個表達語句裡面，人們就會傾向於不把這個表達形式的表面事實完全當一回事。他們會把自己所信賴的形象語言轉譯成合理的語言。例如，我就很難跟隨這樣的詩人，而我的跟隨似乎總是徒勞——他提到過去的家屋還活「在」（dans）他的腦海「中」（我將會提供這個主題的相關文獻出來）。遇到這種狀況，我會直接翻譯：這個詩人只是想說，有一個古老的回憶，遺留「在」（dans）他的記憶「裡」。想要顛倒被包含者和包含者之間關係的意象的過度運用，會使我們在面對可被視為意象的混亂顛狂狀況時，變得卻步不前。如果我們閱讀的只是一張熱病的病例曲線圖，我們或許會比較不那麼在意。我們在追尋跑遍了身體的熱病迷宮時、我們在探索熱病的病灶所在時、或探索一顆蛀牙所引起的疼痛時，我們會學到，想像力能夠把痛苦加以定位，進而能夠創造或者再創造出想像中的解剖圖。但是，我不想在這本書裡面，運用精神醫學所能提供的無數文獻。我比較想要強調，我已和因果論說法一刀兩斷，我拒絕有機體的因果論。因為我的問題重心是要討論純粹自由的想像力、奔放的想像力，與有機體的受激狀態一點關聯都沒有的想像力所產生的種種意象。

這些絕對詩學的文獻，的確存在。詩人在榫合逆轉之前，絕不退縮。他甚至沒有想到，他正在醜化理性的人，他正在顛倒最普通的常識，事實上，他正在體驗各種向度的反轉，以及內部與外部在觀點上的翻轉。

意象的異常特性，並不意味著它是在矯揉做作的狀況下創造出來的，因為，想像力乃是最自然不過的官能。無疑地，我們想要檢查的這些意象，無法被接合到投射心理學（psychologie du projet）裡面所要講的，儘管它可能是「**想像的投射**」（projet imaginaire）。因為，把每一個投射都視為種種意象

15．譯註：英王愛德華七世之父。

16．賽爾那的哈蒙．郭眉（Ramon Gomez de la Serna），《標本》（*Echantillons*），Grasset 出版，頁一六七。

與念頭的組構，這預設要對現實有一些掌握。如此一來，我們就無法在純粹想像力的原理下面來思考問題。其實，我們想要讓一個意象能夠持續，或者說維持它於不墜，都是沒有用的。我們所想做的，無非只是讓它存在。

接下來，讓我們運用現象學全幅的樸直，來研究詩人們所提供的文獻。

崔斯坦・札哈（Tristan Tzara）在他的書《小寶貝喝奶的地方》（*Où boivent les loups*）（頁二四）寫道：

一種緩慢的謙遜穿越了房間
進入在寧靜的掌心裡的我

為了能夠從這樣一個意象的夢境中學到東西，我們無疑必須先讓自己能夠「在寧靜的掌心裡」，也就是隱退到自身當中，將自己凝縮到安靜的存有狀態，我們要做到這一點，實在是「易如反掌」。於是，這個在安靜房間裡面的單純謙遜所形成的巨流，淹沒了我們。房間裡的私密感，變成了我們的私密感。相關的是，私密空間變得如此靜謐、如此單純，房間裡的所有寂靜都被定位、聚集了起來。這個房間深深地就是我們的房間，它就在我們裡面。我們不再看見它。它不再侷限我們，因為我們就處於它靜息（repos）的終極深處，就在它所給予我們的這份靜息之中。我們所有在此之前的房間，都在這個房間裡彼此接合在一起。萬事萬物變得多麼單純！

對於理性的心智來說，另一段詩文恐怕更像謎一般的難解，但是對於任何瞭解意象翻轉的場所

203

分析的人來說，其實再明白易懂不過，崔斯坦・札哈寫道：

陽光的市集已經跑進了我房間
而房間跑進了我嗡嗡作響的腦袋裡。

為了要能夠體會這個意象，聆聽這個意象，我們必須要體驗陽光所造成的奇異嗡嗡作響，陽光進入到一個房間，一個有人孤獨處於其中的房間，因為第一道光線敲打著牆壁，所以嗡嗡作響，這是事實。除了這個事實之外，那些知道每一道光線都會招引來蜜蜂的人，也會聽到這些嗡嗡的響聲。至此，萬事萬物都開始嗡嗡作響，我們的腦袋變成了一個蜂窩，變成了陽光自身喧嚷嬉鬧的蜂窩。

一開始，札哈的意象似乎充斥過度的超現實主義，但如果我們讓它再更過度超載，如果我們繼續增加意象的負荷，如果我們超越了文學評論所有的包袱，我們便會進入純粹意象所造成的超現實活動當中。自此，意象的誇張特性被證明為具有主動、溝通的效果，這意味著這首詩起頭就起得很好：充滿陽光的房間，「在」做夢者的腦袋「裡面」嗡嗡作響。

心理學家會說，所有的這些分析，我做的所有分析，只不過是把一些大膽、太過大膽的「聯想」關聯起來。而精神分析師或許會同意來「分析」這種大膽，他很習慣做這一類的事。如果上述兩者都把意象視為「症狀」，他們就會想在裡面，找出理由、找出原因。現象學家的作法截然不同，他如其所如的看待這個意象，把意象保持在詩人創造它的樣子，同時試圖把意象化入自己的世界，從意象身上享受稀有的果實。他把意象帶到他所能想像的極限，不論他自己距離成為一個詩人有多遠，他都盡可能地在自己身上重複這個意象的創造活動，來延續其誇大作用，於是，聯想不再是意外和偶然，而是被尋求的、被意欲的。聯想成了詩意的、別具詩意的形構活動。聯想成為一種昇華，完全不是生理或心理的影響結果，而我們正是不想受到這些影響。換句話說，聯想與我們在導論中所提到的純粹昇華作用，互通為一。

當然，這樣的意象並不是每天都可以用同樣的方式獲得。從心理的角度來說，它絕非客觀的存在。不同的評論就會讓它產生不同的面貌。同樣地，想要得之以其道，我們就必須處於超想像（sur-imagination）的巧妙時光中。

一旦我們曾經被超想像的恩寵所感動，我們就會在更單純的種種意象中，感受到它的存在，透過這些更為單純的意象，外在世界把五光十色的空間真實要素，沉澱到我們存有的核心當中。皮耶—尚．尤夫形構他的隱密存有時，所用的意象就是這類意象當中的一種。他把意象置於他最私密的單人小房間裡：

> 我自己的單人小房間充滿著驚訝
> 我的祕密化為石灰所塗成的那一堵牆。
>
> ——《婚禮》（*Les Noces*），頁五〇

204

詩人在這個房間裡面追尋著這樣的夢，它並不是真的由「石灰所塗成」。但他正在進行寫作的這個房間，是如此的靜謐，靜謐得恰如其名，也就是「孤寂的」房間！由於這個意象，才讓我們得以進駐這個房間，就像我們在「想像中」進駐一個意象一樣。在此，《婚禮》的詩人住進了這個單人小房的意象（image cellulaire）裡。這個意象並沒有置換什麼真實，事實上，如果我們要問這個做夢者，房間的大小、面積，就會變得很荒謬可笑。這個意象並不適於放到幾何直觀當中，卻是隱密存有者的堅實框架。而隱密存有者感覺到，稀釋石灰粉刷後的雪白對他的庇護效果，要比堅硬的牆壁對他的庇護來得多。這個祕密的單人小房間是雪白的。單單是這一項特性，就足以讓無數的夢歸屬在同一類別。而事情總是這樣，詩的意象總是由一個主要的質地來主導。單單是牆壁的粉白，就足以保護做夢者的單人小房。這個白強過所有的幾何學，它正是這個私密感單人小房的一部分。

這類的意象欠缺穩定性。一旦我們離開了它所處的表達脈絡裡，離開了作者在全然的自發性所提供的表達脈絡，我們就是在冒險讓它重新變成呆板的意義，冒險讓我們的閱讀無法匯聚意象的私密感受，而令人厭倦。譬如，我們必須要深深地隱退到我們自身深處，來閱讀墨利斯·布朗秀（Maurice Blanchot）的這個片段，以體會他書寫當中的存有情態：「關於這個房間，已陷入全然暗夜的這個房間，我是如此熟悉，我曾經走進它，曾經掛記著它，我也曾讓它充滿活力，充滿了一種不算是生命的生命，因為那比生命還要強大，強大到世間的任何力量都無法征服它。」[17]在這些重重疊疊的句

17·墨利斯·布朗秀（Maurice Blanchot），《死亡的判決》（*L'arrêt de mort*），頁一二四。

子裡，或者說得更精確一點，我們在此間感受到一個意象不斷在反覆強化，亦即我們在穿越作者所掛懷的一個房間。它反覆強化的不是我們所穿越的房間，而是從作者內心延伸出來的一個房間，他給予了這個房間生命，這個房間在實際生活中並不存在，作者的意向並不僅僅是描述他「熟悉的」住所。記憶充塞著這個意象。記憶會讓許多不同時期所累積的回憶合成物，堆積在這個意象上面。在此，所有的事情更為單純，更徹底的單純。布朗秀的房間是私密空間的住所，它是他的內在房間。我們分享了作者的意象，而由於有了這個意象，我們不由得想起了一個普遍的意象（image général）。換言之，對於這樣一個意象的參與感，不會讓我們與一個普遍的觀念（idée général）產生混淆，我們會立刻把這個普遍的意象加以個體化、加以個別化，我們活在它裡面，我們會進入它裡面，就像布朗秀進駐在他的意象裡面一樣。語詞和觀念都不足夠，作者必須要能夠幫助我們徹底改變空間，讓我們脫離我們所想要描述的實體空間，讓我們對休憩、憩息的各種狀態，得到更好的體驗。

通常，我們是在最侷限的私密空間中，並且心思得以集中，內部與外部的辯證，才產生了它的力量。我們在玩味里爾克下面這段文字時，可以感覺到這種彈性：[18]「這裡幾乎一點空間都沒有，讓你感覺到在思維裡面是那麼的安靜，幾乎不可能有任何非常誇大的東西，能夠在這種狹隘當中維持下去。」一個人處於一個狹窄的空間，感受到一種安靜的氣氛，便有了一種慰藉。里爾克很私密地在內部空間中瞭解到這種侷促感，它全然可與私密存有相比擬。在接下來的文句中，這篇文章繼續有了辯證的延續：「但是在外面，在外部的所有東西都無法測量。當境界自外在升起，它也在你內部浮現，它不是浮現在你可以片面控制的容器當中，也不是浮現在你最面無表情的器官黏液當中，而是在微細血管中慢慢滋長、延伸，擴大成為你無數網絡密佈的存在枝幹當中。這正是它浮現的地方，正是它從你身上開始氾濫的地方，它超越了你的呼吸作用，它成為你最後的憑藉，你躲在它裡面，就像只剩最後一口氣。噢！去哪裡，接下來要去何方？你的心將你自己放逐，你的心又追逐著你，你已經幾乎在自己之外，讓你無法再承受。就像一隻被踩在腳下的金龜子，你從自己身上 206
淌流出來，而你的沒有彈性或沒有堅持，已沒有任何意義。

噢，一個沒有任何對象的夜晚。噢，對外界無動於衷的窗戶，噢，一扇一扇的門小心翼翼地關著，從長久過往傳衍下來的習俗，傳遞、修正，不曾被完全理解。噢，樓梯井裡的靜謐，鄰居房間的靜謐，天花板上，上方的靜謐。噢，母親，噢，只有妳一人，妳獨自面對這所有的靜謐，當我還小的時候。」

我之所以一口氣引用這一大段文字，沒有中斷，理由在於，它具有動力上的一貫性。內部與外部並沒有被放任成為幾何上的對立面。從網絡密佈的內在世界沛然流溢出來的，是怎麼樣的存有實體啊？它就叫做外在世界嗎？外在世界不正有其古老的私密感，只是已失落在記憶的陰影之中？樓梯井以什麼樣的靜謐嗚響著？在這份靜謐之中，出現了輕柔的腳步聲：母親回來看顧她的小孩，如

18．里爾克，法譯本，《筆記》，頁一〇六。

同往昔一般。她將所有這些混淆在一起、不真實的聲音，化為最熟悉、具體的意義。無數的夜晚，不再只有空洞的空間。里爾克的這段文章，在如此的恐懼困擾中，找到了平靜。但是，這中間經過了多漫長、迂曲的路啊！為了依照意象的真實感來體會它，我們必須在私密空間與未定空間之間，經常保留一個相互滲透的當下地帶。

我已經盡可能呈現了各種文本，以便顯示各種價值的交互作用是存在的，這意味著訂出簡單明晰的空間範疇，乃是次要之事。內部與外部的對立，不再像它們在幾何證明上那樣共同作用了。為了總結這一章，我要引用一段軼事，巴爾札克在面對出戰的空間（espace affronté）時，勾勒出了對立的意志。由於巴爾札克感到有必要修正這段文字，使得這段文字更顯得有趣。

在《路易．朗巴賀》（*Louis Lambert*）的一個較早版本裡，我們讀到：「當他使出他的全般氣力，霎時他渾然忘卻了他的生理生命意識，而只存在於內在官能全幅力量的運作當中，他經常強調這種用力的幅度，用他自己的讚美說法來講，他讓空間在他面前後退。」[19]

但在最後的版本，我們只讀到：「誠如他所說，他把空間甩到後頭去了。」

這兩種表達的生動感的差距，不啻天壤之別！在第一種與第二種面對空間的型態上，存有者力量衰退得多麼明顯！巴爾札克怎麼做得出這樣的修改。總而言之，他回到了「冷漠的空間」。在沉思存有時，我們通常會把空間放入括弧，換句話說，我們會把空間「甩到我們腦後」。值得注意的是，這樣一種說法裡面，「讚嘆」（admiration）已退位，這乃是存有失去發聲能力的徵兆。依據作者自己的證詞，後面這一種表達模式，不再令人讚嘆。因為，這種力量既然讓空間退縮，那麼，它實際上令人讚嘆，對於沉思中的存有者來說，所有外部的空間在他的思想中都應該放空（libre）。

19．尚．彭米耶（Jean Pommier）編，《柯爾第》（Corti），頁一九。

CHAPTER

ten

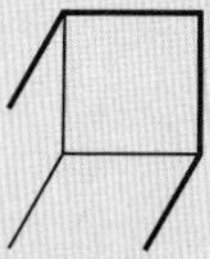

第十章

圓的現象學

I

當形上學家話說得很簡短時，他們可以立刻命中真理，而這種真理要經歷眾多的證明才會失去影響力。就此而言，形上學家可以和某些詩人放在一塊兒來看，他們好比是那些赤裸裸地揭露人性私密真理的詩人。下面這一句精簡的說法，是摘引自卡爾．亞斯培（Karl Jaspers）名為《在真理之前》（*Von der Wahrheit*）的這本巨著（頁五〇）：「所有的此在就其自身而言，似乎都是圓轉的。」（Jedes Dasein scheint in sich rund.；Tout être semble en soi rond.）為了要支持這個未經證實的形上學真理，我們想要呈現種種不同形上學思想傾向的文本，這些文本各有不同的解讀。

梵谷曾如此寫過一句未多加評論的話：「或許生命是圓的（ronde）。」

而喬耶．布斯奎在不知道梵谷寫過這句話的狀況之下寫道：「人家曾經告訴他，生命是美麗的。不，生命其實是圓的（ronde）。」[1]

最後，我還很想知道，拉豐登（La Fontaine）不知道在哪裡說過：「一顆胡桃會讓我感覺到非常的圓（ronde）。」

由於這四段文本（亞斯培、梵谷、布斯奎、拉豐登）的來源是如此不同，我們在這兒似乎已清楚提出了現象學論題。要解決這個論題，就要增加更進一步的例子，而為了呈現這些例子，我們又應該添補其他的一些資料，並小心保留這些材料的私密本性，而不要落入了任何外在世界知識的俗套當中。這些「材料」，只能從外在世界的**例示**（illustrations）當中取得。而我們甚至要非常小心，不要讓這些例示因充滿過於豐富的色彩，而使得意象的存有失去了原初的光芒。在這兒，一般的心理學家，只能夠暫時擱置任何行動，他們必須倒轉心理學研究的觀點。這一類意象，根本無法被知覺作用所證實，它們也不能夠被當作隱喻來看，譬如，當我們說一個人非常坦白、直爽時，我們會說他「首尾一貫」（tout rond）[2]。亞斯培所提到的，這種存有者或存有的圓整特性，除非在最純粹的現象學沉思當中，才有可能顯現其直接真實的面貌。

209

這一類的意象，也不可能被傳遞成任何型態的意識活動。無疑地，的確有很多人想要「理解」它們，然而，意象本身卻必須在一開始就被置於其原初狀態來對待。另外一些人，則會頗帶賣弄意味地宣稱，他們根本就不瞭解這些意象，而他們也會反對：生命本身怎麼可能是圓球形的？他們會露出驚訝的表情，認為我們既然想要找出這種私密內在狀態的存有真理，我們居然還將它交給幾何學家來處理，而幾何學家的思考乃是外部的思考。從四面八方湧來的反對聲浪，會匯聚起來，把我們的討論盡快推向結束。

然而，我們剛才在前面所提出來的那幾句特別的表達語句仍好端端地在那兒。它們的確存在，它們突顯於一般日常用語之上，蘊含著它們自身的意義。它們並不是因為毫無節制地使用語言才產

1．喬耶．布斯奎，《引領月亮的人》（*Le meneur de lune*），頁一七四。

2．英譯註：唉，在英文裡面，這類人永遠不能說是「圓」的，只能說是「方」的。中譯註：中文的表達裡，亦復如是，這類率直的人，在中文裡只能說是直、方或有稜有角的人。

生出來的，也不是因為語言的笨拙產生的。它們之所以出現，並不是想要驚世駭俗，其實，它們乃是非比尋常的精妙存有：它們還帶有原初狀態（primitivité）的印記。它們電光火石般地出現，在一瞬間得到完成，這也就是為什麼依我的觀點來看，這些表達的語句，真的是現象學上令人嘆為觀止的事物。為了要能夠區判它們，要能夠喜愛它們，要能夠把它們變為我們自身，它們迫使我們不得不採取現象學的態度。

這些意象把世界消解掉了，它們沒有任何過去。它們並不是來自任何過去的經驗。我們能夠非常確定，它們屬於心理學的後設領域（métapsychologiques）。它們告訴我們孤寂當中的教訓。就在轉眼之間、孤獨的當下，我們為了我們自己，而必須採用它們。如果我們是在突然的狀況下運用了它們，我們便可以感受到，我們其實根本沒有想到別的什麼東西，而我們在那個當下，是整個人活在這意象表達的存有當中。如果我們順從這一類表達語句的催眠，我們突然會發現，我們自己完全處於這個存有的圓整（rondeur）裡面，於是我們活在生命的圓整裡面，就像一顆胡桃，在它的果殼裡面化成圓整。哲學家、畫家、詩人和寓言作家，提供了我們純粹現象學的文獻。現在要運用它們來學習把存有匯聚在其軸心上，就得靠我們自己了。而我們的任務還包括，把這類文獻的多樣面貌給呈現出來，讓它變得可親可感。

II

在提出更多的例證之前，我們相信如果簡化掉一個字眼，可以讓雅斯培的說法具有更純粹的現象學意義。我們應該說：「此在是圓的。」（das Dasein ist rund.；l'être est rond.）因為，當我們想要用存有者的圓整狀態，來說明所有存有者時，我們多加上它「似乎」（semble）是圓的，就只是停留在「存有」和「表象」的對偶性當中。事實上，問題不在於沉思之，而在於以存有的直接臨在狀態來體驗之。完全的沉思冥想，會把沉思的存有者與被思考的存有，一分為二。在我們正在工作的有限領域當中，現象學必須把所有的中介物、所有的外加功能，全部去掉，這樣一來，為了保留最高度的現象純粹性，我們必須要剝落亞斯培說法當中任何會掩蔽其存有學意義、會複雜化其根本意涵的事物。如果「此在是圓的」這種說法要變成一種工具，而這種工具會讓我們認識到此在的某些意象的原初性的話，那麼上述的條件就是必要的。我再重複一次，「充實圓整」（rondeur pleine）的相關意象能夠幫助我們，讓自己凝聚起來，讓我們能夠為自己找到一種原初的形構作用（constitution），也讓我們能夠從內部、很私密地確認出我們的存有。因為，當存有能夠從內在被體驗到，而剝落了所有的外在性時，它除了是圓整狀態之外，別無可能。

在這個環節上，我們是否應該要想想，前蘇格拉底時期的哲學，去想一想巴曼尼德斯式（être parménidien）的存有，和巴曼尼德斯的「球體」（sphère de Parménide）？或者，從更整體的觀點來說，哲學傳統是否可能是通向現象學的預備教育？似乎不盡然。哲學為我們引入了一些已被過於調整並列

210

的觀念，這些觀念對我們來說，本來就是要用來不斷對一段一段的細節進行檢驗和再檢驗，就像現象學家在起始階段就必須做到的工作一樣。如果有一門現象學是在處理種種觀念的邏輯序列的話，我們就必須要注意，這種現象學不可能是最基礎的現象學。然而，如果談到想像力的現象學，我們卻可以在其中獲得復歸於根基狀態所帶來的好處。一個意象如果被過度運用的話，就會失去了其原初狀態。巴曼尼德斯的「球體」這個意象，扮演了過於吃重的角色，使其原初性大打折扣，這樣一來，我們反而沒有辦法把它當作必要的工具，來幫助我們研究存有意象的原初性這個課題。我們要如何抗拒這種誘惑，透過把球體的幾何存有加以完美化，來增補潤飾巴曼尼德斯的存有意象？

但是，當我們用幾何學的圓熟完美，來使一個意象結晶成形的時候，我們為什麼又要說成把這個意象加以增補、豐潤呢？我們可以提出很多例子來說明，把圓熟完美這個價值賦予到球體上面，其實只是口惠而實不至。在此，我們可以提出一個反例，在這個例子當中，作者顯然根本沒有認識到意象所具有的全般意義。阿佛瑞·德·維尼（Alfred de Vigny）筆下的眾多角色之一，一位年輕的顧問，透過閱讀笛卡兒的《沉思錄》（*Méditations*）來教育他自己，維尼寫道：「有時候，他會把他手邊的一個球體拿起來，在他指間溜轉良久之後，他會沉浸到最深沉的科學白日夢當中。」[3]我們不禁想知道，他所謂的科學白日夢是哪些白日夢？這本小說的作者並沒有說。但是作者是不是認為，如果讀者開始在他的指間溜轉渾圓的大理石的話，會有助於閱讀笛卡兒的《沉思錄》呢？科學的思想，其實是在另外一個視野當中發展，而笛卡兒的哲學，絕不可能從一個客體當中就被學到，更別說從一個球體上面學到了。阿佛瑞·德·維尼所使用的「深沉」（profond）這個字眼，就像一般人在使用這個字眼的時候，常常出現的狀況，這個字眼反而成了「深刻」的否定。

更何況，當一位幾何學家談到體積的時候，他只是在處理、圈限住這些體積的那些表面而已嗎？對幾何學家來講，球體其實是個空洞的東西，本質上的空洞。因此，球體對我們在進行「充實圓整性」的現象學研究時，並不算一個好的象徵。

III

無疑地，在上述這些準備性的評論當中，似乎充滿了隱而不顯的哲學。但無論如何，我還是感覺到有必要很簡短地提出這些評論，因為它們對我們個人來講很有用，當然，也因為一位現象學家必須要能夠面面俱到。這些評論幫助我能夠「去哲學化」（déphilosopher），能夠躲開文化的束縛，而把我自己透過長期對科學思想主題進行哲學研究所學到的種種信念，暫時加以擱置。哲學的確讓我們迅速成熟，讓我們能夠結晶成為一種成熟狀態。然而，如果我們沒有讓自己經歷「去哲學化」的過程，我們還能期待從新穎的意象上感受到那些發生在存有者的稚嫩現象之中的震撼經驗嗎？當我們處於好胡思亂想的年紀，我們說不出來我們怎麼樣胡思亂想，又為什麼會胡思亂想。可是，當我

3．阿佛瑞．德．維尼（Alfred de Vigny），《五戰神》（*Cinq-Mars*），第十六章。

們能夠說出來，我們如何胡思亂想的時候，卻已經不再胡思亂想了。因此，我們應該消解掉自己的成熟世故（dématuri-ser）。

那麼，讓我們再說一次，既然我們似乎已經——在不知不覺之間——接通了創造新詞的入口，並以之做為現象學檢視「充實圓整性」的種種意象的開場白，我們已經感覺到這其中存在著一種必然性，這種必然性其實也適用於其他狀況，也就是我們必須將我們自己「去精神分析化」（dépsy-chanalystiquer）。

事實上，在五年或十年之前，[4]在我們對「圓整」（rondeur）的種種意象進行心理學的考察時，特別是對「充實圓整性」進行心理學的考察時，我們曾強調精神分析的種種解釋，也曾收集大量的文獻材料，因為每一個圓整的東西當然都在要求愛撫。無疑地，這類的精神分析解釋，大體而言都很合理，但是它們說得並不完整，然而這些精神分析的解釋，全都指向、也全都能夠置入存有學上的要素軸心。當一位形上學家告訴我們，此在是圓的時，他在一轉眼之間置換掉所有的心理學說法。他把我們趕出了夢想和思想的過往，同時，他也邀請我們進入此在的當下現況（actualité）。而精神分析師似乎無法緊扣住這個表達語句本身的緊峭當下現況。他從人的觀點來判斷這樣一個表達語句，而完全不理會它所涉及的極端非比尋常（rareté）的事實本身的意義。然而正是這種非比尋常，吸引了現象學家的注意力，鼓舞著他用清新好奇的眼睛來觀看——用此在的觀點（perspective d'être）來觀看，而這正是形上學家和詩人給我們的提示。

IV

我們想要提出一個意象的例子，它不處於任何實在論、心理學，或精神分析意義的脈絡裡面。

米什萊冷不防地對我們說：「鳥幾乎全然是個球體。」〔l'oiseau (est) presque tout sphérique.〕這種冷不防的說法，顯然處於意象的純粹狀態中。如果我們把「幾乎」（presque）這個詞刪掉，因為這個詞不僅無用，也減弱了原句的力量，同時也對形狀上所進行的判斷有所妥協，把「幾乎」這個詞去掉之後，我們便可以很明顯地對亞斯培所謂的「圓形存有者」（l'être rond）的原理心領神會。對米什萊來說，一隻鳥就是一個充實圓整的球，他是圓球形的生命。而他對鳥的評論只花了幾筆，來討論牠做為存有者的模範（modèle d'être）的意義。[5]「鳥幾乎全然是個球體，而牠當然是生命高度凝聚所顯現的崇高、巔峰與神聖狀態。除了鳥之外，我們再也看不到，也沒辦法想像有任何更高度的整體存在。高度的全神貫注，使得鳥類形構出巨大的個體力量，但這也蘊含著，牠有極端的個體性，牠的孤傲不群，牠在社交上的脆弱。」

在這本書裡面，這些語句也以完全孤離的姿態出現。我們感覺到這位作者，他也在追尋一種「全神貫注」（con-centration）的意象，進入了一種冥思的境界，在這個境界裡，他認識到了生命的「家」

4．譯註：本書首度出版是在一九五七年。

5．尤勒・米什萊，《鳥》，頁二九一。

（foyer）。當然，他最關心的還是描述的問題。幾何學家可能又會在這兒感到疑惑，既然在這兒，鳥是在飛行中被構思，在牠的戶外體態中被構思，那麼，為什麼不用一隻箭的形象，來搭配那動態中的想像呢？但是，米什萊所掌握到的是鳥類存在的宇宙處境，牠被視為四面八方都有所防衛的一種生命集中凝聚的狀態，這個生命被包裹在一個活生生的圓球當中，正因為這樣，它的整體性（unité）也達到了極大化。在面對我們必須稱之為絕對的鳥（l'oiseau absolu）、稱之為圓整生命的存有者時，所有其他的意象，不管是從形狀、色彩或動作醞釀出來的狀態，都得受到相對主義的衝擊。

此在的意象（image d'être）——正因為它是此在的意象——在剛才米什萊這一段文字當中所顯現的，其實非比尋常。然而它並沒有被認為帶有甚麼深遠的意義。文學批評重視它的程度，還比不上精神分析重視它的程度。然而，它卻在一本如此重要的書裡面被寫下來而存在著。如果我們要形構一種宇宙想像的哲學，我們必須要尋找宇宙的種種軸心，那麼這一個此在的意象，既有趣又饒富意義。

沉浸在圓整狀態的軸心和簡潔中，就好像它完完全全是此一充實圓整的化現！提到這種圓整狀態的詩人，雖然不知道別人也提到了同樣的事情，但他們卻相互呼應著。因此，毫無疑問，在不曉得米什萊已經就這個主題寫了些東西的情形下，里爾克自己寫道：

……這種圓潤的鳥囀（rond cri）
靜止於它蘊生的瞬間

遼闊如枯林上的蒼穹
在此鳴囀之中，所有變溫順的事物找到了停靠之所
整個地景似乎都安頓在此鳴囀中。6

對於任何有感於此種種意象的宇宙性的人來說，里爾克詩中的鳥類基本軸心意象，與米什萊文章段落中的基本軸心意象毫無區別，只是他們以不同的語彙來表達罷了。圓實的存有者，發出繚繞圓潤的鳴囀，讓整個天空圓整得像個大蒼穹。而在這片圓之又圓的地景當中，所有事物似乎都靜靜地在憩息。這個圓實的存有者，不斷地繁殖它的圓整狀態，而增生出全然圓整狀態的靜謐。

對於一位語言文字的夢想者來說，真正的靜謐，存在「圓」這個字眼當中！「圓」這個字是如何不動聲色，把我們的嘴唇和呼吸活動都變得圓之又圓，發音之存在（l'être du souffle）！因為，對於相信在說話中帶有詩意實體的哲學家來說，這一點也應該要被說出來。當形上學課程一開始的時候，在說出：「此在是圓的。」（Das Dasein ist rund./ L'être est rund.）時，卻與任何當下之存有（être-là）決裂，會有多大的為人師表的愉悅，又會有多大的聽覺上的愉悅啊。此在是圓的。然後等著這個如雷貫耳、

6．里爾克，《詩歌》（*Poésie*），莫利斯．貝茲（Maurice Betz）法譯，書名為《焦慮》（*Inquiétude*），頁九五。

隆隆作響的教條逐漸在他心醉神迷的學生之間緩和下來。

不過還是讓我們回到正經一點、不會那麼難以捉摸的圓球形態（rodeur）吧。

V

有時候，我們會發現我們自己深陷於一種形狀當中，這種形狀引導著、籠罩著我們早年的夢想。對一位畫家來說，一棵樹以其圓球形態所構成。但是，詩人卻從一個更高的點來延續這個夢想。詩人知道，當一件事物變得與世隔絕時，它就變得圓實，於是，他假設了一個全身貫注於自身當中的存有者型態。這也就是在里爾克的《法國詩歌》（*Poémes français*）當中的胡桃木，那種引人注目的生命型態。在此，天空的穹窿變成圓形，再度環繞在一棵孤單的樹周遭，這棵樹成了宇宙的軸心，與宇宙詩歌的法則相互唱和。我們在第一六九頁讀到：

樹永遠處於軸心
對所有圍繞著它的事物來說
樹享受著
天空的巨大穹窿

不消說，這位詩人真正看到的所有的東西，不過是草地上的一棵樹罷了；他並沒有想到北歐神話中，那棵連接著天地的傳奇地獄巨樹（ygdrasil），這棵地獄巨樹能夠把整個宇宙、整個天與地，完全凝聚在它自身當中。不過，關於圓形存有者的想像，仍舊依循自己的法則向前邁進：誠如這位詩人所言，既然這棵胡桃木「神采奕奕，圓整充實」（fièrement arrondi），它便能夠享用「天空的巨大穹窿」（la voûte entiée des cieux）。這個世界是圍繞著圓形存有者而存在著。

隨著一行一行的詩句，這首詩也漸漸變大，使其存有漸臻完備。這棵樹朝向著上帝而存活、反思、緊緊信靠。

有一天上帝會向它顯現
因而，說得確切一點
它的存有會以圓整的方式發展
向上帝伸出它圓熟的臂彎。

或許，樹
是往內思考的
樹導引著自己
慢慢給自己

一種形狀，足以排除
風的危險！

我想，再也沒有什麼更好的文獻，可以像這樣去表現一種存有者的現象學，這種存有者不僅同時能夠在自身當中建立起圓整性，又能夠在自身當中開展其圓整性。里爾克的樹，在綠色的球形當中，繁衍出一種圓熟完滿，它超越了形狀的偶然性，也超越了變動當中難以捉摸的偶發事件。在此，生成變化擁有無可數計的形狀、無以數計的枝葉，但此存有者卻不至於分裂流離：如果我有一天能夠在一張超大的圖片上成功地把此存有者的意象匯聚起來，把各色各樣變動不羈，卻仍舊顯示著此存有者的恆定性的意象匯整起來，那麼，里爾克的樹，等於開啟了我的具體形上學文集中關鍵的一章。

新版譯後記

龔卓軍

本書實際的譯事進行，遷延拖宕了三、四年。從畢恆達教授的原書推薦、出版社版權購得，之後歷經三任總編輯：王桂花、廖娟秀到俞壽成小姐，至今終於成書。第一、二年，譯者和王靜慧小姐合作由英譯本入手，譯者負責前三章和後三章，靜慧負責中間五章，譯者從靜慧秀麗敏捷的文字工夫中受益不少，本書也保留許多她優美的譯文；然而，在修改校對之中，譯者發現英譯本與法文原書出入甚大，這個落差，讓譯事停擺近一年。最後這一年，幸而得到文藻學院法文系李思芬同學與張文亭同學的幫助。尤其是思芬在一年間擔任譯者「現象學論死亡」國科會計畫助理，認真指導譯者重建法文文法知識、提昇實質閱讀能力，並細心與譯者討論、修譯文法句構可疑之處，可說是本書最後成書的幕後功臣。當然，基於譯者的哲學專業，扮演全書文脈掌握、理路釐清之角色，自當負起譯文品質、統籌校閱之全責。

最後，這本書有許多朋友和師長點點滴滴的襄助：區立遠的拉丁文、楊植勝的德文、黃冠閔和周佳慧的法文，以及蔡淑玲教授生動的法國文學史課程，蔡錚雲教授引領譯者到南台灣浩瀚的西子灣上、柴山腳下覓得一方得以靜靜從事翻譯的研究室，余德慧教授在最後階段提供許多寶貴的意見與譯者參詳，這些都是譯者暗自擬想著巴舍拉式「終身學習的教師」時，不可或缺的動力。然而，在翻譯的孤燈下，一直有一個小小的身影伴隨在譯者的角落裡，那就是我的妻子岑岑，謹將此書的譯文獻給她。

自二〇〇三年出版《空間詩學》中譯本後，這本書像一塊墊腳石，幾乎把我送進了另一個世界，進入了臺南藝術大學以及其所代表的藝術世界中。二〇〇四年，我從跟隨建築繁殖場在威尼斯的展演計畫開始，藉由身體與空間的親密關係，我終究擋不住藝術女妖在遙遠海上的歌聲，在二〇〇七年踏入了藝術學院的教學工作和評論書寫工作。十七年來，我經歷了其他藝術書的翻譯工作，做過一些策展工作，也在教學和研究的機緣下，對於行為表演藝術、建築、電影、繪畫、裝置、紀錄片、攝影、特定場址、民間藝術、原住民藝術和生態藝術投入了不同的關注，而每隔一陣子，《空間詩學》這本譯書，也似有其自身的命運，會不經意地從生命旅程的某個角落，捎來它的問候，告訴我它還在某些讀者的心裡，在他們關於空間與詩學的思考和記憶中。如今，在十七年這不算短的歲月經歷之後，《空間詩學》再度與我交會，即將得到一個新版的書身，甚為欣喜。

感謝中央研究院中國文哲研究所所長黃冠閔的賜文，不僅增益了這本譯書的深度，也以專業研究者的渾厚視角拓展了《空間詩學》的思想脈絡。同時，幾番周折之後，也讓我更為敬佩黑體文化總編輯龍傑娣排除萬難再次重出新版《空間詩學》的意志與決心。這本書曾經引導我幸運轉換視野，得以一窺藝術世界的繽紛美好；也祈願這本書在接下來的嶄新歲月變化中，觸發我將這些年經歷過種種難以言語道盡的空間之詩，轉化為某一本尚不存在的、屬於腳下這片土地的《空間詩學》，我相信，重新出版中譯本的《空間詩學》，正是為了召喚讀者們自身的空間體驗之詩的迴盪書寫。

二〇二四年八月二十九日於紐西蘭旺加努伊河旅次

索引

A

B

C

D

E

F

G

M

N

P

V

W

國家圖書館出版品預行編目(CIP)資料

空間詩學/加斯東.巴舍拉(Gaston Bachelard)著;龔卓軍,王靜慧譯.-- 初版.-- 新北市:黑體文化,
左岸文化事業有限公司出版:遠足文化事業股份有限公司發行,2024.11
面; 公分.--(空盒子;2)
譯自:La poétique de l'espace
ISBN 978-626-7512-16-6(平裝)

1.CST: 現象學 2.CST: 空間藝術 3.CST: 哲學

143.67 113013620

特別聲明：
有關本書中的言論內容，不代表本公司／出版集團的立場及意見，由作者自行承擔文責。

黑體文化 讀者回函

空盒子2

空間詩學 *La Poétique de l'Espace*

作者・加斯東・巴舍拉（Gaston Bachelard）｜譯者・龔卓軍、王靜慧｜責任編輯・龍傑娣｜協力編輯・施宏儒｜美術設計・林宜賢｜出版・黑體文化／左岸文化事業有限公司｜總編輯・龍傑娣｜發行・遠足文化事業股份有限公司（讀書共和國出版集團）｜地址・23141新北市新店區民權路108之3號8樓｜電話・02-2218-1417｜傳真・02-2218-8057｜郵撥帳號・19504465遠足文化事業股份有限公司｜客服專線・0800-221-029｜客服信箱・service@bookrep.com.tw｜官方網站・http://www.bookrep.com.tw｜法律顧問・華洋法律事務所・蘇文生律師｜印刷・中原造像股份有限公司｜初版・2024年11月｜定價・500元｜ISBN・9786267512166｜EISBN・9786267512159(PDF)・9786267512142(EPUB)｜書號・2WVB0002